No te puedes perder el debut de Eli Rallo. Su estilo es fresco, divertido y franco. *No sabía cuánto necesitaba esto* será una biblia para aquellos que transitan por el difícil, confuso y a menudo accidentalmente cómico mundo de las citas en los tiempos modernos.

—Tara Schuster, autora de *Glow in the F*cking Dark* y *Buy Yourself the F*cking Lilies*

Divertido, encantador y real, *No sabía cuánto necesitaba esto* es, en definitiva, el libro que toda mujer joven necesita. Como una hermana mayor sabia, compasiva y muy entretenida, Eli transmite las lecciones que aprendió de mala (y a veces graciosa) manera al recorrer las relaciones actuales y emerger con autoestima, superando la confusión y recordándose: "eres más que suficiente y todo saldrá bien".

—Lori Gottlieb, exitosa autora de *Deberías hablarlo con alguien* y copresentadora del pódcast *Dear Therapists*

No sabía cuánto necesitaba esto es justo lo que estás esperando que sea: una lectura irresistible, muy útil y con la que podrás identificarte por completo. Escrita con la voz auténtica y descarada que es característica de Eli Rallo, esta obra te llevará de la mano por el periodo de tus veintitantos años y te llevará a convertirte en la persona que siempre supiste que podías ser.

—Haley Jakobson, autora de *Old Enough*, inscrito en la lista de Favoritos del Editor de la *New York Times Book Review*

NO SABÍA CUÁNTO NECESITABA ESTO

Eli Rallo

NO SABÍA CUÁNTO NECESITABA ESTO

Las nuevas reglas para coquetear, sentir y encontrarte a ti misma

AGUILAR

Penguin
Random House
Grupo Editorial

No sabía cuánto necesitaba esto
Las nuevas reglas para coquetear, sentir y encontrarte a ti misma

Título original: *I Didn't Know I Needed This* © 2023 by Eli Rallo
Published by arrangement with Harvest, an imprint of HarperCollins Publishers

Primera edición: octubre, 2025

ISBN: 978-607-386-313-1

Impreso en México – *Printed in Mexico*

Dedicado a todas tus versiones y a todas las mías: pasadas, presentes y predestinadas. Es momento de que nos encontremos con el mundo

Índice

PREFACIO

Cuando estás por graduarte de la universidad, si un "adulto" te pregunta sobre tus aspiraciones profesionales y tú le dices "quiero escribir sobre el amor como Carrie Bradshaw", eso no le causa muy buena impresión. A los veintiún años sabía que quería ser escritora, pero lo que no sabía era que dedicarme a escribir sobre el sexo, las citas, las relaciones y los exnovios podría convertirse en una profesión, así que estudié un posgrado. Fui a la Universidad de Columbia y decidí estudiar una maestría en periodismo para convertirme en una "escritora seria y de verdad". Columbia me dijo que debía borrar mis redes sociales si quería ser una "verdadera periodista", de modo que decidí que no sería una periodista de verdad.

Sería una periodista falsa.

Inicié un pódcast, hablé de sexo en Instagram y escribí un boletín sobre mi operación de tetas. Empecé a dar consejos a todo mundo sobre cualquier cosa de la que tuviera dudas y así empecé a construir una comunidad.

Y además, por supuesto, también estaba TikTok. En cuestión de meses casi tenía medio millón de personas que escuchaban todo lo que tenía que decir. Empecé a crear mis listas de reglas para todo, desde los acostones de una noche hasta el flirteo y las rupturas, pasando por las segundas citas, y las publiqué en mi TikTok. Estas reglas se volvieron una biblia para una audiencia global de mujeres jóvenes. Me dijeron que me convertí en la hermana mayor de un montón de desconocidas. Las jóvenes de Perth, Londres, Brasil y Ohio me dicen "mamá" a diario en sus mensajes. Fundé una comunidad de mujeres jóvenes que querían que las escucharan, entendieran y reconocieran, y por cualquier razón, mis consejos eran justo lo que necesitaban oír. Alguien me dijo hace poco que doy tan buenos consejos que puedo convencerlas de matar a alguien, lo cual me da miedo, pero de un modo muy cool.

Me dediqué con tanto esfuerzo, tanta honestidad y tanta vulnerabilidad a ser una periodista falsa que conseguí 722 000 seguidores en TikTok, que aumentan cada día, más de 100 000 en Instagram y la oportunidad de hacer una TED Talk en mi *alma mater*. Tuve que pellizcarme cuando me encontré frente a frente con Tina Fey, conocí a Drew Barrymore y a diario conocía a mis seguidoras en Nueva York.

Salúdenme a la facultad de periodismo de Columbia: nunca borré mi presencia sexualizada y desquiciada en internet, y ahora tengo la capacidad de escribir las reglas para toda una generación.

El meollo de este asunto es que siempre he sido una creadora ferviente. De niña, me dedicaba a imaginar historias durante horas. Representé a Helen Keller de manera bastante convincente en una producción de cuarto de primaria de la obra *Ana de los milagros*. Cuando llegué a primero de secundaria, me mandaron con la trabajadora social de la escuela por escribir en mi cuaderno de redacción un cuento sobre una huérfana que se suicida con veneno. Les rogué a mis padres que me dejaran estudiar teatro en la universidad. Escribí obras sobre mujeres y sexo, y me esforcé por crear cosas que pasaran el test de Bechdel, incluyendo una historia sobre un chico que conoce en McDonald's a una niña llamada Salsa y que afirma ser Jesucristo.

Tengo un título en periodismo y otro en teatro, pero también tengo un tercer título honorario en los pormenores de las citas, el sexo, el ghosteo y las relaciones amorosas.

Este último lo conseguí a través de un arduo curso de diez años. Ninguno de los exámenes fue con libro abierto, pero me gradué con las máximas calificaciones. Soy muy buena para amar, perder, ghostear, tener buen sexo, tener mal sexo, terminar con alguien, las decepciones amorosas y meter la pata, todo en nombre de mi tonto corazón. También soy muy buena para compartir estas lecciones.

En febrero de 2018 escribí en las notas de mi iPhone a las 11:25 de la noche: "Quiero ser escritora → decidir qué significa eso". Estaba acostada en mi litera individual en la casa de mi hermandad, contemplando cómo llegaría alguna vez a ser escritora o qué significaba tener ese título. Debajo de la nota escribí: "Esa vez en el campamento cristiano...", porque pensé que sería divertido escribir un ensayo sobre cómo llegué a segunda base con un chico de dieciséis años que venía de Illinois en el *dugout* del parque de béisbol del bachillerato durante el campamento cristiano, mientras que todos los demás estaban rezando cerca de ahí.

Así que supongo que solo me queda por decir: oremos, hermanos.

En la universidad me traumatizaron el corazón. No diría que me lo rompieron porque, al reflexionar en ello, estar con el corazón roto no es lo mismo que sentir que te lo atropellaron dieciséis veces con un camión de tres toneladas conducido por un sociópata con lentes del grupo de improvisación. Después de mandarme a volar, siguió manipulándome emocionalmente, convenciéndome de que seguía amándome y queriendo estar conmigo, para terminar de nuevo días después, culpándome por todas las razones por las que no podíamos funcionar como pareja. Me hizo creer que era una mierda tan fracasada que apenas pude levantarme de la cama durante el segundo semestre del primer año de la universidad.

Amo sin miedo y con todo. Me enorgullece cómo amo, aunque me joda al menos una vez al año. Amo más de lo que nadie sería capaz de amarme y sé que es verdad. La manera en que amo me ha metido en problemas y en situaciones maravillosas. Me ha llevado por el mal camino y me ha enseñado a enmendar el rumbo con la seguridad de que hago lo mejor que puedo y eso me dio la capacidad de compartir mi supuesta sabiduría con las chicas de mi generación. ¿Qué me da la autoridad de recomendar cómo vivir, cómo amar? Nada. Solo estoy dispuesta a hacerlo.

Un tipo me rompió el corazón cuando me dijo que infringiría su regla de salir solo con chicas (religiosamente) judías por alguien excepcional, pero que yo no lo era. Ese mismo exnovio me informó, a través de Google Doc, que yo fui el mejor sexo que había tenido. Salí con un provida de clóset que me hizo enamorarme de él antes de decirme que yo era demasiado vulgar como para tener una carrera seria (creo que necesité bañarme noventa y ocho veces para quitarme ese comentario). En "venganza", me acosté con su roomie (buenísima jugada). Conocí a los papás de mi novio vestida como Julia Fox y aprendí todo lo que sé del sexo gracias al sistema educativo de la Iglesia católica (no te preocupes, es broma).

En la era del iPhone, no encontramos consejos en las columnas de los periódicos, sino en las apps de nuestros teléfonos. Mis cuentas en TikTok e Instagram se han convertido en una columna virtual de consejos y *No sabía cuánto necesitaba esto* es una columna de consejos que se parece menos a "Querida Abby" y más a tu descarada hermana mayor que se sienta en tu cama con una botella de tequila, una caja de pañuelos desechables y una botella de lubricante y te dice: "Si te gustan… diles. Lo peor que pude pasar es que termine siendo una buena anécdota y, en el mejor de los casos, el resto de tu vida".

No sabía cuánto necesitaba esto es una lista de cómo valorarte y validarte a ti misma, y responde preguntas como ¿quién manda el primer mensaje después de la primera cita?, ¿cómo averiguo quién soy?, ¿cómo le pido que me haga sexo oral mientras tenemos sexo? y ¿qué carajo se supone que haga con un corazón roto?

Este libro son mis sagradas escrituras, cuyos fragmentos he compartido en videos de tres minutos e historias en Instagram. *No sabía cuánto necesitaba esto* te dará las reglas de cómo usar tu voz, cómo coger para tener un orgasmo, qué ponerte en tu primera cita y cómo enamorarte de ti misma en una forma tan íntima y verdadera que te sientas satisfecha y animada. Estas son las reglas para intimar e intimidar, y para jugar sin miedo tanto en la recámara como en la vida.

Cada vez que leo en un MD el comentario: "Muchas gracias por esto. No sabía que me hacía falta" me siento abrumada. Nunca deja de sorprenderme. Aunque, lo mejor es que siento lo mismo con respecto a todas ustedes, nuestras conversaciones a través de la pantalla y ahora en estas páginas. Tampoco sabía que esto me hiciera falta.

PRIMERA PARTE

REGLAS PARA LA SOLTERÍA

1. LISTA DE DESEOS DE LA CHICA EMPODERADA (te queda mucho tiempo, APROVÉCHALO).
2. Besar es como dar la mano. No tiene que ser con la lengua hasta el fondo de la garganta y debería darse libremente.
3. Renueva tu imagen de vez en cuando.
4. Organiza tu plantilla de candidatos.
5. Sencillo: miente. Inventa personajes divertidos en el bar cuando hables con desconocidos.
6. Citas dobles: si vas a perder el tiempo con un desconocido, es mejor perderlo con tus amigos.
7. ¡Sé IMPULSIVA cuando no tienes que pensar en alguien más ni en sus sentimientos!
8. Sal con tu ciudad y con tus amigos.
9. La regla del diez por ciento (sigue leyendo).
10. Sé EGOÍSTA a propósito.
11. No hay una sola forma de estar soltera.
12. Buenas vibras: cómprate un vibrador. No existe nada que puedas hacer con una pareja que no puedas hacer sola (rato sexy) o con un amigo (noche de cita).
13. Consíguete una almohada corporal para reemplazar a una pareja.
14. Vive como si fueras a conocer a tu alma gemela en un año.

Me llamo Eli Rallo y soy una adicta a las citas en recuperación. Todas digan: "¿Qué tal, Eli?".

La primera vez que salí en una cita conmigo misma tenía veinticinco años. Nunca he sido muy buena para estar sola y si me dan la oportunidad de comer sola, dormir sola, ir sola al gimnasio o hacer todas esas actividades con alguien más, casi siempre elegiría esto último. La compañía —de una amiga, de un amante— era mi amuleto para protegerme de la bestia ingobernable que veía en mí misma.

Nunca pasarías tiempo de manera voluntaria con alguien que no te cae bien y así es como me sentía por dentro, como si conviviera 24/7 con alguien a quien despreciaba y deseara estar en cualquier otra parte.

Sin embargo, unos meses antes, mientras estaba en el aeropuerto O'Hare de Chicago y tenía resaca, decidí que estaba harta de pasar tiempo con mi peor enemiga: Eli. Quería aprender a verme como una amiga con la que me emocionara pasar la tarde sin interrupciones. El desprecio hacia mí misma era agotador y tonto. Quería enamorarme de la persona que veía en el espejo, la persona por la cual siempre buscaba cualquier otra cosa que hacer, con tal de no pasar mi tiempo con ella.

Meses después, a medio vestir en mi recámara, noté los frutos de mi labor en mi rostro, que se veía tranquilo, amado y complacido. Me veía como en general lo hacía en esos pocos momentos al rojo vivo en que llegaba a casa a tropezones después de haber estado en el departamento de algún tipo: me sentía validada. Pero no había tenido sexo con nadie ni había salido con nadie. Este era un resplandor que decía "Me gusta la persona que soy".

Me había estado esforzando tanto en disfrutar en forma intencional el tiempo que pasaba sola, en sentirme deseada y validada por mí misma, que decidí que desafiarme a disfrutar de una noche en mi propia compañía sería el examen final perfecto.

Me puse un par de jeans grises y suaves, un suéter, una chamarra y un poco de maquillaje. Saqué mi tote bag en la que metí un libro, un cuaderno, un par de audífonos, mi cartera, llaves y brillo labial.

Intencionalmente evité elegir un destino porque quería estar fuera de mi zona de confort de más de una manera. No tener un plan me hizo sentir incómoda, como si me hubiera puesto un suéter que me diera comezón o estuviera sentada en una silla dura. Eso era lo que necesitaba. Bajé por las escaleras, dos escalones a la vez, y empecé a sentir que se me hacía un hueco en el estómago que estuvo a punto de convencerme de regresar.

¿Por qué necesito hacer esto? ¿Por qué necesito tener una cita conmigo? ¿Por qué no puedo quedarme sola en la casa? ¿Por qué no es suficiente que use mi vibrador y me vaya a acostar? ¿A dónde sale sola la gente que se siente cómoda consigo misma? ¿La gente atractiva hace citas consigo misma? ¿La gente que tiene sexo frecuente sale sola? ¿No me he esforzado lo suficiente?

En lo profundo de mi alma sentí que llevarme a una cita sería la ceremonia de graduación. Quería señalar de manera oficial mi crecimiento: que en el último año mis temores a la soltería, la soledad, la falta de popularidad y el aislamiento habían disminuido, al grado de que eran casi invisibles. Me sentía satisfecha, bonita y bien, todo sin notificaciones de las apps de citas, las noches a medio dormir junto a mi crush del bachillerato o las llamadas llorosas con un ex.

Quería celebrar sola la manera en que se sentía ser un poco más feliz. Estar un poco más ligera.

Me gustaba quién era y quería aferrarme a ello. Quería aferrarme a ella. Hasta la nueva relación o solo hasta el día siguiente.

Quería ser la mujer que se quería.

Seguía nerviosa mientras caminaba en la calle y me metía en el metro hacia el centro de la ciudad. Al llegar al East Village, sentí las miradas de los desconocidos como nunca había sucedido antes. Por supuesto que nadie me estaba viendo, nadie sabía que me llevé sola a cenar y, más importante, a nadie le importaba. Pero me sentía como si con toda seguridad lo supieran. Pasé una hora caminando por las mismas cinco calles, analizando en dónde me vería menos rara. Elegí el viernes en la noche porque sabía que habría más parejas, más grupos de amigos, más soledad y ese sería un reto mayor que cenar sola en lunes.

Al final decidí entrar a un lugar de sushi que tenía una pequeña barra.

—Solo una persona —le dije a la hostess cuando me acerqué. Me imaginé que me sentarían en la barra, pero en cambio, la chica me condujo a una mesa pequeña. Me gustó el espacio, así que saqué mi cuaderno y mi libro mientras revisaba el menú.

Pedí champaña porque, a fin de cuentas, era una celebración. Me celebraba a mí y celebraba esta vida en la que, aunque estuviera sola, me sentía satisfecha. Estaba feliz. Me la estaba pasando jodidamente bien.

Las burbujas estallaron en mi lengua y sentí que al instante se me fue a la cabeza. No era raro estar sola. Yo era todo lo que tenía y, sin embargo, era todo lo que necesitaba.

Se sintió muy bonito.

¡Salud!

Tenía la costumbre caminar por las grises calles del Upper West Side de Manhattan con la vista fija al frente, negándoles a mis ojos toparse con las parejas felices que compartían platos de pasta o que caminaban de la mano. Me veía los pies o a mi celular, revisando al azar las sugerencias de matches en Hinge. Mi ansiedad y dudas perpetuas acerca de mí misma eran una enfermedad que creía poder remediar con una receta que era, en mi caso, adictiva. Esta era: un novio. Tener una pareja era como morfina para mí, según la creencia de que el amor o la lujuria de alguien más podían distraerme del desprecio que sentía por mi propia persona. Adopté con facilidad la etiqueta de "persona a la que le gusta estar emparejada".

Pero la verdad era que me aterrorizaba estar sola.

En 2019, Heather, mi terapeuta, me señaló que no había estado soltera desde el primer año del bachillerato y me preguntó qué me provocaba tanto miedo de estar soltera. "No me da miedo estar soltera. Ahorita estoy soltera y me encanta", le respondí, intentando convencernos a ambas.

A mi lado sonó mi teléfono con un Snapchat de un chico con el que estaba "conversando" (lo que sea que eso signifique). Incluso cuando no tenía novio, siempre me aseguraba de tener a alguien que alimentara mi sentido de afirmación.

Heather me dijo que debería esforzarme en afirmarme y validarme antes de buscar una pareja que lo hiciera. Recuerdo estar sentada allí, sintiéndome un poco enojada con ella. ¿Quién se creía para decirme a MÍ, una FEMINISTA, que me daba miedo la soltería? Por supuesto que no me daba miedo estar sola: era una mujer poderosa con luna en Cáncer, lo cual me volvía emocional por naturaleza. Mi himno nacional era "New Rules" de Dua Lipa porque ya no tenía el impulso de mandarle mensajes a mi ex para un acostón a altas horas de la noche y era evidente que esto, en sí mismo, me convertía en una mujer fuerte y poderosa.

Cuatro años después me di cuenta de que mi terapeuta tenía razón.

En 2016, mi primer año en la universidad, a mis dieciocho años, mi novio Ezra terminó conmigo en el estacionamiento de una iglesia después de una fugaz relación ingenua y cursi de tres meses. Quedé destrozada. Ahí, en medio de la nieve, empezó a llorar y con mucho trabajo me dijo el motivo, aunque sus palabras sonaron ensayadas. Me dijo que sentía que no me había buscado una vida propia en la universidad. ¿Cómo podría haberlo hecho, en vista de que me pidió ser su novia un mes después de que llegamos al campus? Sin embargo, a veces la verdad duele como el carajo y esta era la verdad: lo único que tenía era a sus amigos y su vida social y nuestras noches juntos. Las tazas de vodka, las risas ensayadas, mis manos temblorosas que le bajaban el cierre del pantalón. No había desarrollado mis intereses, entrado al periódico de la universidad o a cualquier grupo estudiantil y yo, la autoproclamada escritora, no había escrito nada desde el inicio del año escolar.

¿Quién eres tú sin él?, me preguntó una voz en mi cabeza mientras me alejaba furiosa. No sabía, pero me mentí: estaba bien. La verdad era que no sabía quién era la mujer en mi interior y no quería averiguarlo. Me daba miedo. Me parecía una desconocida que vi una vez y que de inmediato odié sin siquiera darle una oportunidad. El amor de Ezra, por pasajero y escaso que fuera, se había convertido en mi motor. Ahora ya no tenía gasolina y estaba ahogándose a mitad de la calle. Estaba soltera y decidida a seguir así por el menor tiempo posible.

Así que, en lugar de dedicar las consecuencias de nuestro rompimiento a averiguar quién era yo y cómo amarme a mí misma, o incluso disfrutar de mi primer año de universidad, me obsesioné con el tema que él había citado en su discursito ensayado de ruptura: que él y yo nunca estaríamos juntos porque yo no tenía una identidad genuina aparte de nosotros. La solución me pareció clarísima: si podía demostrar que me quería y valía sin él, me volvería a amar. Ámate a ti misma antes de que ames a alguien más… eso es a prueba de tontos, ¿cierto?

No.

Ni siquiera estaba segura de si en realidad él me gustaba o si solo sirvió para obtener la validación que necesitaba: que debido a su atención me convertí en una persona real, no solo la idea de cómo era serlo. Como novia de Ezra me sentía bonita, sexy, delgada. Lo bastante cool e inteligente como para que me desearan. Recuerdo con claridad obligarme a pasar por alto las *red flags*, porque tener alguien que me tratara horrible era mejor que no tener a nadie en absoluto. Meses después, estaba soltera y sufriendo por un hombre del que me había CONVENCIDO de enamorarme, conspirando para recuperarlo.

A los dieciocho años, vivía en una casita de mierda, construida sobre los cimientos a los que me había ido acostumbrando: que un novio me hacía valer algo. Que una pareja me validaba. Que no estaba completa sino, más bien, en busca de la pieza que "me hacía falta". Cuando no lograra trabajar en Broadway ni convertirme en autora, por lo menos alguien me cuidaría. Y aunque fuera miserable, no estaría sola. Temía más a la soledad de lo que temía ser la mujer que la niñita dentro de mí sabe que soy.

Esta cosmovisión, y los sentimientos que provocaba, no eran por completo culpa mía. Nuestra sociedad se basa en el sueño americano de casas con rejas blancas y familias nucleares heterosexuales, en las que las mujeres y los hombres conocen cuál es su lugar y representan sus papeles. En la actualidad, creo que todos podemos coincidir en que es una idea muy anticuada, pero lo que no ha cambiado nada, lo que está enterrado en las profundidades de nuestras familias felices y jardines bien cuidados y cenas con amigos, es que nuestra sociedad sigue enseñándoles a las mujeres a aspirar a una pareja. A nivel inconsciente, desde el nacimiento les decimos a las niñas que el matrimonio es igual a la última meta.

En realidad, nadie lo dice en forma explícita, pero se aprende de manera subliminal.

Amo a mis padres, pero en bachillerato les enseñaron a mis hermanos varones cómo invertir el dinero que ganaban de meseros y en sus trabajos de verano. No me enseñaron lo mismo a mí, y aunque nadie me dijo alguna vez a la cara: "Un hombre verá por ti" o, incluso, ni siquiera lo pensaban en esos términos, la expectativa tácita parecía ser que alguien más me cuidaría, en tanto que mis hermanos deberían aprender a cuidarse ellos mismos (y a alguien más también).

Hasta 1974, el año en que nació mi madre, las mujeres no podían tener sus propias tarjetas de crédito. No fue sino hasta el año 1900 que una mujer casada pudo celebrar un contrato, presentar demandas y recibir su propia herencia. La primera mujer en convertirse en CEO de una empresa del Fortune 500 fue Katharine Graham en 1972. Y, por supuesto, todo esto solo era pertinente en su mayoría para las mujeres blancas cisgénero y heterosexuales.

Cuando era niña, nunca vi que alguien se opusiera al *statu quo* de nuestra sociedad. Así que, para cuando me volví una adulta joven, no tenía ni la menor conciencia de cómo me había afectado. Para mí, estar soltera era como la puerta de abordaje en un aeropuerto, un lugar en el que esperas antes de que despegue tu vuelo, y hubiera preferido estar esperando que ni siquiera estar en el aeropuerto.

Cada vez que Ezra y yo teníamos sexo, después de la ruptura y luego de una noche de borrachera, me decía que me amaba y luego se arrepentía, como en una especie de ritual sádico. Entonces le decía cosas para hacerle parecer que me gustaba ser quien era, de modo que quizá se diera cuenta de cuánto me amaba también. Pero si la única razón por la que intentas sanar es para obtener la aprobación de alguien más, entonces no sanarás jamás.

No se trata tanto de nuestros actos, sino de las intenciones y la energía que los motivan. Así que puedes imaginar que no funcionó. No sané mi dolor interno, mi repugnancia hacia mí misma. Y tampoco me quedé con el chico. Recibí un diagnóstico de depresión, de trastorno alimenticio y de estar más perdida de lo que nunca lo había estado en mi vida.

❤

No hay una sola forma de estar soltera. Puedes estar saliendo con varias personas o con nadie en absoluto, puedes estar teniendo sexo con alguien o que te estés recuperando de una ruptura. Todos esos estados de la soltería tienen el mismo valor. No hay un modo "correcto" de estar soltera, pero en definitiva sí hay uno incorrecto, y para eso soy bastante buena. La forma incorrecta de ser soltera es estar en negación porque decidiste que la soltería es una sala de espera para una relación. Estar soltera es un destino final. Desearía haberlo sabido.

Una noche durante el segundo semestre del primer año, conocí a un tipo en un bar. Pensé que era lo bastante atractivo como para que Ezra, que estaba en el mismo bar esa noche, se sintiera celoso. Así que me lo llevé a mi casa. El intercambio fue aburrido. Después de que terminó, le pedí que se fuera y me senté en el piso para llamar a Ezra con una voz llena de alegría. Pensé que había hecho lo correcto. Le dije lo que había pasado para tratar de encelarlo, pero tan solo sonó contento de que estuviera tratando de seguir con mi vida. Imagínate llamarle a tu ex y decirle: "Me acosté con el tipo con el que me fui del bar", solo para que te responda "Bien por ti". Estaba haciendo lo que creía que una soltera se "suponía que hiciera": tener noches de sexo casual y sin importancia, enfocarte en ti misma, ser sexy, coqueta y estar bien. Entonces, ¿por qué no podía obtener lo que deseaba? ¿Por qué no me sentía a gusto? Ezra me dijo que me vería pronto y que no podía escucharme muy bien. Debe de haber seguido en el antro. Enterré la cabeza en mis manos y sollocé.

En el elenco de personajes que es mi vida, mi mejor amiga Sadie es la primera. Es una sagitario pelirroja que nunca en su vida ha tolerado pendejadas ni salido con alguien solo para no estar sola. Es franca y decidida, fría como un vaso de agua helada salpicado por la condensación. Me ha enseñado más sobre las relaciones que nadie más en mi vida. A lo largo de toda nuestra amistad me ha recordado que preferiría estar soltera que con alguien de quien no estuviera enamorada hasta el fondo del alma y, por un tiempo, pude entenderlo. Mientras yo saltaba de novio en novio durante toda la universidad, Sadie estuvo soltera, excepto por un amante del bachillerato (por decisión propia) y le encantaba. La envidiaba, pero me imaginé que yo no era lo suficientemente audaz, cool o valiente como para imitar su estilo de vida. La descarté como una anomalía.

En agosto de 2019 llegamos a nuestra casa en Ann Arbor, Michigan, para cursar el último año y desempacamos el contenido de nuestras habitaciones. Durante nuestra primera noche ahí, nos serví unas limonadas con vodka mientras ella intentaba prender nuestra bocina. Me miró y dijo: "Nos quedaremos solteras todo el año". Su declaración fue absoluta y seria, y sus ojos azules me convencieron de alguna manera. Sería divertido, me dijo. Necesitaba estar soltera por primera vez. Se veía radiante mientras me lo decía y tenía razón, pero yo no tenía ni el menor indicio de cómo hacerlo y no pude admitirlo. Lo que es más, mi verdadera batalla era que no quería estar sola conmigo misma. Desde los quince años, saltaba de una pareja a otra, y en los breves periodos entre cada una, me aferraba a cualquier cosa con tal de llenar el vacío y evitarme a mí misma. Fui buenísima para hacerme de un puñado de novios que me trataron con poca decencia y me convencí de que prefería que me lastimaran a estar solo conmigo, una desconocida. No sabía cómo mirar a mi amiga y decirle: *Sadie, estoy aterrada de estar sola conmigo misma* o, *Sé que me quieres, pero no sé por qué lo haces.*

En lugar de eso, juramos con el meñique nuestro compromiso y una cosa que siempre mantengo es mi palabra. Ese sería mi primer paso real para averiguar qué se siente estar soltera. El proceso no sería un paso, ni dos kilómetros, sino un maratón.

Tienes que empezar en alguna parte.

REGLA 1 Hicimos una lista de deseos de todas las cosas que más queríamos hacer mientras compartíamos la soltería. Vivió en nuestras notas de iPhone y poníamos emojis con palomitas verdes junto a cada tarea que hubiéramos terminado. REGLA 2 Besamos a tanta gente como pudimos y REGLA 3 cambiamos de imagen para convertirnos en la versión más cool de nosotras mismas que pudimos imaginar, además de REGLA 4 llevar una lista pulcra y organizada de nuestras plantillas de candidatos de las que hablábamos mientras comíamos en Chipotle los fines de semana. Nuestras plantillas eran como una puerta giratoria de gente a la que invitábamos por diversión y no para nada serio, porque no nos permitiríamos tener nada serio con nadie; es decir: el juramento. Esta fue nuestra juventud pasajera en la que creíamos con inocencia. Ese era nuestro momento para que nada nos importara, porque las cosas importantes llegarían con la graduación. Alimentábamos la plantilla entre clases, con las apps de citas y con personas que conocíamos cuando salíamos. Nos aseguramos de mantener distancia entre los miembros de nuestras plantillas para evitarnos los dramas. Nunca se trató de estar solteras, sino de priorizarnos a nosotras mismas, la una a la otra, y los recuerdos que podíamos crear sin las distracciones románticas, y empezó a ser divertido. Me gustó cómo era yo cuando no me preocupaba lo que pensara un novio sobre mis decisiones. Me gustó quién era cuando no tenía que decirle a alguien a dónde iba o quedarme tarde en el teléfono discutiendo o sexteando. Me gustó quién era cuando no tenía permitido tener novio, pero no me gustó cuando nuestro juego terminó, encendimos las luces y seguí estando sola.

Mientras te la pasas bien con tus amigas, estas son algunas maneras de lograr que siga siendo divertido y casual:

- REGLA 5 Dile a ese grupo de personas que acabas de conocer que tú y tu mejor amiga son gemelas fraternas separadas al nacer y que se acaban de reencontrar en la universidad, donde son roomies.
- REGLA 6 Haz una cita por medio de una app el mismo día que una de tus amigas o acuerda una primera cita con alguien y pregúntale si tiene un amigo al que le gustaría salir en una cita doble con una de tus amigas.
- REGLA 7 Dile sí a la vida. Este es el momento para que seas plena y totalmente egoísta.

A pesar de que me estaba divirtiendo, enseguida aprendí que "casual" no era la palabra que alguien usaría para describirme. No soy una persona casual. El sexo, los acostones y los ligues casuales eran incongruentes con la formalidad que gobernó mi vida anterior. De todos modos lo hice, pensando que se suponía que eso era lo que tenía que hacer, y me sentí muy mal. No porque no me gustaran los acostones y la diversión y las noches de borrachera, sino porque me estaba *obligando* a hacer esas cosas porque pensaba que eso hacía la gente soltera. Quería volver a tener los privilegios de novia. Quería que todos dejaran de decir que era "una adicta a las citas". Cuando mi hermano saltaba de relación en relación, todos le llamaban "buen chico" y "tipo inclinado a las relaciones". Cuando yo lo hacía, salía "con una persona tras otra". Poco sabía que ser soltera no significaba tener sexo casual todos los viernes en la noche; podía significar cualquier cosa que yo quisiera.

En efecto, mi periodo de soltería debería haberse tratado de noches divertidas, besos y limonadas con vodka, pero *también* de obtener afirmación y validación de mi interior, en lugar de buscarlas de fuentes externas (los hombres). Logré resolver la mitad de la ecuación: la parte fácil. REGLA 8 Bebí un montón y pasé mucho tiempo explorando la ciudad con mis amigos, y mantuve una vida tan ocupada que no tuve tiempo ni para respirar, pero creía en el fondo de mi alma que estaba mejor con alguien que sola. De verdad creía que mi valía dependía solo de que fuera el accesorio de alguien más.

En septiembre de 2020, luego de seis meses de confinamiento por el covid-19, me mudé a Nueva York. Asistía a la Escuela de Posgrado de Periodismo de la Universidad de Columbia. Me instalé en una habitación sin ventanas en un edificio de cuatro pisos, sin elevador, y escuchaba el pódcast *The Daily* todas las mañanas, así que me sentía una "verdadera" periodista. Me puse un nuevo disfraz y representé un nuevo papel, convencida de que esta versión seria e inteligente de mí misma se ganaría el corazón de alguien. Parte de mí siempre supo que terminaría en Nueva York. Había una sensación de novedad en la mudanza: subir y bajar por las interminables escaleras de mi primer departamento en la ciudad, llevar mi ropa sucia a la lavandería automática cruzando la calle y hacer pedidos a Halal Guys a altas horas de la noche.

Era embriagador, como lo revelan las historias de amor a Nueva York que vienen de la pluma de escritores desde cientos de años antes de que yo llegara. Quería conocer esa Nueva York, quería escribir sobre esa Nueva York, quería ser igual de inteligente, escandalosa, borracha y despreocupada, pero siendo la persona que soy, me importaba demasiado.

Para ese momento había estado soltera desde hacía un año y decidí que ya había cumplido con mi deber. Estaba lista para encontrar novio, así que decidí que, como odiaba estar soltera, ya no me iba a obligar a sufrir más. Ya no estaba teniendo consulta con Heather, mi terapeuta del Medio Oeste, pero si la hubiera visto, les garantizo que me habría dicho que no había logrado ningún progreso en la afirmación y validación de mí misma. Se habría sentido orgullosa de mí por reconocer que no había dado el último salto y, luego, me habría insistido por última vez que lo diera.

Mi madre siempre me decía que la definición de locura es hacer lo mismo una y otra vez, esperando resultados diferentes. Siempre la ignoré porque sabía que tenía razón. Sin embargo, con toda seguridad esto era diferente. Ya no ponía la mira en los chicos de las fraternidades; ahora era una adulta. Vivía en la mejor ciudad del mundo y era una mujer hecha y derecha de veintidós años.

Me lancé en un viaje imprudente al estilo Carrie Bradshaw para encontrar un novio en Hinge y Bumble, y por medio de amigos mutuos. Recuerdo decirme a mí misma que lo hacía "por el contenido". (Lección adicional: no puedes simplemente justificar tu comportamiento tóxico con el pretexto de que es "por el contenido"). Durante cuatro meses ocupé toda mi energía en spray para el pelo y brillo labial en algunas noches decentes, muchas citas horribles y un puñado de casi-algo (consulta después las Reglas de "La etapa de charla" para una explicación más completa de este tipo de relación). Fue divertido, gracioso en algunos momentos, pero también fue agotador. Estuve canalizando toda mi energía en salir con gente durante meses y seguía sin tener éxito. Para ser franca, ¿cómo podía esperar que cualquiera quisiera estar con alguien que no se conocía a sí misma? Nunca querría estar con una persona que evitara estar sola por temor a tener que entenderse. ¿Por qué esperaba que otros lo hicieran?

Un día estaba hablando por teléfono con mi mamá, discutiendo otro romance pasajero de cinco citas de duración.

—¿Qué tal si te tomas un descanso de las citas por un rato?

Silencio.

—No estoy diciendo que deberías quedarte soltera si conoces a un hombre maravilloso, pero ¿qué tal si solo dejas de seguir intentando conocer a alguien de manera tan desesperada?

Lo descarté, pero cuando colgamos, me quedé pensando en su pregunta.

¿Qué tal si me tomaba un descanso de las citas por un rato?

¿Qué pasaría?

¿*Qué pasaría* si solo me tomaba un descanso?

Medité en ello, sentada al borde de mi cama desecha y mirándome al espejo. La palabra clave era *esforzarme*. No era mutuamente excluyente. No tenía que ser un asunto de todo o nada.

Nunca descansé de las citas. Una vez terminé una relación por teléfono y bajé Hinge mientras lo escuchaba llorar al otro lado de la línea. Nunca me había tenido solo a mí misma y a nadie más. Nunca en la vida. Se sentía patético que, como feminista autoproclamada, me saliera de mí misma para darme cuenta de esa verdad vacía y, de pronto, no sonaba tan mal. Eran fines del otoño, tenía que escribir una tesis y un año para terminar. Pensé que si me tomaba un descanso de salir por un tiempo, solo un ratito, no sucedería nada terrible. Todo lo que pasaría es que no tendría nada de sexo que no quisiera tener ni desperdiciaría mi tiempo con desconocidos que ni siquiera me gustaban.

Nadie me había dicho que estar soltera podía semejarse a estar satisfecha. Nadie me había dicho que podía estar feliz yo sola. Tal vez se suponía que lo supiera de manera inherente, pero la verdad era que no lo sabía. Y de pronto, quise hacerlo.

¿Quién eres? La conocida pregunta clamaba en mi mente.

Me había estado obligando a entrar en situaciones en las que podía conocer al chico ideal, saltando entre apps de citas hasta que me dolían los dedos. Siempre era alguien que dejaba que la vida le sucediera, no alguien que viviera. Siempre era la que estaba buscando, tratando en forma obsesiva de encontrar a alguien que me hiciera sentir válida, pero ¿qué tal si, en lugar de eso, dejaba que esas cosas vinieran a mí? ¿Qué tal si tan solo vivía mi vida? ¿Qué tal si solo me enfocaba en Eli y permitía que las cosas sucedieran como se suponía que debía ser? ¿Qué tal si permitía que la gente se acercara a mí y, mientras tanto, podría permitirme ser yo misma?

¿Quién eres?

Por primera vez quise saberlo.

> REGLA 9 Se me ocurrió la "regla del 10%": solo diez por ciento del espacio en mi cerebro se ocuparía de cualquier posibilidad romántica o sexual o, en la jerga actitudinal de chica empoderada, de las conquistas. El resto lo dedicaría a mí. Quienquiera que haya sido. Quienquiera que fuera ahora. Quienquiera que fuera la persona en la que me convertiría.

Me forcé a conocerme a mí misma como si fuera una desconocida a la que me presentaran por primera vez. Se necesita tiempo y energía para conocer a un desconocido y convertirlo en un alma gemela o en un amigo. REGLA 10 Me esmeré en averiguar las cosas que hacía y asegurarme de hacerlas por mí —interrumpía cada pensamiento para asegurarme de estar haciendo lo que quería hacer, no porque pensara que un hombre quisiera que lo hiciera, que me lo pusiera o que lo pensara—. Es muy difícil apagar la influencia de la mirada masculina. Mi intenso deseo de recibir afirmación de los hombres existía, en parte, porque no creía que debía afirmarme ante mí misma y, en parte, porque siempre me consideré una doña nadie y supuse que aspiraría a ser la esposa de alguien.

Quería entender cómo había internalizado los mensajes misóginos del patriarcado y desentrañar mi necesidad de tener pareja y, además, de recibir validación. Quería exponerlo sobre el edredón de mi cama y decir: *Muy bien, ¿qué tal si redefino el éxito no como tener novio, sino como publicar mis historias, salir a correr o divertirme con mis amigos? ¿Qué tal si no redefino el fracaso como el rechazo masculino o estar soltera, haciendo las cosas solo por los demás en lugar de hacerlas por mí?* Con cada ruptura llegaba la comprensión de que la validación masculina nunca encendería, ni podría encender, los motores dentro de mí y mantenerlos en marcha. Solo yo podía hacerlo.

REGLA 11 Como dije antes, estar soltera no es una sola cosa. No hay forma correcta de vivirlo. Estar soltera puede querer decir que hibernes y pidas comida a domicilio mientras ves una y otra vez *Sex and the City*. Puede significar que borres tus perfiles de las apps de citas y que te enfoques en el trabajo, en la escuela o tan solo en la vida que tienes ahora. El amor que tienes ahora, que es tan maravilloso como el nuevo amor con el que puedes toparte en algún día próximo. Puede significar una nueva pareja sexual cada fin de semana. Puede significar que salgas a bailar con amigos, que ignores las insinuaciones y que no busques nada en absoluto. Puede querer decir que pases por las páginas de las apps de citas para verte con alguien y regresar sola a tu casa. Puede significar sentirte emocionada o un poco sola, o triste o feliz. Puede ser dos, tres o todas esas realidades al mismo tiempo.

Dicen que Roma no se construyó en un día. De hecho, les llevó 1 229 años construirla hasta su colapso histórico. Igual que me tomó cerca de seis años darme cuenta de que la soltería no es una sola cosa. Que tenía que separar los cables internalizados de la misoginia y el patriarcado sin electrocutarme. Que me tenía miedo cuando no tenía pareja y que huía de mí misma hasta que, como un búmeran, me obligué a regresar y responder algunas preguntas: ¿Qué cosas me gustan cuando estoy sola? ¿Qué quiero hacer en esta vida? ¿Cuáles son mis objetivos? ¿Qué ropa quiero usar? ¿A quién quiero besar, y con quién quiero bailar y cenar y entablar una amistad?

Ese otoño elaboré una extensa lista de deseos con las cosas que nunca había hecho en la vida y la colgué en la pared, resolviendo poco a poco cada uno en una versión personal y adulta de lo que Sadie y yo hicimos en la universidad. Probé un martini de lichi, fui a un show de comedia en un sótano y conocí a una persona que me llegó a gustar mucho, visité a mis amigos en nuevas ciudades y pasé por todos los puentes en los cinco distritos de Nueva York. Escribí una tesis genial, atravesé todo Brooklyn para encontrarme con mis fuentes. Salí con Nueva York y con mis amigos, y tomé decisiones impulsivas al dejar que la gente me comprara un coctel de tequila en el bar sin deberles nada. Me acostaba sola en las noches. Me di cuenta de que podía hacer sola o con mis amigos las mismas cosas que podía hacer con una pareja, incluyendo tener sexo. REGLA 12 En serio, cómprate un vibrador y luego dime si necesitas pareja. No la necesitas. REGLA 13 Ganas puntos adicionales si también te compras una almohada corporal.

Me enfoqué en mí misma y, al final, me sentí casi del todo libre.

El viaje del amor propio es largo y a menudo difícil, y durante un tiempo planta pequeñas semillas dentro de ti. Leí libros, lloré, puse en práctica cosas que siempre había querido intentar y solo hice cosas porque quería o necesitaba hacerlas. No salí con nadie en plan serio. Recorrí caminos desconocidos e intenté cosas que me daban un miedo horrible. Me vestí para mí, corrí por mí, cociné para mí y publiqué mucho y sin temor en redes sociales, no para que nadie más pudiera percibirme, sino para que al final yo pudiera percibirme a mí misma. A la larga, las semillas brotaron en capullos diminutos y, luego, miré el jardín después de unos meses y me di cuenta de que era vibrante, colorido y sano, y que, más importante, lo había hecho yo sola. Lo hizo Eli para Eli. Me di cuenta de que es bueno querer que te deseen. Todos queremos ser amados y deseados. Lo que no es correcto es cuando el anhelo de ser deseada es *el único* que tienes.

Conocí a un grupo de personas que se convirtieron en mis mejores amigos y en mi sistema de apoyo. Me dejan encargados a sus cachorritos y bailan conmigo en mi sala. Cenamos todos los jueves y salimos a dar prolongadas caminatas juntos para charlar largo y tendido de todo y nada. Arranqué mi carrera y sentí que por primera vez tomaba el control del volante. Me sentí orgullosa de mí misma. Aprendí a estacionarme en paralelo, coleccioné vibradores y guardé los menús de los restaurantes donde me encantaba comer. Pude afirmarme yo sola sin cuestionar si merezco o no esa afirmación. Puedo verme al espejo y decir: *Vaya, hay un ser humano muy hermoso que me mira desde el espejo.*

REGLA 14 Si hoy te dijera que conocerás a tu alma gemela en un año, pasarías ese año viviendo para TI. Saldrías en citas sin importancia y libres de estrés, solo porque puedes. Tendrías sexo divertido cuando te diera la gana y crearías recuerdos con tus amigos. Viajarías y te vestirías a tu gusto, te cortarías el pelo y serías radicalmente egoísta. Vivirías como si no estuvieras preocupada.

Decidí empezar a vivir así y se abrieron las puertas a una nueva realidad. Una en la que la vida era buena.

Para una adicta serial a las citas estar soltera era difícil e incómodo. Era un asunto de ensayo y error, pero a la larga se volvió adictivo de una manera extraña: gustarme me provocaba una sensación semejante a la de una droga que nunca tiene un bajón. Aprendí a disfrutar las plantillas de candidatos y las noches que parecen interminables, las conexiones con amigos y la autoafirmación, hasta llegar a la forma en que al fin me veía a mí misma.

¿Quién diablos eres?

Eres única, lo cual es muy impresionante. Cuando no tienes nada más, sabes que solo hay una persona en tu cerebro. Un conjunto de tus huellas digitales. Eres una amalgama de recuerdos, días difíciles, días fantásticos, tu estación favorita del año y su aroma, y ese vestido de lino. Eres una obra en progreso, eres un Picasso, eres un tesoro nacional, estás haciendo tu mejor esfuerzo y eres superinteresante, así que por ahí hay gente que te conocerá algún día y le llamará a su mamá para decirle "esa chica es increíble". Eres un ser humano formado a plenitud, válido, atractivo, excitante, triste, sexy y perdido, todo tú sola. Se te equipó con lo que necesitas para atravesarlo todo. Estás íntegra y cualquier persona que entre en tu vida, sean amigos, amantes o lo que sea, solo sumará a tu copa desbordante. Tienes objetivos y, a veces, la vida se vuelve tan buena que puedes con todo. Prende las velas y pide un deseo; a fin de cuentas, diario es cumpleaños de alguien.

Así que mírate al espejo. Vive como si te hubiera dicho que tu alma gemela está a la vuelta de la esquina. Date permiso de sentirte validada en tu soltería. Estar soltera no es mejor ni peor que tener pareja. Date tus noches de soltera. Suéltate el pelo. Acuéstate a las nueve de la noche. Lee y lee y lee; nunca se te acabarán las cosas que leer. Conócete a ti misma. Lleva una lista extensa de candidatos y hazte la difícil; cómprate un vibrador y crea recuerdos profundos con tus amigos. Todos queremos adelantarnos a la parte buena, pero la realidad es que lo mejor es siempre recibir primero las mala noticias. Las malas noticias nos enseñan algo. Nos hacen esforzarnos para lograr las cosas buenas. Las buenas noticias ocurren cuando celebramos desnudas con champaña y, también, pueden llegar cuando estás sola o en el día de tu boda, o cuando estás en la regadera o cuando estás con resaca en la cama. No huyas de las dificultades. La parte difícil es convertirte en ti misma. Primero trátate bien. Estréchate la mano. Lo demás se irá acomodando

REGLAS PARA LAS APPS DE CITAS

1. En un perfil de una app de citas debes aparecer SOLO TÚ en 90% de las fotos.
2. Consigue que alguien escriba tu biografía en tu app. Pídeles ayuda a tus amigos.
3. Que tu discurso sea accesible; facilita que la gente se comunique contigo.
4. Si no concretas una cita en las cuarenta y ocho horas posteriores a conectarte en una app de citas, es momento de seguir adelante.
5. EL SENTIDO DEL HUMOR siempre es una *green flag*.
6. NADA DE SNAPCHAT.
7. Ahora tú mandas. No todo se trata de si les gustas a ELLOS. ¡También se trata de si te gustan a TI!
8. La apuesta es baja, así que mantenla de ese modo: ¡solo estás haciendo la prueba con esa persona!
9. La teoría de la décima cita.

Cuando estaba en primero de secundaria, mi mamá nos llevó a mis hermanos, a mí y a una amiga a Atlantic City para pasar el fin de semana. Nos quedamos en el Hotel Borgata, nadamos en la alberca y comimos en Hibachi. Aunque no recuerdo por qué fuimos, de lo que sí me acuerdo es de cruzar por las orillas del área de casino del hotel, vestidos con trajes de baño y chanclas, a las nueve de la mañana, y que mi mamá hizo comentarios sobre que todos los apostadores con ojos desorbitados, sentados (o durmiendo) junto a martinis a medio tomar en copas de plástico, habían estado ahí toda la noche. Dijo que la gente va a Atlantic City por los casinos (por qué se le ocurrió llevar a un grupo de niños de doce años es algo que no me queda claro).

La única vez que me sentí como esos bichos con ojos saltones fue cuando entré al mundo de las apps de citas y me di cuenta de que, muy semejante a los juegos de azar, meterte a una de esas aplicaciones podía ser, y era, muy adictivo. Si juegas bien tus cartas, en teoría *puedes* terminar como la gran ganadora, pero en general, como ocurre con los juegos de azar, solo pierdes y terminas en la cama con un litro de helado. Las apps de citas son una apuesta: algunos las odian, otros las aman y algunos viajan hasta Las Vegas solo para darles conclusión.

Las citas en línea son como la ruleta, el blackjack o la maquinita tragamonedas de la Rueda de la Fortuna. A ver, no me enorgullece admitirlo, pero era adicta a las apps de citas. Me podía quedar hasta tarde en las noches pasando perfiles hasta que apenas era capaz de distinguir los rostros de las dudosas opciones elegibles iluminadas frente a mi cara. Apostaba con algunos y no con otros, asumiendo riesgos que a veces terminaban en ganancias y, otras, en una pérdida un tanto devastadora.

Si eres adicta a la validación de potenciales parejas románticas (me declaro culpable) es posible que seas candidata a alguna compensación económica (o que te surtan antiácidos para el reflujo por el resto de tu vida). Es broma, pero quizá también seas adicta a esas aplicaciones porque la gratificación y la validación son instantáneas: puedes abrirla y que te inviten a una cita y que flirteen contigo, y reírte de sus discursos de conquista en los primeros cinco minutos. En cualquier momento en que lo desees. Si quería recibir un piropo rápido, quejarme o conversar con un guapo desconocido, iba a la aplicación. Seguido sentía que mi personaje en la app de citas era la versión más intrépida, sexy y de mayor nivel de mí misma de lo que jamás había sido. Es triste que sintiera que nunca llegaría a ser ella en la vida real.

Cuando busco las palabras Hinge y Bumble en mis contactos del teléfono, lo que sale es:

Kevin Hinge
Kyle Hinge
Jake Hinge
Chris Bumble
Henry Bumble
Max Hinge
Sanjay Bumble
Paul Bumble
Noah Hinge

Era una adicta a Hinge y me encantaba. Disfrutaba deslizar el dedo por la pantalla, la gratificación, la jugada y la apuesta que todo eso representaba, cómo se sentía trasladar la relación de la app a los mensajes o a los mensajes privados en Instagram, o incluso, una primera cita. Me gustaba ser anónima para la gente —una desconocida—, alguien de la que no tenían conocimiento ni impresión previos.

Me hacía sentir que alguien se podía enamorar de mí.

Déjame que sea franca contigo: cuando era soltera pasaba mucho tiempo en las aplicaciones; pagaba por las características premium y tenía un ritual parecido a una oración nocturna cuando pasaba de perfil en perfil para encontrar a los solteros más y menos codiciados de Nueva York, a fin de determinar la pareja más perfecta que pudiera localizar antes de que me pesaran tanto los párpados que no los podía mantener abiertos. Por poco sana que fuera esta conducta —ya que dependía de las aplicaciones para obtener validación—, más o menos dominé el arte de las apps de citas.

Esas aplicaciones ni siquiera tenían que ver con que los chicos me mandaran mensajes o que deslizara a la derecha; el propósito era *ganar.* Salir con alguna ventaja. Sentirme deseada, porque nunca sentí que hubiera mucho deseo en cualquier otra parte. Con frecuencia las usaba por las razones incorrectas y, sin embargo…

Los seres humanos estamos programados para anhelar algún tipo de conexión. Piensa en cómo te sientes cuando ves a tu crush desde el otro lado de la habitación: empiezas a sudar, se te acelera el corazón, te sientes nerviosa o atolondrada. No me quiero meter con la ciencia, pero eso tiene que ver con la química. Es alguna forma de amor.

Las apps de citas fueron la combinación exacta que creí necesitar: afirmación, validación, conexión humana y el potencial de encontrar a alguien que no supiera *nada* de mí. De todos modos, no quería que alguien conociera la verdadera persona que soy; quería que conocieran mi perfil y una aplicación me daba esa capacidad. Las citas en línea tienen beneficios y desventajas. En mi caso, una desventaja fue centrarme en ellas como una forma de obtener confianza, basada en los comentarios externos de desconocidos.

En un mundo donde un MD en Instagram es más popular que una llamada telefónica, Twitter es donde vemos las noticias y TikTok es la principal manera en que algunos socializamos en un día, las apps de citas nos permiten buscar esa conexión anhelada.

Como es natural, el coqueteo actual sucede más seguido en línea que en los bares, el trabajo o las cafeterías. Por no mencionar que esas aplicaciones alcanzaron su máximo histórico durante el confinamiento por el covid-19, aunque las citas que nos llegaban de parejas potenciales se limitaran a caminatas con distancia social o cenas en exteriores a mitad de enero. Supongo que es una cuestión de hasta no ver, no creer. En la actualidad, casi la mitad de las parejas heterosexuales se conocieron en línea y la mayoría de la gente conoció a sus cónyuges por internet, en lugar de por amigos mutuos. Esos son los hechos: puedes encontrarlos si los buscas.

La mayoría de mis amigos conocieron a sus parejas por medio de apps de citas y, a fin de cuentas, el tristemente célebre eslogan de Hinge dice: "diseñada para borrarse".

Por ende, siempre me pregunté, entonces, si tanta gente lo hace y, no solo eso, tiene éxito en esas aplicaciones, ¿por qué se considera tabú? ¿Por qué nos apena? ¿Por qué nos da vergüenza? Y, lo que es más, ¿por qué todos desearíamos poder tener ese tierno encuentro clásico de principios del siglo XXI de "cuando te tiré el café en el traje o vestido en el metro fue incómodo, pero saltaron chispas entre nosotros" en lugar de usar internet, como hacemos para todo lo demás en la vida?

Recuerdo la evidente sensación de vergüenza cuando bajé mi primera aplicación, Tinder, en el otoño de 2017, cuando estaba en segundo año de la universidad. En 2017, las apps de citas eran *vergonzosas*. Creé mi perfil en silencio, y en secreto, con una sensación de vergüenza que me embargó mientras silenciaba las notificaciones para que nadie se diera cuenta. Mientras mis roomies dormían, sentía un hormigueo de energía al deslizar el dedo por la pantalla, encontrar matches y charlar. Pero, en medio de esa sensación de escalofrío, también me sentí desesperada, como si no pudiera conocer a alguien en un bar, en una fiesta o en clase, así que, en lugar de eso, decidí buscar entre los perfiles bien detallados para encontrar a alguien en la estratosfera de internet. Usaba internet para hacer que todo en mi vida fuera más fácil, pero por alguna razón no quería facilitarme encontrarme con una pareja o con el amor. No quería esa conveniencia. Quería que fuera difícil para que sintiera que valía la pena.

Debido a esa vergüenza, mi carrera en Tinder fue breve. Una noche fría de octubre, luego de una fiesta, abrí la polémica aplicación. Me abrí paso con dificultades entre la muchedumbre de compañeros sudorosos y perfumados que sostenían vasos rojos, y tenían los ojos vidriosos y las sonrisas amplias, hasta que llegué a la puerta principal del infame salón de fiestas de la Universidad de Michigan y salí sin nadie que me acompañara. En el porche, los estudiantes a los que apenas conocía compartían un cigarro y me ignoraron, lo cual fue bueno, porque no quería otra cosa que la helada emoción de ser ignorada. Quería que me vieran como me representaba mi cuidadoso perfil en línea, en lugar de la persona temblorosa, cándida y con cara de niña que era. Quería ser esa chica de ensueño parecida a una *manic pixie dream girl* cuya foto estaba retocada, sin la piel llena de vellos, los poros atascados de grasa, sin el labio superior depilado con cera y sin una voz demasiado estridente. Me senté en la esquina, con las mejillas sonrojadas por el brillo de mis matches en Tinder, que en vano intentaba imaginar como personas y no como perfiles. Nunca antes había conocido a alguien en una aplicación, en especial en una que se usaba solo para tener sexo, o por lo menos eso pensaba. Me pregunté si los transeúntes borrachos y tambaleantes, los conductores de Uber y las mujeres mayores que paseaban a sus perros sabían que estaba en Tinder. Las alternativas me parecían limitadas, pero mis elecciones seguían siendo opciones. Eran mejor que nada. Mientras me debatía en si debía regresar a la fiesta y reunirme de nuevo con mis amigos, salió un MD con la localización del culpable a un poco más de 300 metros, y me estaba pidiendo que fuera. Tecleé su nombre y apellido en Instagram para revisar rápido que tuviéramos los suficientes amigos en común como para que pareciera buena idea conocerlo. "Voy para allá", le escribí rápido y empecé el viaje hacia mi primer encuentro por Tinder. Les envié mensajes a mis amigas para contarles que me había ido a conocer a un chico y les compartí mi ubicación. (En retrospectiva, no estoy segura de que recomendaría ir a la casa de un desconocido para tu primer encuentro con él). En ese momento, quería sentirme empoderada por mi descarada capacidad para conocer tipos en internet. Era una escritora y quería tener algo de qué escribir, fuera bueno o malo. *¿Cómo caí tan bajo como para llegar a Tinder?*, me pregunté mientras arrastraba los pies hacia su casa, pero decidí que prefería sentirme avergonzada que sola. Casi al instante —de hecho, en el momento en que el tipo salió a la puerta— lamenté mi decisión y quise borrar la aplicación, olvidar esa noche y estar en mi casa, en mi cama y con una pizza. El chico no hizo nada malo. La verdad fue muy amable. Tenía una sonrisa bobalicona y piernas flacas. Me ofreció un vaso de agua y nos sentamos en su cama a conversar sobre la escuela, nuestros amigos, la temporada de futbol americano y otros temas tontos, pero bien intencionados. Me besó una vez, durante cinco segundos, y me alejé, en pánico.

"Lo siento. Creo que quiero irme a mi casa", le dije.

Sin decir más, me levanté, me acomodé la blusa, tomé mi bolsa y salí de su cuarto, corriendo por las escaleras alfombradas, y salí por la puerta principal. A tres cuadras de distancia, le di *unmatch* en Tinder y borré toda mi cuenta antes de correr a mi casa. Mi salida apresurada es la razón exacta por la que no recuerdo el nombre del pobre chico; por suerte, debemos haber hecho un buen trabajo para evitarnos el uno al otro porque nunca más lo volví a ver. Nadie supo nunca sobre eso más que él y yo, y cualquiera al que él le haya contado.

En mi camino miserable a mi casa, anhelé tener de nuevo esos coqueteos fáciles del bachillerato, la manera en que nos rolábamos unos a otros para breves sesiones de besuqueos o flirteos como si fueran botellas de un licor tibio. Ahora, el horizonte se había abierto, las opciones eran interminables y era abrumador, en especial cuando el peso del mundo se siente como si descansara sobre los hombros de una aplicación en el iPhone.

La vergüenza de perder la virginidad en cuanto a usar una app de citas me duró poco, porque apenas semanas después, luego de darme cuenta de que no iba a encontrar el amor de mi vida en el sótano de la casa de Delta Tau Delta (y bajo la justificación de que necesitaba un novio con desesperación), bajé Bumble.

Bumble es diferente de Tinder porque se exige que las mujeres envíen el primer mensaje. No estaba segura de que me gustara, pero por lo menos me daba una pizca de control.

Una noche, desde la misma litera, mientras pasaba en secreto por las páginas, encontraba coincidencias y exploraba entre los perfiles de Bumble de los alumnos de Michigan y los habitantes de Ann Arbor, recibí un mensaje de una chica que vivía en mi mismo edificio en el primer año. No la había visto en un rato, pero me contó que un buen amigo de ella y yo habíamos tenido un match en Bumble y que "tenía muchas ganas de conocerme". Se supone que había estado buscando la forma de abordarme en el campus desde hacía unos meses y no había encontrado la manera apropiada de conocerme.

Fue fácil y natural mensajearme y chatear con alguien con el que ya compartíamos amigos. Esa fue una de las primeras cosas que me gustó de las apps de citas: te permiten reconectarte con gente a la que nunca te le hubieras acercado con intenciones románticas si la aplicación no hubiera encontrado matches con ellos. Cultiva la circunstancia apropiada para abordar a alguien que antes te gustó, pero con quien no pudiste conectar y que podría ser más difícil de recrear en el mundo real, ya que les indica a ambas partes que su interés es mutuo. En un campus revisas una app de citas y te encuentras con los perfiles de los exnovios de tus amigas, roomies, compañeras del edificio donde vives, compañeras de clase y personas con las que has coincidido varias veces en clubes y actividades. A veces, hacer match con ellos en la aplicación, aunque los conozcas en la vida real, ayuda a avivar una conversación romántica que no hubieras tenido de otro modo. Usar Hinge en Nueva York fue diferente, ya que la cantidad de personas está más abierta a completos desconocidos, pero sigo encontrando personas que, por casualidad, tienen una conexión con mi vida (hablaré de eso más tarde).

Muy pronto, el chico de Bumble se volvió Luke y lo que comenzó como un simple y juguetón intercambio de conversaciones burlonas entre nosotros en una app de citas se convirtió en una relación hecha y derecha. Nos enamoramos. Fue mi primer amor verdadero y mi segunda decepción verdadera. Así que encontré el amor en un lugar imposible: el abismo amarillo que es Bumble. Tuve una historia de éxito en una app de citas. Denle a mi amiga la medalla de oro, porque convirtió mi sueño en realidad. Sin embargo, la trampa es que, por alguna razón, seguía siendo tabú. Acordamos decirles a todos que nuestra amiga nos había presentado. No nos atrevimos a contarles a nuestros padres, ni a nadie más, que nos conocimos en una aplicación. Fue como si fuera ilegal o raro que hubiéramos conectado en línea, en lugar de hacerlo en persona. A menudo me llama la atención que es probable que ninguno de los dos nos hubiéramos conocido si no hubiéramos bajado Bumble en secreto. Nunca me habría encontrado en el enjambre del enamoramiento, la decepción, el amor y el dolor de la pérdida. Nunca hubiéramos andado en bicicleta en Washington, D. C., durante el verano. Nuestras citas para desayunar, los fines de semana compartidos y las lecciones que aprendimos uno del otro jamás habrían cobrado forma. E incluso si ya no nos tratamos, no quiero desconocer esa sensación única que es mi primer amor. Bumble me dio al primer ser humano en el que vi todo y, a la larga, nada. Aunque olvidé el número de su celular y lo que pedía en Starbucks, la experiencia aún cuelga en la galería de mi vida y no lo desprecio, aunque tampoco lo extraño. Quiero que sea así.

No empecé a admitir que nos conocimos en línea hasta que cortamos. No era el cuento de hadas de conocer a un chico lindo como pensé que necesitaba, pero si hubiera sido diferente no se hubiera sentido bien.

Entonces, todo esto me lleva a una pregunta que siempre he ponderado: ¿Por qué diablos existe un tabú sobre las apps de citas? ¿Por qué no decimos que nos conocimos en Bumble?

No es vergonzoso si todos lo hacen. Es vergonzoso hacerlo en secreto. No es vergonzoso si tuviste sexo fantástico o una buena cita o, quizá, te enamoraste y planeaste una boda, o renovaste tu vida entera gracias a Hinge, Bumble o Tinder, o cualquier otra. No es vergonzoso tener una experiencia maravillosa o una anécdota graciosa que contar. Sentir vergüenza es opcional y mi exnovio y yo decidimos optar por la vergüenza y el estigma, en lugar de elegir la verdad. Ahora elijo la verdad todos los días. Nos conocimos en Bumble, nos enamoramos y dejarnos de amar me dolió más que cualquier cosa que hubiera experimentado. Ahora ya me recuperé.

TIP #1: ¿Qué tal si tratáramos las apps de citas como lo hacemos cuando alguien nos aborda en un bar? Muchas personas no se atreverían a encontrar un match con un tipo de menos de 1.82 metros de estatura en Hinge, pero encantadas dejarían que el gracioso y adorable chico de 1.79 metros en el bar les invitara un trago y las besara antes de irse a su casa. Las aplicaciones nos hacen sentir quisquillosos. Por supuesto, si encuentras una *red* *flag* importante, no te sugiero que la ignores, pero necesitamos empezar a diferenciar nuestros deseos y necesidades en lo que se refiere a una pareja. Entonces, trata las apps de citas como lo harías al conocer a alguien en un lugar real, frente a frente, excepto que el lugar es virtual cuando coinciden por primera vez. En estos tiempos, estamos acostumbrados a ser virtuales, nos guste o no.

Mis padres se conocieron en un bar en Spring Lake, Nueva Jersey. Mi papá tuvo que pedirle el número de mi mamá a una amiga en común. Cuando le habló, ella ni siquiera recordaba quién era. No tenía manera de verlo en una fotografía, no tenía un celular para mensajearle o comunicarse con él. Él le llamó al teléfono fijo de sus padres para pedirle que tuvieran una cita. No se comunicaron en absoluto en el periodo entre la llamada y su primera cita, porque no tenían forma de hacerlo.

Si todavía no te convenzo, te preguntaré: ¿qué es más incómodo: una app de citas o tener que preguntarle por teléfono a mi abuelo si mi mamá estaba en la casa?

No tienes que amar esas aplicaciones, no tienes que odiarlas, pero son convenientes y pueden ser divertidas e interesantes. Incluso te puede ir superbién si redefines tu modo de pensar acerca del tema. Las apuestas son bajas, la cuestión es conocer a otras personas; si tu apuesta es baja, también lo serán las expectativas. Las apps de citas tienen permitido ser una especie de juego. Si haces una buena jugada, puedes ganar.

Cuando me mudé a Nueva York, estaba decidida a conquistar las citas por Hinge. Me sentía hambrienta de interacción humana y atención, y quería probar todo ese asunto de "salir con chicos en la ciudad", con nuevos prospectos. Los veinteañeros de Nueva York tienden a ser como soldados calenturientos que se preparan para la batalla... y el campo de batalla está en los bares y en los románticos tugurios llenos de humo que llenan las calles del East Village entre montones de basura y grafitis. Los escritores han pasado décadas hablando hasta el cansancio sobre lo terrible de salir con gente en Nueva York y la sensación de aislamiento que provoca, pero para mí fue emocionante: sin importar qué ni cuándo, habría miles y miles de opciones y, aparte, siempre hay algo que hacer cuando sales con alguien. Y de verdad me encanta la gente. Si Nueva York tiene algo bueno es nuestra gente. Tenemos montones y todos tienen una buena historia que contar.

CÓMO ARMAR TU PERFIL PARA TENER ÉXITO

REGLA 1 El primer paso para dominar Hinge es crear un perfil que sea tanto accesible como divertido. Es difícil presumir de uno mismo, pero la gente que pase por tu perfil quiere salir CONTIGO, no con tus amigos. Lo mejor es que en todas las fotos de tu perfil, excepto una o dos, salgas solo tú. También debes mostrarte confiada, porque la confianza es sexy. Si no tienes montones de selfis, planea una misión con tus amigos: salir un día y tomarse toneladas de fotografías para sus perfiles en la app, que sea un esfuerzo grupal. Y un consejo para profesionales: lleva cambios de vestuario. No quieres tener la misma ropa en todas las fotos, aunque hayas planeado una sesión fotográfica y las tomes el mismo día.

REGLA 2 Salir con un candidato es mucho más divertido si también participan tus amigos. Siéntense una noche y proyecten sus perfiles en la pantalla de la televisión y emborráchense con vino, háganse críticas sinceras, dediquen tiempo a crear un perfil del que se sientan orgullosos, pero que también sea una buena representación de quiénes son. Usa a uno de tus amigos como escritor fantasma. Si finges que eres alguien que no eres en línea, nunca tendrás éxito en el mundo real ni podrás convencer a la gente de que se enamore de alguien que no eres. Incluso también puedes proyectar tus matches potenciales en la pantalla para que tus amigos te hagan comentarios sobre ellos.

REGLA 3 Tu perfil en la aplicación es tu lienzo en blanco y tú eres la artista. Conviértelo en un vistazo a tu vida. Muéstrales qué conseguirían si pasan una noche, una semana o un año contigo. Si tienes opiniones polémicas o todas las noches cenas pizza, INCLÚYELO. La razón por la que no queremos inventar nuestro perfil es que, a la larga, si empiezas a conocer a tus prospectos en la vida real verán que no eres quien dijiste ser. No pierdas tu tiempo y tampoco desperdicies el de los otros. Si estás buscando algo casual, sé directa. Si estás buscando una pareja, sé directa. Incluye lo que te gustaría recibir a cambio. Quieres transparencia, no que pierdan tu tiempo. Tu energía vale; no te quedes en la miseria por ser alguien que no eres para que te quiera alguien que nunca te gustó o ni siquiera quisiste de inicio.

Me encantan los prompts porque te permiten compartir un poco acerca de ti misma, y también le facilitan a la gente empezar una charla. En general, las apps de citas pueden ser un poco intimidantes, así que hazles la vida fácil a todos y crea preguntas "deslizables".

Algunas ideas que me gustan mucho son:

- **Haz una pregunta con tu prompt.**
- **Cuéntame una anécdota muy loca.**
- **Dime dos verdades y una mentira.**
- **Mi opinión más controvertida es...**

- **Cómo me invitarías a salir...**
- **Mi cita ideal es...**
- **Coger, casarse, matar...**
- **Lo más raro que me ha pasado en la vida es...**

REGLA 4 Si hay una regla que yo sigo en las apps de citas es recordar que son para salir con gente, lo cual significa lo que tú quieras, pero principalmente, conocerse en persona. Así que después de treinta y seis a cuarenta y ocho horas de chatear con alguien, saca la conversación de la aplicación y ve a otro medio (pero nunca Snapchat) para hacer planes. Si te preocupa la seguridad, ve a mensajes privados de Instagram, pero recuerda que estás en la aplicación para hacer planes, no para encontrar a un amigo por correspondencia. Otra regla es: aunque lo primero en lo que te fijes sobre el perfil de alguien es si te atrae o no, y la atracción es necesaria, no lo es todo (a menos que solo quieras sexo e irte). Entonces, si buscas conocer a alguien, asegúrate de que tengan cosas en común aparte del atractivo. REGLA 5 Creo que la mayor fortaleza de alguien es cuando es más atractiva en persona que en línea y cuando es igual de divertida en línea que en persona. Antes tenía la regla personal de nunca responder a un mensaje en una app de citas que iniciara con "hola". Mereces más que un hola. Quieres salir con alguien que tenga sentido del humor, que intenta que la buena relación en línea sea un poco menos incómoda. Puedes tener sexo con un "hola" e incluso puede ser buen sexo, pero no te atrevas a salir a cenar con alguien así

De igual manera, tampoco seas una "hola". Sé más creativa. No tienes que iniciar con "¿cuándo nos casamos?", pero una reacción a una de sus fotos o preguntas comunes es más interesante que un comentario casual.

REGLA 6 Entonces recuerda, puedes tener sexo con un "hola", no puedes comer pasta con un "hola", y nunca deberías darle tu Snapchat a un adulto: los adultos son capaces de enviar mensajes de texto.

REGLA 7 Tu actitud lo es todo en este caso. Mantén las apuestas tan bajas como puedas; por supuesto que te preocupará si les gustas o no a los demás, pero recuerda preguntarte: "¿Siquiera me gusta?". No te puedo decir: "¡No te tomes esto tan en serio", porque para muchas personas, salir con alguien ES cosa seria y, al principio, me tomaba las aplicaciones con demasiada seriedad. Miraba a cada pareja potencial como futuro esposo y no como lo que era: un desconocido. Alguien a quien nunca había visto o que vi tal vez solo en una ocasión, o que a lo mejor había visto cinco o seis veces, pero, de verdad, no te lo tomes en serio. REGLA 8 Diviértete: sal en unas cuantas citas, chatea con unas cuantas personas, decide qué te gusta y no te gusta, experimenta un poco. Recuerda que todos están en el mismo barco y este puede ser un bote salvavidas donde quizá estén a la deriva, pero están juntos. Nadie está en un yate anclado en Capri. Todos estamos en el mismo bote salvavidas de mierda, reforzado con cinta adhesiva y tratando de llegar a tierra firme. A veces nos encontramos con alguien que trae un chaleco salvavidas y a veces con alguien con quién remar hacia la meta. A veces llegamos solos a la costa antes de decidir que, a fin de cuentas, no estábamos tan mal en el agua o que nos gustaría quedarnos en tierra un rato.

Un consejo, si estás saliendo con gente y deslizando el dedo en la pantalla en busca de una relación, nada va a funcionar hasta que algo sí lo haga. Cada cita, relación, etapa de charla y acostón no va a funcionar hasta que uno sí lo haga. Puse una gigantesca cantidad de esfuerzo en cada mensaje enviado y recibido en los primeros días que utilicé Hinge y cada rechazo se convirtió en un trago más amargo que el anterior. En aquel entonces no sabía lo que no sabía y mi corazón pagó el precio.

Mi primer resbalón en Hinge tuvo que ver con un tipo al que llamaremos Joe. Nos encontramos en Hinge y de inmediato nos llevamos bien. Era divertido, encantador y lindo, y me enamoré de todo eso. Antes de que siquiera nos conociéramos, ya teníamos bromas personales y admitiré que estaba nerviosa por nuestra primera cita porque la química era electrizante en los mensajes. Comimos quesadillas y conversamos durante cinco horas, además de besuquearnos en la West Side Highway debajo de un árbol a finales de agosto. Si un policía hubiera pasado por ahí, nos hubiera arrestado por faltas a la moral; fue atrevido, ya avanzada la noche, en el calor del verano y más caliente en términos generales. Me sentí como Carrie Bradshaw. Usó bien sus manos y me hizo reír, por lo que al instante me embriagué con su presencia. De inmediato me imaginé cómo sería si saliéramos. Tenía planes de mudarse a Manhattan y yo podía vernos juntos en mi futuro. Mi cerebro proyectó nuestro final feliz luego de que tomé un taxi para regresar al Upper West Side cuando nos despedimos a las dos de la mañana. Al día siguiente, tuvimos la segunda cita. Vertimos botellas de vino en nuestras botellas de agua (siguiendo las tendencias de sostenibilidad) y nos emborrachamos sobre el puente de Brooklyn mientras la silueta de Manhattan iluminaba el cielo oscuro al anochecer. Fue romántico de una manera única para ser un instante tan pequeño. Sucedió en un nanosegundo, pero yo quería que perdurara. Parados sobre el puente, respirando lado a lado, pasé cinco minutos preguntándome sobre todas las posibilidades que había para nosotros. Fue entonces que Joe me dijo que no podía contarles a sus padres acerca de nuestro incipiente romance (por razones demasiado enrevesadas como para entrar en detalles aquí). De todos modos seguí saliendo con él, ya que decidí que valía la pena y que sus padres eran su problema. Las visiones de nuestra relación se proyectaban en mi mente como diapositivas bien escogidas: haríamos las mismas bromas estúpidas en nuestra boda, siempre nos reiríamos, nos tomaríamos de la mano y seguiríamos enamorados. Sin embargo, tenía la corazonada (que ignoré) de que no podríamos seguir viéndonos si íbamos a mentir al respecto. Así que, a la larga y consumida por la culpa, le pedí que le dijera a su familia o que termináramos. Eligió terminar. Algunos días desearía no haber planeado nuestra boda en mi cabeza porque el rechazo me dolió mucho.

Con el tiempo disfruté la realidad de ese fuego ardiente y pasajero que se extinguió con rapidez: la mayoría de las cosas no van a funcionar. Esa es la razón por la que es más seductor cuando algo sí lo hace. Nada va a funcionar hasta que funciona y nunca sabemos con quién, qué o cuándo llegará algo.

Remedié el aguijonazo del rechazo con más búsquedas, más matches y más citas. Conocí a un chico que me invitó a correr por Central Park y nunca lo volví a ver, hasta que se mudó a mi colonia y se volvió viral en TikTok; me topo con él una vez a la semana más o menos. En Bumble conocí a un tipo de treinta años con cabello castaño enmarañado que me hizo un montón de cocteles amaretto sour; con el tiempo me dijo que cuatro meses antes había dejado a quien fue su novia durante nueve años y se había mudado del departamento que compartían. Señaló la mesa donde estaba el sushi de Bondi que pedimos y declaró: "Se llevó todo, pero me dejó esta mesa". Me contó que estuvieron meses en terapia de pareja antes de que él terminara la relación. Conocí a otro chico de treinta años que pidió el vino más caro del menú y se me lanzó con demasiada intensidad para mi gusto. Conocí a un chico en la facultad de odontología con el que no tenía nada en común, un tipo con el que fui a la universidad y que era muy dulce, pero terminó ghosteándome. Deslicé el dedo una y otra vez por la pantalla hasta hacer matches y salir con gente que tenían el mismo nombre, por lo que no podía llevar la cuenta. Si estás saliendo con más de dos Max, ya rebasaste el máximo. Necesitaba una hoja de cálculo o un asistente o algo. Pero todas estas experiencias con las apps de citas forman la base en la que desarrollé mi "teoría de las diez citas", que respaldo con toda mi alma. REGLA 9 La teoría es la siguiente: si sales en diez citas con diez hombres diferentes de una app de citas, cinco de ellos serán una cita y ya, cinco serán viables. De los cinco viables, uno te va a ghostear, uno será un acostón de una noche, uno no estará buscando nada serio y los últimos dos serán matches posibles. De esos dos, uno no rendirá frutos, lo cual te deja al último: una pareja potencial.

Siempre, pero siempre, intento simplificar las cosas porque, de otro modo, mi cerebro tiende a complicarlas en exceso. Así que cuando examino las citas en línea, las veo en términos muy simples. Lo único que estás haciendo es acelerar el proceso de encontrar alguien de manera organizada. Estás conociendo a alguien para ver si se ajusta de algún modo a tu vida. En el peor de los casos nada resulta. En el mejor de los casos: esos chats son como una serie de fichas de dominó que van cayendo una tras otra. Unas cuantas citas mediocres pueden aceitar mi maquinaria y prepararme para la mejor cita de mi vida. Nunca sabes qué te espera a la vuelta de la esquina. Nunca sabes cómo una conversación puede catapultarte a encontrar la mejor versión de tu vida.

Mi novio actual y yo nos conocimos después de que hice un match con su amigo en Hinge. El amigo y yo nunca nos conocimos en persona, pero cruzamos unos cuantos mensajes y nuestros nombres de usuario en redes sociales. Meses después encontró el amor en otro match de Hinge y se comunicó conmigo por impulso para preguntarme si me gustaría que me presentara a su amigo. Le dije que sí.

Dos años más tarde, sentada en un bar del aeropuerto junto a mi novio, tomando cervezas y esperando a abordar el vuelo a su pueblo natal, meditaba en la forma curiosa en que la vida te sacude. Las cosas pasan de maneras muy extrañas. Si no hubiera hecho match con su amigo, no estaríamos sentados ahí con las rodillas dirigidas el uno al otro y riendo entre la espuma de la cerveza.

Probar las aguas es fácil cuando te das cuenta de que el agua es lo que tú quieres que sea. Dudo que haya alguien que diga: "Las apps de citas son lo máximo; espero encontrar al amor de mi vida en Hinge en vez de encontrarnos como si viviéramos en una comedia romántica". No tiene que ser fantástico. Puede ser bien a medias o incómodo, pero también puede ser un catalizador, un relámpago, una oportunidad única de encontrar lo que buscas, lo que no quieres en absoluto o lo que necesitas del mundo y de ti misma.

Lo que desearía haber sabido se convirtió ahora en mi biblia: nada se convierte en matrimonio hasta que es un matrimonio, e incluso entonces no es un matrimonio. Nada dura para siempre. Nunca estás atrapada. Solo se te obliga a comprometerte contigo misma, de modo que, de una maldita vez, desliza tu dedo a la derecha y haz match contigo misma.

Soy introvertida; sin embargo, soy el tipo de persona que ansía la comodidad de la conexión humana buena, cálida e intensa. De conocer a alguien que tenga un alma tan brillante que te ilumine el rostro a través de su camiseta. Anhelo la empatía que proviene de estar en la resplandeciente órbita de alguien más. Las apps de citas pueden lograrlo. Un paseo en bicicleta puede conducirte al resto de tu vida. Un trago de vino puede llevar a buen sexo o a concientizarte de algo que te cambie el mundo para siempre. Una mesa para dos puede llevar a algo o a todo, pero nunca lleva a nada. Incluso un dolor es algo. Las resacas, los chupetones en el cuello, las montañas rusas emocionales: todo es inevitable y todo es sentimiento. Sentir es todo un regalo.

Una vez estaba en un avión junto a Luke, mi novio de Bumble y estábamos a punto de despegar. Acabábamos de pelear sobre algo real, importante y paralelo a la felicidad futura por la que habíamos luchado con tanta desesperación.

"¿Quieres que estemos juntos?", me preguntó.

Los motores del avión se encendieron y las ruedas empezaron a girar. El sonido hizo que mi cerebro quisiera explotar. Lo miré a los ojos antes de que despegáramos. Quería decirle que sí, pero no salió nada de mi boca.

Creo que ambos sabíamos que mi respuesta era que sí, pero que nuestra relación se desmoronaría de todos modos. Sin embargo, no lamento haber hecho match con él en esa aplicación. Encontrarnos y luego perdernos.

Desliza a la derecha, desliza a la izquierda, haz match, equivócate, conversa, conócelo y mantén la apuesta lo suficientemente baja como para que sigas motivada. Solo se necesita un movimiento de tu dedo para reestructurar tu vida, sea en una charla, con sexo o conectando. Pero más importante aún, nada de esta experiencia es solo para encontrar el amor o una pareja. Se refiere a convertirte en alguien que quiera deslizarse a la derecha a sí misma. Se refiere a hacer match contigo misma, porque si no estás dispuesta a aceptarte, nadie más lo hará. Es difícil obsesionarte contigo misma porque se siente raro, pero sal de tu mente y conviértete en alguien con quien quisieras salir. Sé esa persona en pantalla y fuera de ella. Sé tu propio soplo de aire fresco, tu propia primera impresión espectacular, tu propia versión de alguien accesible y fantástica. Ten la suficiente audacia como para aceptarte, porque incluso si te quedas sin matches o esto no te funciona, nunca encontrarás en ti la intención de eliminar tus prospectos cuando tengas la suficiente valentía para deslizar el dedo hacia la derecha.

REGLAS PARA COQUETEAR

1. El coqueteo debe ser divertido.
2. En todo momento ten presente la diferencia entre el coqueteo inmaduro y el maduro.
3. Intercambia miradas con la persona que te guste, sostén la mirada por tres segundos y luego desvíala. Hazlo unas tres veces.
4. Asegúrate de que no esté con otra persona, que parezca estar soltero.
5. Lo más atractivo que puedes tener es confianza. PÁSALA BIEN. Juega con tu cabello, sonríe, disfruta de tus amigos. Pasarla bien es prioritario.
6. Empieza con un cumplido. A todo el mundo le gustan los cumplidos. Incluso si te rechaza, seguirá recordando la interacción con gusto.
7. Después, pídele que se tome un shot contigo. El contacto visual es esencial.
8. Haz la maniobra BPB (besar en la pista de baile) cuando llegue el momento adecuado.
9. Deduce sus intenciones.
10. Coquetear con tu pareja a largo plazo es posible (y sano).

Mi primera clase del primer año de la universidad se llamaba Introducción a las Artes Dramáticas. La tomaba en un salón oscuro y sin ventanas en el sótano del edificio de artes dramáticas y la mayoría de los alumnos cursaba esa especialidad. Estaba tan nerviosa para la primera clase de la licenciatura que me levanté tres horas antes para alistarme. Me cepillé mi largo cabello, me apliqué sin ton ni son una combinación ecléctica de maquillaje del que compras en la farmacia, elegí mis jeans favoritos y una blusa blanca corta con motivos florales y, ahora que recuerdo, las sandalias J. Crew más feas que tuve en la vida. Tenía una mochila morada, de la que colgaba un llavero con una borla gris, además de un profundo temor de que no le iba a caer bien a nadie.

Soy, como muchos, una persona que suda mucho. Cada vez que voy a cualquier parte, necesito cinco minutos de anticipación para encontrar un baño, volverme a poner desodorante, tomar agua y regular mi temperatura corporal. A pesar de eso, fui la segunda persona en entrar al salón y me puse a jugar con mi pluma y mi cuaderno mientras esperaba que llegaran los demás.

Ezra era un alumno de segundo año, delgaducho con cabello oscuro y lentes, que traía puesta una camiseta de su fraternidad (*red flag*) que tenía tres palabras con las que me familiaricé durante el siguiente año. Estudiaba matemáticas y estaba tomando comedia de improvisación (otra *red flag*) y mi primera impresión de él no fue nada buena. No voy a elogiar a Ezra. Sin embargo, sí aceptaré esto: era excelente para coquetear. Nunca olvidaré haberme dado cuenta de que me miraba desde el otro lado de la mesa ovalada de madera y de la sensación que me produjo que un desconocido se fijara en mí; cómo me sentí al sentirme deseada. Pero incluso entonces, para mí no fue amor a primera vista. Fue solo… primera vista.

¿Sabes cuándo alguien te jode por completo y es todavía más frustrante cuando, para empezar, ni siquiera te parecía atractivo al inicio? Después de que todo termina, te quedas llorando en tu cama con tu mejor amiga, mientras ella te cepilla el cabello enredado y tú estás diciendo: "Literal, ¡¿qué MIERDA?! NI SIQUIERA ME GUSTABA AL PRINCIPIO. ME obligó a que me GUSTARA".

Bueno… este fue uno de esos casos.

Al terminar la clase, guardé mis cosas y caminé directo al elevador, demasiado insegura como para charlar de nada con mis nuevos compañeros. Mientras esperaba el elevador y fingía estar muy interesada en algo en mi teléfono, sentí que alguien llegaba detrás de mí

Era él, un ingeniero en apariencia común y corriente, y comediante de improvisación cuyo nombre había olvidado.

"¿Eres Eli?", preguntó. Esas dos palabras fueron el principio de la relación más desastrosa, desorganizada y torpe que haya tenido en la vida.

Se presentó y de inmediato comenzó a hacerme preguntas, estableciendo contacto visual constante y utilizando afirmaciones que apuntaban al futuro, como sugerencias para que alguna vez fuera a una fiesta de su fraternidad o que tenía muchas ganas de verme ese miércoles, en nuestra siguiente clase de artes dramáticas.

Nuestro corto intercambio de palabras, solo esa breve interacción, me hizo sentir especial, como si hubiera encendido una chispa en algún lado dentro de mí. Como si yo fuera una vela y él la única persona en el mundo (o en Michigan) que tuviera un cerillo. Me miró cuando me hablaba como si anticipara cada una de mis palabras. Me sonrió de un modo que parecía cordial, aunque misterioso. Me abordó con audacia, siendo un desconocido, y me hizo sentir deseada.

Una persona que no me había gustado se convirtió en alguien con quien esperaba toparme con tanta frecuencia como pudiera. Lo buscaba por todo el campus. En la feria vocacional, a propósito me puse un top con el que se me veían las tetas y me aseguré de oler a coco, y luego entré a su club de improvisación para fingir que iba a una audición. Más tarde me dijo que cuando entré (como si fuera la mujer más sensual en la feria vocacional) sus compañeros comediantes le dirigieron una mirada cómplice; estaba coqueteando conmigo y yo, como un bumerán calenturiento, le devolví el coqueteo de inmediato. Era un coqueto experto. Se sacaba diez en coqueteo. La medalla de oro. Me hizo sentir especial, pero al mismo tiempo era difícil de conseguir o retener. Era la combinación perfecta de espontáneo y relajado, misterioso y astuto, tímido y dulce.

Por supuesto, al final intercambiamos teléfonos y nos besuqueamos a las dos de la mañana bajo un árbol junto a la puerta trasera de mi edificio de dormitorios del primer año. Me dio su rompevientos del equipo de campo traviesa del bachillerato, que era muy feo y olía a cerveza rancia, pero que me puse para dormir toda una semana.

Sin embargo, solo porque éramos casi-algo no quería decir que el coqueteo se acabara; solo lo ejecutó de las maneras más avanzadas y complejas.

En clase estaba tan distraída con su presencia que casi reprobé, con trabajos ponía atención y solo tenía la vista fija en él mientras escribía en cursivas una y otra vez mi nombre en su cuaderno. Que me coqueteara era como si me inyectaran agua helada en las venas, pero sin poder satisfacer la sed. Cuanto mayor fuera la dosis, más la ansiaba.

El "coqueteo a fuego lento" es genial cuando se hace bien y hace que tu prospecto preste atención a cada una de tus palabras. Yo era un cachorrito y él era como una pelota de tenis. Mientras se lanzaba hasta el otro lado del mundo, yo lo seguía encantada. Para mí, ser objeto de ese tipo de coqueteo se convirtió en una clase magistral de cómo flirtear. Dicen que pocas veces el alumno supera al maestro, pero de hecho sí es posible si te vuelves más lista y sensual que él. Coquetear con él era un éxtasis.

Intro a las Artes Dramáticas, conocida también como Intro al Coqueteo, me convirtió en una experta en el tema. Soy una niña prodigio del coqueteo. Una maga del coqueteo. Puedo decirte lo que quiere alguien viendo cómo coquetea y cómo conseguir lo que deseas en función de cómo coqueteas.

REGLA 1 La regla fundamental del coqueteo es que sea divertido, no que te provoque ansiedad ni que sea estresante, y si lo es, tienes que cambiar tu mentalidad.

Las apuestas son muy bajas cuando coqueteas: alguien va a pensar que estás tratando de demostrarle que te interesa o va a pensar que eres superagradable y amigable, porque coqueteamos en oleadas y nos aseguramos de no ponernos en vergüenza. Permitimos que la otra persona nos dé entrada, aunque seamos las instigadoras del coqueteo (hablaré más de esto después).

El coqueteo es HALAGADOR. Que traten de conquistarte te eleva el ego. El peor caso posible es un coqueteo que sale mal, cuando el objeto de tus afectos no te responde en el momento. Eso puede deberse a cualquier cantidad de razones: no les interesa una relación, tienen pareja, están con sus amigos y no les gusta la idea de incorporarte en su grupo, y así sucesivamente. En realidad, no es nada del otro mundo. Es típico que si nos coquetean (de modo respetuoso, no invasivo ni amenazante), incluso aunque no nos interese, nos sintamos halagadas o con el ego un poco inflado, porque alguien nos encontró lo suficientemente atractivas como para lanzarse y eso se siente bien.

Entonces, ahora que ya quedó claro, voy a darte un resumen de los cinco tipos de coqueteo: el inmaduro, en línea, maduro, dentro de la relación y amistoso. Un par de anotaciones antes de entrar en materia: el punto de partida con todos los tipos de coqueteo es el respeto. Percibe las señales que te envía la persona con quien estás coqueteando para asegurarte de que se sienta cómoda. No te lances de modo demasiado sexual, invasivo o presuntuoso. En especial con alguien desconocido o alguien con quien interactúas por primera vez, ya que no sabes cuáles son sus límites o sus niveles de comodidad. Prueba las aguas y no toleres que alguien te haga sentir incómoda porque pienses que es mejor que estar sola. No lo es.

REGLA 2 El coqueteo inmaduro es el tipo que usamos cuando la meta es una relación física con esa persona. Estamos buscando irnos a la casa con él, besuquearnos, comenzar una relación de sexo casual o todas las anteriores. El coqueteo inmaduro ocurre con más frecuencia por la noche: en fiestas, bares, clubes y otros lugares donde uno encontraría bebidas alcohólicas y avisos de que ya van a cerrar.

El coqueteo inmaduro es dos cosas: fácil y divertido. Requiere una buena cantidad de confianza y su meta es a corto plazo. Mantén la vista fija en el premio, pero si tienes que cerrar un ojo para enfocarte y llamar al Uber, detente mientras llevas la delantera y ve a casa a pedirte una pizza. Aunque es típico que el coqueteo inmaduro se vea en ambientes cercanos a las fiestas, también se puede hacer estando sobria y de día.

Es enero de 2020, llevo jeans negros, botines negros y un top strapless negro. Estamos a menos de once grados Celsius, pero no me puse saco. Mi cabello corto hasta la barbilla está brillante y liso, y llevo a mi pelirroja de cabecera pescada del brazo para abrirnos paso entre las multitudes de nuestros compañeros borrachos y sudorosos en un bar llamado Skeeps. El bar es un poco parecido a un panóptico, con niveles que permiten que desde los pisos superiores se puedan ver los inferiores. Nunca sabes quién te puede estar vigilando. Con elegancia damos codazos a los asistentes para llegar al piso de arriba y conseguir dos jarras de tequila con soda y limón extra.

Esa noche entramos con un plan: iba a usar el coqueteo inmaduro (con éxito y hasta terminar) con un géminis de más de 1.80 de estatura y con lentes. Como es natural, Sadie y yo teníamos una regla: terminábamos la noche con unos chicos o con una pizza, y teníamos que estar de acuerdo. Esa ocasión era noche de chicos, gracias a Dios, porque tenía en mente un plan bien calculado.

Una vez que lo vi, me mantuve dentro de su línea de visión y esperé a que él me viera. Como nos conocíamos vagamente, si le interesaba, había la posibilidad de que se me acercara si yo le sostenía la mirada durante tres segundos como invitación. Cuando nuestros ojos se cruzaron, se acercó y una campanita en mi cabeza anunció que empezaba el encuentro. Todo tenía la finalidad de ser divertido y como no me importaba que me rechazara (el rechazo es una simple indicación para redirigirnos y es opcional sentirte avergonzada), estaba lista.

> **REGLA 3** El contacto visual es una manera estupenda de indicarle a alguien que está al otro lado del bar que te interesa. La apuesta es baja y, si también le interesa, es probable que se acerque. Tres segundos, tres veces. Es facilísimo. Pero, como cortesía, **REGLA 4** retírate si lo ves con alguien más. No querrías que alguien le coquetee a tu pareja desde el otro lado del bar, ¿o sí?

El coqueteo inmaduro requiere confianza. Esta es el mejor accesorio que completa tu outfit. Al mirar alrededor, supe que era mucho menos simpática y atractiva en términos convencionales que las otras chicas en el bar (según alguna norma arbitraria), pero tenía más confianza en mí misma que cualquiera en ese lugar, estaba más dispuesta a exponerme y menos dispuesta a preocuparme si alguien me decía que no. Esas tres cosas en combinación favorecían mis probabilidades de éxito más que si solo me hubiera quedado parada, esperando a que alguien se acercara. Es más, no buscaba coquetear porque quisiera recibir validación de un tipo (aunque nunca es malo), sino porque quería divertirme un poco y así lo iba a lograr.

REGLA 5 La clave del éxito en el coqueteo siempre es la confianza. Somos como un imán y gravitamos hacia la energía que emitimos nosotras mismas. Así que para atraer a una persona confiada, divertida y emocionante en una salida nocturna, tienes que irradiar esa misma energía.

Cuando consigues que el elegido participe en una conversación, es momento de lanzarte a las cuatro oleadas del coqueteo inmaduro:

Primera oleada: tocarlo con sutileza (de manera consensuada)
Segunda oleada: un halago
Tercera oleada: haz una broma solo entre los dos
Cuarta oleada: acércate

La primera oleada es la forma número uno de decirle a alguien: "Me gustaría que me saques de inmediato de este bar y me lleves a la cama". Se refiere a pedirles que comparen el tamaño de su mano contra la tuya. De verdad que creo que esto se le ocurrió a Jesucristo, porque en serio, se volvió mi evangelio. Te diré por qué: es un excelente pretexto para tocar a alguien de modo consensuado, es una gran oportunidad para hacerle sentir que piensas que es sexy y una manera fantástica de descubrir qué piensa de ti. Si compara manos contigo y se quita rápido o trata de cambiar la conversación, es una luz preventiva en el semáforo. Si se niega a hacerlo, es una luz roja. Si se inclina hacia ti, te aprieta la mano, la sostiene o encuentra una excusa para mantener el contacto, es verde y significa que arranques, nena.

Si pasaste con 10 la primera oleada, llegó la hora de la segunda. REGLA 6 Ahí es cuando le haces un cumplido. Los halagos son la moneda de cambio en lo que se refiere al coqueteo, porque a todo el mundo le gustan. Así que incluso si no le interesas, se sentirá halagado.

"Tienes unos ojos muy bonitos, me gustan tus lentes" fue lo que le dije, porque rara vez la gente le hace un cumplido a los heterosexuales por sus ojos. Me dio las gracias, fijó la mirada en mí y me dijo que los míos eran más hermosos. La reciprocidad fue otra luz verde que me indicó que era momento de avanzar a la tercera oleada.

En ese punto, sé que por lo menos algo le interesa de mí, porque no ha encontrado la forma de alejarse, ha cedido a mis pequeñas tácticas y hemos desarrollado un buen ritmo, nos entendemos y estamos rodeados de personas de nuestra edad, lo cual significa que si quisiera irse, podría hacerlo.

La tercera oleada solo se refiere a encontrar cualquier cosa para bromear con esa persona y, por fortuna, en un bar hay la cantidad suficiente de gente que observar, así que podrás pescarte de algo.

Lo más fácil fue hacerle bromas por haberme enviado un MD esa noche. Pero sé creativa: haz bromas sobre su camiseta, sobre lo que sea que esté tomando o acerca de su modo de bailar, y si no tienes nada más que te funcione, REGLA 7 pídele que se tome un trago contigo.

REGLA 8 Si tuviste éxito en el coqueteo inmaduro para pasar por las primeras tres oleadas, llegó la hora de acercarte: es la hora del BPB.

El momento previo a que empiezas a besarte con alguien en un bar son los tres segundos más increíbles de tu vida. Alrededor se siente como si el mundo girara tan rápido que todos los demás se convierten en una mancha de color. Se desdibujan. Incluso si la persona al otro lado de tus labios es un completo desconocido, es una de las experiencias humanas más románticas y seductoras.

Y un aspecto cachondo es que me encanta el sabor de la cerveza fría en la boca de otra persona mientras todos los demás nos miran.

Ahora que aprendiste a ejecutar el coqueteo inmaduro, quiero dejar algo claro: si alguien está usando ese tipo de coqueteo contigo, casi puedes garantizar que están buscando algo casual o pasajero. Y está BIEN. Pero si no buscas una relación casual, yo no intentaría el coqueteo inmaduro para tener una relación. Estarás perdiendo tu valioso tiempo y energía en alguien con prioridades diferentes.

REGLA 9 Es fácil saber qué busca alguien observando cómo te coquetea. Podría ser doloroso darte cuenta de que alguien con quien quieres salir en serio está coqueteando de manera inmadura, pero este es el meollo del asunto: al contarte esta exclusiva de primera mano, te acabo de ahorrar un montón de dolor y tiempo. ¿Por qué querrías tener que *rogarle* a alguien que se enamore de ti? La verdad es esta: sin importar cuánto te guste, no quieres hacerlo. Mereces a alguien que QUIERA estar contigo, no alguien al que tienes que convencer de que lo esté. La persona correcta nunca te pondrá en una posición donde termines rogando.

No sabes cuántas veces deseé que los chicos que coqueteaban en forma inmadura conmigo se enamoraran de mí. No fue su culpa, era yo quien interpretaba sus señales como yo quería, en lugar de darme cuenta de la realidad. Es probable que el coqueteo inmaduro no lleve a un anillo de compromiso ni a una familia de cinco. Tiene el potencial de acabar en una sesión de sexo riquísima y a que un cuadro se caiga de la pared y te deje el ojo morado, lo cual llevará entonces a que estés con una bolsa de hielo sobre la cara amoratada en su cama, pasando el rato, pero creando un recuerdo (claramente) excelente.

Yo era la chica que pasaba el tiempo en el sillón con sus roomies mientras bebía café helado, se trenzaba el cabello y escuchaba el pódcast *Call Her Daddy* que nos servía de una biblia malísima sobre cómo diablos se suponía que debíamos coquetear. Pero lo que no nos dijo ese pódcast, ni nadie más, es que no tenemos que esperar que alguien nos dé la señal o nos diga lo que sea. No tenemos que esperar a que alguien se nos acerque. No tenemos que vestirnos y actuar para que alguien nos aborde. Tenemos permitido lanzar nuestras propias señales. Somos el chofer de nuestro propio auto.

Cuando el mundo olía al fuerte aroma universitario: perfume, hormonas, sótanos con pisos pegajosos, vodka y cerveza, el coqueteo inmaduro era tu boleto ganador. Era todo lo que sabíamos hacer. Así era como interactuábamos cuando teníamos veinte años y éramos un poco estúpidos, y fue divertido.

Ahora hablemos del coqueteo en línea. Cuando hablo de coqueteo en línea, me refiero a las redes sociales, es decir, al ansiado, vergonzoso y a la vez increíblemente maravilloso tipo de mensaje mejor conocido como "MD". Me refiero al Snapchat a altas horas de la noche, el MD en Instagram, la frase de conquista en la app de citas y el mensaje en LinkedIn (si tienes que ser así de valiente).

Creo en lo personal que, en esta era digital, pasar a un MD es nuestra forma más eficaz de decirle a alguien que te interesa e ir directamente al grano. En primer lugar, muchas veces los baristas, amigos de amigos, compañeros de clase, conocidos y gente a la que vimos una vez durante cinco minutos, se vuelven nuestros crushes. ¿De qué otro modo vamos a contactar a esa persona, aparte de esperar que la casualidad pueda hacer que nos topemos de nuevo? Usar Instagram para contactar o volver a contactar a esa persona es una manera muy fácil de, por decirlo así, tirar el anzuelo.

Cuando tenía diecinueve años, produje mi primera obra teatral original por medio de una organización estudiantil en Michigan.

Mi amiga, que estaba en el penúltimo año de la universidad en ese entonces —y era miembro del grupo de improvisación, por supuesto— era la directora.

Su buen amigo, y compañero del grupo de improvisación, pasó un día por nuestro salón de audiciones para saludar. También estaba en el penúltimo año, era un actor fenomenal y guapísimo. No estoy segura de haber sentido el ego más inflado que cuando la mensajeó más tarde esa misma noche diciendo "Eli del bat está guapa". Se refería a BTA (licenciatura en artes dramáticas) que era mi especialidad en el programa de artes dramáticas, pero que me viera como "bateadora" estaba bien para mí.

En ese momento, de regreso en ese mismo sótano incómodamente lleno de corrientes de aire del edificio de artes dramáticas, quise poner en práctica las técnicas de coqueteo que aprendí en Introducción a las Artes Dramáticas, así que hice la cosa menos arriesgada y empecé a seguirlo en Instagram. Seguir a alguien en una red social es una acción que no tiene ninguna connotación en absoluto, pero puede convertirse en una acción muy coqueta. Antes de que pudiera calcular mi siguiente paso, siguió mi ejemplo y me mandó un MD. Si no lo hubiera hecho, es probable que yo le hubiera enviado mensajes o que hubiera ido a su álbum de fotos y le hubiera dado like a una foto muy antigua, solo por diversión.

Me mandó una foto que subí esa noche donde tenía una taza de café de Expresso Royale, que era la cafetería de la universidad. Su MD decía algo parecido a: "¿Eres fan del Expresso Royale?", lo cual fue la perfecta transición para que me pidiera ir a tomar café en algún momento.

Si quisiera darte una clase sobre la mejor manera de mandarle un MD a alguien, te diría que tomes el camino fácil y vayas a una historia que haya subido. Si te da nervios pasar a los MD, recuerda que siempre puedes disfrazar tu mensaje como una pregunta o un cumplido genuinos; evalúa qué le importa en ese momento y si no quieres darle seguimiento, entonces regresas a la banca y lo intentas la próxima vez.

Si no hay una historia a la que puedes responder, te diría que lo hagas de todos modos. El asunto es que, si estás pasando a los MD, es obvio lo que estás haciendo y es mejor admitirlo. Un simple: "¡Hola, me encantó conocerte en la fiesta equis del sábado, y solo quería saludarte y decirte que creo que eres muy guapo", funciona muy bien.

Lo que quiero que hagas después de enviar este MD es borrar el mensaje de tus chats de Instagram para que no puedas revisar si lo vieron. El único modo en que sabrás que lo abrieron es si te responden. Ojos que no ven, corazón que no siente.

Además, ¿cuál es el peor escenario posible si envías un MD?

Que no respondan.

La falta de respuesta puede querer decir muchas cosas, pero no te vuelve indeseable, rara o poco valiosa. Solo significa que la persona que lo recibió no quiere responder y no querrías estar con alguien que no tiene la decencia de siquiera ponerle un me gusta.

La clave para el coqueteo en línea es hacerlo de manera intencional. Sé intencional. Si quieres algo casual, usa Snapchat o sé casual de forma explícita. Si alguien te invita a cenar, pero estás pensando más en una situación de ver Netflix y pasarla tranquilos, dilo. Si quieres algo más serio, si buscas algo más, sugiérelo. Si pasas a los MD y la persona te sugiere una noche de películas en su casa, pregúntale si preferiría ir a comer o a tomar un café.

La pelota está en la cancha de todos. Si muestras tu intención, nadie sale lastimado. Si eres directa en lo que estás buscando cuando coqueteas, te pones en sintonía con la otra persona y estableces el precedente de que la franqueza es la clave cuando recorres el terreno pedregoso del coqueteo.

Por supuesto que existe un modo de coquetear en búsqueda de una relación y a eso le llamamos coqueteo maduro.

El coqueteo maduro se ejecuta en forma romántica y platónica, por eso creo que es más necesario dominarlo. Es más común recurrir al coqueteo maduro durante las citas, en entornos donde conoces a alguien que te gusta, con nuevos amigos y, en sentido romántico, entre individuos que están en busca de una relación.

Cuando usamos el coqueteo maduro, nos enfocamos en conocer a la otra persona. Estamos buscando longevidad, una oportunidad de ampliar tu círculo para incluir a esa persona y dejarla entrar, no solo una noche o varias (dependiendo de qué tanto pueda durar tu furtiva conexión).

Era un manojo de nervios cuando salí la primera vez con Nate, que fue mi novio durante unos meses en el verano y otoño de 2019. Había estado enamorada de él desde hacía mucho tiempo y pensaba que era enigmático y sexy. No podía creer que estuviera interesado en salir conmigo. Comencé con el coqueteo en línea: le mandé un MD sobre un libro que subió a su historia. Luego una noche, con ayuda de un poco de valor alcohólico, le mandé un mensaje.

"Quiero que sepas que creo que estás muy guapo y me gustaría salir contigo este verano en Nueva York".

No respondió esa noche, pero a la mañana siguiente me envió un mensaje.

"Quise esperar a que estuvieras sobria para responderte, para asegurarme de que sigues sintiendo lo mismo esta mañana".

"Así es", respondí.

"Me alegro", contestó.

Y luego otro mensaje: "También creo que eres muy linda. ¿Cuándo regresas a tu casa? Vamos a tomar algo".

En lugar de aparecerme para tomar ese trago y decirle que esperaba que termináramos locamente enamorados, le llevé un libro de poesía. Nos relacionamos a través de los libros y así comenzó nuestra amistad. Estábamos en el bar en el último piso de un hotel, junto a la alberca, y tuve que usar mi identificación falsa para que me dejaran entrar. Él tenía veintitrés y yo veinte. Me dio vergüenza, pero todo me avergonzaba por aquel entonces.

Nos sentamos en una banca alrededor de la alberca y tomamos un coctel que traía pepinos en juliana.

Cuando le dije que era gracioso que un coctel tuviera pepinos en juliana, me respondió: "¿Quién es Juliana?".

Nos reímos.

Luego saqué el libro y le dije que era uno de mis favoritos, y que pensé que podría gustarle. Era mi forma de decirle: *Quiero que pienses en mí mientras lees estos poemas y luego quiero que me hables por teléfono y me digas todo lo que opinas. Quiero conocer las palabras en las que te detuviste, cómo te sentiste cuando lo cerraste. Quiero saber si leíste el libro en el metro o en la cama por la noche. No quiero que jamás me lo devuelvas.*

Fue útil que la colección de poesía que le di fueran versos eróticos. Algo que nunca se podrá negar de mí es que soy atrevida.

Tomó el libro de mis manos y me dijo que tenía una nueva norma: que nunca saldría en otra cita si la chica no llevaba un libro. Entonces me besó. Fue una absoluta locura. Estaba en la cima del mundo, en un hotel de SoHo, pero ya me entiendes. Nos besuqueamos durante dos horas y lo único en lo que podía pensar era en cómo sabía con precisión lo que trataba de decir, sin que lo dijera. Ese beso me dijo que quería pensar en mí cuando leyera los poemas y lo hizo. Lo leyó de principio a fin.

El coqueteo maduro no se hace en oleadas, porque ya sabemos que ambas partes están dispuestas; hemos superado el coqueteo inmaduro.

El primer paso para el coqueteo maduro exitoso es mostrar interés por las diferencias entre los dos. Si tengo una cita con alguien que nunca ha escuchado a Patti LuPone, pero sí se le ocurre preguntarme cuál es mi musical favorito, es una enorme *green flag*.

El segundo paso para el coqueteo maduro exitoso es recordar lo que la persona te contó antes. Si es la primera cita, y su perfil en Hinge te dice que vio la serie *The Office* diecinueve veces, pregúntale qué opina de los personajes. Pam y Jim: ¿tienen una relación tóxica o es amor verdadero? Es halagador cuando alguien recuerda un detalle íntimo o pequeño sobre nosotros. Si te estás reuniendo a tomar algo con una chica que conociste en el elevador, y ella tenía a su perro en esa primera ocasión… pregúntale sobre su perro. Si es una segunda cita, y en la primera mencionó que su hermana gemela tuvo una entrevista importante ese día, la siguiente vez que la veas pregúntale cómo le fue.

Otra estupenda manera de enviar una señal de "me gustas" cuando coqueteas es hablar en tiempo futuro o sacar a colación sucesos futuros. Si ya saliste cinco veces con esa persona y la siguiente semana es su cumpleaños, puedes preguntarle: "¿Te gustaría que hiciéramos algo para celebrar?". Si saca a relucir a un artista que les gusta a los dos y sabes que habrá un concierto en unas semanas, menciónalo y pregunta si le gustaría que fueran juntos. Si mencionas tu restaurante favorito y te dice que nunca ha ido, tienes la excusa perfecta para decirle: "¡Deberíamos ir!".

Como es obvio, si en la primera cita menciona la casa que su abuela tiene junto a un lago, no es el momento apropiado para decirle que te mueres por conocerla. Al contrario, si en la primera cita quiere ir a Europa contigo, cuidado con el *love bombing*. Cuidado con la forma en que te expresas acerca del futuro, pero si te parece adecuado, puedes hacer referencia al futuro diciendo de manera subliminal: "Me encantaría seguir viéndote o me gustaría mucho hacer esto o aquello contigo".

Encontrar una oportunidad para rozarle la mano o el brazo, o darle la mano, es íntimo de manera inherente y es una señal de coqueteo. No tomaría de la mano a un hombre con el que quiera tener un acostón de una sola noche. No tomaría de la mano a un hombre con el que hice planes por Snapchat. Eso se llama poner límites. Pero tomarle la mano a alguien, rozarle el brazo, hacerle preguntas interesantes e importantes sobre las cosas que le importan es como si dijeras: "Me gusta estar contigo".

Pasamos la mayor parte de nuestra vida intentando decir algo sin decirlo. Todo sería mucho más fácil si te acercaras a un perfecto desconocido en el bar luciendo espectacular y le dijeras: "¿No crees que deberíamos irnos juntos ahorita?". Todo sería mucho más simple si, en la primera cita, pudiéramos decir: "De verdad quiero enamorarme de ti". Pero la mayoría buscamos lo que queremos con mucho cuidado, porque lanzarnos en picada nos da miedo y a veces el impacto puede lastimarnos. Entonces buscamos lo que queremos sin decirlo en forma explícita y eso, amigos míos, es el coqueteo.

REGLA 10 Por supuesto, el coqueteo no solo se usa como una táctica para lograr que alguien sea parte de tu vida; también sirve para mantener esas relaciones.

Si *usas* el coqueteo maduro para iniciar una relación, y si coqueteas como manera de encontrar el amor, las cosas tampoco terminan ahí. Soy una absoluta creyente de que algunas metas nos limitan porque frenan nuestro potencial. Si tu meta es formar una relación con alguien y lo consigues, no puedes dejar de coquetear porque alcanzaste tu objetivo. Toda relación necesita de una pizca de coqueteo para mantenerla viva y sana.

Una relación se alimenta del coqueteo. Es el combustible que necesita para durar. El coqueteo será diferente, porque ya no tratas de decir las cosas con coquetería sin expresarlas de frente

—y luego vas al baño con la puerta abierta y él te apoya cuando tienes tu crisis semanal—, pero sigue siendo coqueteo y tienes permitido hacerlo cuando alguien te ha visto tocar fondo.

A veces olvidamos que deberíamos coquetear con nuestra pareja y estar enamoradas siempre, en muchos sentidos diferentes de cuando nos conocimos, pero siempre debe ser especial. Que duerma a tu lado todas las noches no significa que alcanzaste la meta o llegaste a tu destino, solo quiere decir que decidieron ir juntos en el mismo auto y se turnan para conducir, de modo que las metas cambian a medida que nosotros lo hacemos.

Ahora, la meta es mantener viva nuestra relación, y el coqueteo es uno de esos solventes que ayudan a conservar sexys y brillantes las relaciones.

Que lleves dos años con tu pareja no significa que no puedas decirle que se ve guapísimo o susurrarle al oído cuando estén en un lugar atiborrado: "Me urge llevarte a mi casa", aunque la casa se haya convertido en un lugar que comparten.

Incluso cuando te has ido sintiendo cómoda con tu pareja al grado en que se siente como una extensión de ti, puedes propiciar un "rapidín" sobre el lavabo del baño de un hotel, arriesgándote a perder el avión, o decirle que estás locamente enamorada o darle una nalgada cuando vaya camino al baño.

Puedes coger y coquetear y besar como si se acabaran de conocer, aunque lleven diez años juntos. A veces se necesita un poco más de esfuerzo, porque nos vamos sintiendo cómodos con alguien y la comodidad puede engendrar la complacencia. Muestra tu intención en todo lo que hagas: si tu pareja se ve muy bien mientras cocina, toma su mano, abrázala alrededor del cuello y dile: "Qué bien te ves".

Deja que tu novio te lleve a la cocina cuando sus amigos están a tres metros de distancia viendo deportes, y a escondidas te empuje contra el vidrio esmerilado para decirte lo bonita que estás.

Deja que tu novia te diga cosas ardientes en la habitación, aunque sea un lugar que comparten desde hace cinco años.

Deja que tu pareja se porte de manera boba y que compita contigo cuando juegan minigolf. Permite que sea juguetón. Por supuesto, ser juguetón y bobo necesita más esfuerzo que antes, pero como la cereza sobre una base sólida, el coqueteo crea el pastel perfecto.

A continuación: coqueteo entre amigos.

Para mí, el amor de amigos es cuando conoces a alguien en un ambiente platónico y al instante tienes una conexión intensa y profunda. Sus almas se comunican. Así se siente el amor romántico, solo que no quieren quitarse la ropa. Solo quieren ver la tele juntos, salir a caminar y platicar sobre cómo les fue ese día. Porque se quieren.

El amor de amigos es uno de los más importantes que puedes tener en la vida. Me gustaría embotellar la sensación del amor de amigos y metérmelo a la bolsa. En mi vida, sé que voy a estar bien si nunca experimento el amor romántico en cualquier forma de relación a largo plazo, porque tengo suficientes amores platónicos para mantenerme a flote para siempre. Cada vez que sufro una decepción recuerdo que mis amigos siempre me querrán. Siempre los tendré. A veces, me pregunto qué haría si todo lo demás —mis pasiones, mi carrera y todo— saliera mal en mi vida, pero recuerdo que tengo a mis hermanos y a mis amigos. Cuento con su apoyo. Sus palabras de sabiduría. Sus ojos brillantes y sus dosis de amor cariñoso y estricto.

El amor platónico, sobre todo si se trata de amistad femenina, es una moneda semejante al oro.

Daphne, una de mis mejores amigas, me salpicó con un coqueteo amistoso cuando nos conocimos, lo cual, por cierto, fue en el club de artes dramáticas en mi último año de bachillerato.

El primer día de ensayos, mientras conocía la escuela muerta de miedo, sentí un golpecito en el hombro. Daphne se acercó y empezó a caminar a mi ritmo, me miró y dijo: "Sé que vamos a ser mejores amigas". ¿Franca? Sí. ¿Se equivocó? No.

Luego del ensayo, le di el primer aventón de los que serían miles. Nos gusta ir en el coche y casi siempre pasamos el tiempo juntas sin hacer nada, pero es el tiempo más valioso que he pasado en ninguna otra parte. Confío en ella más que en mí misma. Estoy enamorada para siempre de ella como mi amiga.

Su audacia ese primer día del ensayo también me enseñó que nunca sería raro abordar a alguien que crees que te gustaría conocer o ser su amiga y decir: "Hola, me llamo Eli, ¿tú cómo te llamas?" o "Siempre te veo en estas clases de pilates y haces los mejores ejercicios; solo quería decírtelo". Nunca parecería raro ni incómodo voltear hacia la persona que está a tu lado en el salón o la chica que va contigo en el elevador de tu edificio y solo decirle: "¡Hola, soy Eli. ¿Cómo te llamas?". Nadie pensaría jamás que ser amigable es raro.

Mi truco personal favorito es decir: "Dios mío, me parece muy familiar tu cara. ¿Nos conocemos de algún lado?". Saca la actriz que llevas dentro. Sé que puedes.

Lo que quiero decir es que puedes coquetear con un amigo. El coqueteo puede ser platónico. Si hay una chica increíble o una persona en tus clases que en serio quieres que sea tu amiga, puedes acercártele como lo harías con alguien que te interesa en un bar. Puedes hacerle preguntas sobre ella, pedirle su teléfono, decirle que algún día deberían ir a tomar un café. Puedes responderle las historias de Instagram y empezar por ahí, hacerlo de manera platónica con la finalidad de tener una amiga.

A veces me gusta decir que todo se reduce al sexo, pero supongo que, después de todo, no todo tiene que ver con el sexo.

Cuando acaba la noche, en el otro extremo de una llamada o al final de la barra, se supone que el coqueteo no debería ser complicado, debería ser una señal humana y universal de atracción. No es serio, e incluso cuando lo es, sigue siendo la manera de empezar a indagar en la psique del otro. No se trata de excavar en las profundidades de su ser, sus preocupaciones a altas horas de la noche y toda su historia personal. Es juguetón, dulce, sentimental y positivo. Igual que las apps de citas que son vergonzosas solo cuando decidimos que lo son, si nos libramos del temor al rechazo, coquetear puede ser divertido.

La verdad es que existe una multitud de formas de decir "vamos a coger" sin decirlo. Hay una multitud de formas de instigar algo. A veces le tenemos miedo al coqueteo porque tememos al rechazo o a la vergüenza.

Si consideramos que la vergüenza es opcional, entonces no nos disponemos a fracasar. Si el coqueteo fuera fácil y conveniente, no sería tan delicioso. Todas las cosas que terminan muy bien incomodan al principio. Búscalo, es un versículo de la Biblia.

Es un lugar común llevarle a alguien un libro de poesía erótica en la primera cita, pero funciona con la persona correcta. Las cosas son así: olvídate de la vergüenza. NO LA CONOCES. Arriesgarte al rechazo no es nada si no temes al rechazo. Tú tienes el control.

Así que la próxima vez que veas que el objeto de tus afectos subió una historia a Instagram o está en un lugar lleno de gente, en una cafetería, restaurante o elevador, pregúntate: "¿Me interesa más de lo que me da miedo?". Si la respuesta es sí, bueno, creo que ya te dije lo que necesitas hacer.

REGLAS PARA LOS ACOSTONES, LOS CASI-ALGO Y LAS RELACIONES SIN COMPROMISO (conocidas también como manifestación y manipulación)

1. Haz una sesión de tres a cuatro días de *ghosting* cuando te busque después de la primera cita, y luego regresa con un mensaje críptico: un meme, un TikTok, un simple "hola".
2. Deja tu ropa interior en algún lado y haz que la encuentre.
3. Toma prestada su ropa cuando te vayas y después regrésala impregnada de tus productos para el cabello.
4. Quédate a dormir la primera vez, pero levántate y vete a las seis de la mañana.
5. Arma una plantilla perrísima de candidatos.
6. Dale tiempo para pensar en lo maravillosa que eres.
7. Sal en una primera cita INCREÍBLE y después, de inmediato, ponte misteriosa.
8. Usa tus ojos como arma. Míralo directo a los ojos. Agita las pestañas, coquetea con todo.
9. Regla de la dosificación: menciona al azar en la charla algunas de sus cosas favoritas como si no tuvieras idea de cuáles son.
10. Haz alguna locura con esa persona, así asociará la adrenalina contigo.

Si los jueguitos fueran un deporte olímpico, sería la entrenadora del equipo femenil de Estados Unidos. No siempre me gusta hacerlo, pero conozco el deporte y lo conozco bien.

Los jueguitos se reservan para los acostones, los ligues y las relaciones sin compromiso. No son para la persona de la que esperas enamorarte o con la que esperas formar una relación.

Ahora que te hice la aclaración podemos seguir adelante y no tienes permitido demandarme si te pones a jugar y te sale mal (es fabuloso, pero de todos modos…).

Si quieres saber cómo jugar para lograr que el chico se vaya a la cama contigo, para conseguir que la persona esté prendada de cada una de tus palabras, que tu ligue se comunique contigo y te pregunte qué haces, yo tengo el código nuclear y de buena fe voy a compartírtelo.

No finjamos que estamos más allá del bien y del mal, porque no es así, y siendo francas, si vemos todos los tipos de relaciones en un nivel completamente parejo —románticas, casuales, serias, platónicas— un ligue no es mejor que un anillo de bodas si cumple una función en un momento específico de tu vida. Si planeas bien la jugada, cuando algo es casual y los dos están felices con la situación, te puede ir muy bien. En lo que se refiere a los jueguitos, la felicidad es esencial: debe ser divertido.

Existen muchos tipos de juegos: de coqueteo, de competencia, de estilo de manifestación, y vamos a jugarlos todos, si es que te quieres convertir en entrenadora de un equipo universitario victorioso. En las relaciones casuales, todos están jugando y si todo el mundo lo hace, tienes que ganarle al otro jugador.

Es probable que el primer "juego" que te venga a la mente cuando hablo de "jueguitos" sea el comprobado de hacerte la difícil.

TODOS hablan de eso. Una y otra vez. Mis mejores amigas, e incluso mi madre, me recuerdan de manera constante que la única forma de conseguir lo que quiero, la única manera de lograr que alguien se obsesione conmigo, es hacerme la difícil.

Estaba sentada en el escritorio de mi cuarto en el ático durante el último año de la universidad, viéndome al espejo y depilándome con una pinza cada minúsculo pelo del bigote y de las orillas de las cejas mientras escuchaba a Halsey en una bocina sobre mi frigobar. Sadie estaba sentada en mi futón, tomando un coctel en un vaso rojo de plástico y revisando Instagram en su teléfono.

—¿Qué cuenta el nuevo chico? —me preguntó mientras yo me veía todos los poros en el espejo e imaginaba qué tan fácil sería la vida si fuera un poco más bonita.

—No sé. No me respondió al Snapchat que le mandé, lo cual es raro porque ÉL me preguntó qué iba a hacer hoy y le contesté.

Antes de que pudiera contarle el plan que ya tenía en la mente: esperar antes de empezar los jueguitos y después enviarle otro mensaje o snapchat cuando me envalentonara con alcohol para evitar el inevitable ardor que acompañaría el posible rechazo, me interrumpió.

—No le mandes dos snapchats —aclaró y como era una sagitario, también le resultaba fácil seguir su propio consejo, el cual funcionaba. Rara vez le respondía a cualquier tipo con el que tuviera una relación casual, nunca en la vida, y cuando llegaba a hacerlo, a menudo era en broma. Jugaba a la perfección y cada persona en su vida estaba atenta a sus palabras. Nunca era la que los buscaba, era al revés. Jugaba una partida magistral en hacerse la difícil y ellos seguían rogándole. Lo de Sadie era que muy rara vez le importaba mucho la atención. Era independiente, temeraria y todo lo que siempre quise ser. Ella decía lo mismo de mi empatía y de mi sensibilidad. Supongo que ambas nos dábamos aquello de lo que creíamos carecer.

En mi caso, el jueguito de hacerme la difícil representaba todo un conjunto diferente de retos. En mi cerebro, si no me respondía, era porque debía estar muy ocupado y si no le recordaba mi presencia, era posible que se olvidara por completo de mí y que nunca me volviera a contactar. Deseaba que alguien me hubiera dicho que un tipo no merece mi tiempo si decide que ya me superó porque no le respondí una o dos veces. Un amigo nunca dejaría de serlo porque no le contestaste un mensaje.

Esa era la razón por la que nunca me hacía la difícil. Me preocupaba que hacerlo diera la impresión de que no me interesaba. Me preocupaba que se fuera con alguien más. Quisiera que alguien me hubiera dicho que, si eso pasa, no vale la pena. Quisiera que alguien me hubiera dicho que durante el más casual de los acostones en la universidad nadie me debía una respuesta.

Hacerse la difícil se reserva a las situaciones en las que ambos son solteros, tienen una plantilla de candidatos elegibles con quienes coquetear y están buscando un acostón de una vez y noches divertidas de citas. Era absurdo que me preocupara por dar la impresión de que no me interesaba porque no importaba: en realidad nunca íbamos a tener una cita en forma. Ni siquiera debería haber considerado jugar si hubiera sentido algo serio por la persona en cuestión.

Necesité llegar al momento en que me hacía la difícil *sin intención* para que me diera cuenta de su eficacia. No solo eso, sino que también existe una CIENCIA que explica "jugar a hacerse la difícil" y que confirma que mis hallazgos son, de hecho, correctos (gracias, mujeres que estudian CTIM).*

* Siglas de ciencia, tecnología, ingeniería y matemáticas (*n. de la t.*).

Cuando estaba en el último año de la universidad, y juré que sería soltera y luego me metería a las apps de citas, quería convertirme en la mejor coqueta del mundo. Quería una plantilla llena de opciones, noches que terminaran a las tres de la mañana, y un rollo de cámara lleno de fotos medio borrosas de las que apenas me acordaría. Quería la máxima experiencia de ser soltera en la universidad y estaba lista para salir y conseguirlo. Todo el mundo necesita experimentar su época de chica fiestera al estilo Paris Hilton del 2000, y mi primer paso fue crear una plantilla decente para tener un equipo que dirigir.

Hice match en Tinder con un alumno de intercambio que por casualidad estaba en la obra que estaba produciendo (nunca mezcles el trabajo con el placer) y decidí que era un prospecto fantástico. También estaba en un grupo de improvisación (¿te das cuenta del patrón?); era bobo, un poco ansioso y alto, lo cual me bastaba.

Estaba en mi último año, me graduaba en mayo y era octubre. Decidí hacer la prueba de algo casual con ese chico, añadirlo a mi plantilla y divertirme. Encajaba a la perfección en el molde de ligue: un poco más que amigos, un poco menos que cualquier cosa seria. No me gustaba lo suficiente como para siquiera salir con él, así que tenía mis sentimientos controlados y disfrutaba su compañía. Estaba en mi punto óptimo. Ese espacio gris no se sentía tan mal por primera vez y esperaba que buscáramos lo mismo.

El Extranjero merecía transparencia, al igual que todo el mundo, así que desde el principio le dije que planeaba seguir soltera todo el último año y que consideraría la exclusividad en el futuro, pero que por ahora quería que fuera casual. Le dije que estaba dispuesta a pasar tiempo con él y disfrutar de la compañía mutua, pero que si estaba buscando una relación, debíamos ser amigos porque sabía que no quería eso con nadie y tampoco quería lastimarlo. Comunicar lo que quieres y lo que esperas obtener de alguien es la única manera de evitar hacerle perder el tiempo.

Me dijo que le parecía bien, por lo que seguimos adelante. Íbamos a cenar después de la función teatral de la escuela y pedíamos comida a Hippie Hash algunas noches. Nos sentábamos en la noche a tomar vino y conversar, fuimos a un concierto y algunos días íbamos juntos a clase. Cada vez que me preocupaba por que pudiera estar demasiado involucrado conmigo, le recordaba cuál era mi límite. Estaba encantada siendo soltera, de tener citas casuales y no ser exclusivos, y por primera vez me sentí muy bien. Él parecía estar a gusto y cuando hablábamos de nuestra relación, ni una vez pareció pensar lo contrario. No tenía ni idea de que solo lo hacía para que estuviera con él, aunque en secreto esperaba convencerme de querer algo más (algo que yo misma había hecho muchísimas veces después de darme cuenta de que no podía hacer cambiar de opinión a nadie sobre cómo se sentía).

Después de un tiempo, alguien más también llegó a mi vida y me mantuve abierta a cualquier posibilidad. El Extranjero dijo estar de acuerdo, así que supuse que todo estaba bien. Sin intención, en el tiempo que estuve con el Extranjero, me estaba haciendo la difícil: no siempre estaba disponible, no tenía suficiente tiempo ni atención para responder cada mensaje, no le prestaba toda mi atención ni era mi único prospecto. No tenía la intención de entrar al juego. Cuanto más ocupada estaba, más interesado estaba él. Cuanto menos le respondía, más trataba de comunicarse conmigo.Cuanto más abría mis posibilidades, más las reducía él.

Fui sincera con él y los dos sabíamos que nunca se convertiría en nada más, pero cuando alguien se hace el difícil con nosotros, y no podemos tenerlo en la palma de la mano, lo deseamos incluso más. Siempre queremos lo que no podemos tener. Sentimos hambre de esa persona. Nuestra lujuria es más intensa.

Con el tiempo tuve que terminar con el Extranjero, no queríamos lo mismo. A veces tienes que ver algo tú misma para confirmarlo, pero me di cuenta de que, por primera vez, sabía cómo se sentía estar en el otro lado. No ser la que espera que respondan un mensaje, que analiza todas y cada una de sus respuestas, hasta el tipo de puntuación. No era la que se quedaba pensando obsesionada en lo que estuvo haciendo esa noche en que no estuvimos juntos.

Así que hacerse la difícil funciona. Si quieres que alguien cambie de opinión con respecto a ti, por favor no pierdas tu tiempo, ya que es muy valioso.

Recuerda: si estás buscando una relación, no juegues. No puedes construir un cimiento sólido para una relación con base en un montón de jueguitos. Segundo, si te interesa algo más que una relación casual y las acciones (o inacciones) del otro te causan angustia y ansiedad, o si buscas con avidez sus señales engañosas en redes sociales —como sus ubicaciones en Snap Score o Snap Maps, o sus transacciones en Venmo—, está jugando contigo, no le interesas salvo para algo casual y mereces más respeto de alguien con quien te interesa construir una relación.

Sé que esto es duro, pero no quiero engañarte y al mismo tiempo no quiero que te engañen. Saber cómo jugar es una cosa, pero saber cómo detectarlo es algo muy diferente. Si alguien es consistente en no enviarte mensajes primero, si abren tu Snapchat y no responden, ven tus historias pero no responden a tus MD, podrían estar ocupados, pero también podrían estar jugando contigo. Mantente alerta, adviérteles a tus amigos cuando parezca que les están tomando el pelo y jueguen mejor que el otro.

Vayamos al segundo semestre de mi último año, cuando conocí a Géminis. Me gustaba mucho y, de hecho, quería algo serio con él, aunque él nunca lo quiso conmigo; y yo no podía enfrentar la verdad porque implicaba mucha decepción. A la larga, decidí que me parecía bien tener algo casual con él, porque por lo menos significaba tener algo.

Desearía haberme puesto un estándar más alto, pero te cuento la historia como pasó. Y esto es lo que pasó: yo tenía tantas ganas de estar con él que decidí que estaba bien que me metiera en la categoría de ligue casual. Traté de ignorar mis esperanzas, deseos y emoción mientras lo veía hacer lo mismo con lo que él sentía por mí. A fin de cuentas, si no hubiéramos ignorado nuestras emociones como lo hicimos y lo complicado que se volvió fingir que no había nada entre nosotros, es probable que los dos hubiéramos llorado cuando todo terminó.

Dicho eso, Géminis jugaba de maravilla. Nunca revelaba gran cosa. Nunca supe mucho en qué andaba. Nunca supe cómo se sentía. No abría mis Snapchats con la suficiente frecuencia como para ponerme con el alma en vilo y luego me mandaba mensajes tiernos y lindos, para después no responderme. No me debía nada. Me estaba haciendo justo lo mismo que yo le hice al Extranjero. Mantenía abiertas sus opciones, era casual conmigo y siempre muy directo con lo que quería; solo estaba viviendo su vida.

Y yo lo deseaba más y más y más, a pesar de eso.

Entonces decidí devolverle la jugada. Cuando no sabía dónde estaba yo, cuando me distanciaba, le ofrecía menos y me hacía la ocupada. de pronto tuve toda su atención.

REGLA 1 Te invito a que te tomes unos días y que no respondas ni lo busques. No le debes nada a esa persona, en especial si salen a altas horas de la noche o solo se encuentran en fiestas. Tres días sin un mensaje no van a cambiar las cosas de manera irrevocable y es fácil volver con un simple tuit, un TikTok gracioso, o tan solo con un "hola".

REGLA 2 Una vez dejé unos calzones en casa de alguien. Por supuesto que esa es una jugada de lo más antigua, pero el verdadero truco es cuando te pregunta: "¿Son tuyos?", junto con una foto de dichos calzones y tú no respondes. Detectan el truco si respondes: "¡Ay, no, qué pena, son míos, LOL!", pero si le das la vuelta y no respondes, los deja pensando en ti.

REGLA 3 A esa misma persona le robé su sudadera favorita. Espera, *robar* es un término muy fuerte… La tomé *prestada* un rato. Decía que la necesitaba porque era su favorita, aunque era de color salmón y la compró en Zara. Medía 1.93 metros y la sudadera me llegaba debajo de las rodillas. Me la puse para ir a Chipotle un domingo en la mañana en que tenía resaca. Después de lavarla, se la regresé oliendo a mis productos para el cabello. La mayoría te recomendará que rocíes un poco de perfume en la ropa de alguien antes de devolverla, pero por desgracia, ese truco se ha vuelto demasiado conocido como para no parecer intencional. Los productos para el pelo son un poco más astutos, porque si alguna vez dormiste en la cama de alguien, el olor de tu cabello permanece en sus sábanas mucho después de que te hayas ido.

Jugaba tan bien los jueguitos que de pronto fue Sudadera Salmón quien me invitó a ir a su cuarto, en lugar de que yo le preguntara si quería venir. Quedé con él en un bar equis de la universidad al que íbamos los sábados en la noche, atestado, pegajoso y perfumado con una combinación de vodka y Sprite, y el ruido blanco de la gente que se llamaba entre sí. Después de ver que estaba comiendo tiras de pollo con papas fritas cerca de la entrada, me topé con él de camino a la interminable fila del baño.

Me preguntó si quería que nos fuéramos juntos.

Quizá no estábamos enamorados o ni siquiera nos *gustábamos*. No éramos gran cosa el uno para el otro, pero teníamos las mismas prioridades. Caminábamos entre la nieve de vuelta a su casa, que estaba sola porque todos regresaban mucho más tarde que nosotros. Veíamos videos en YouTube y hablábamos de nuestros orientadores vocacionales en el bachillerato. Una vez me explicó que su cereal favorito era Weetabix. Qué cereal tan raro y geriátrico como para que le gustara tanto a los veintiún años. Recuerdo esos pequeños detalles, aunque no recuerdo cómo se sentía estar acostada a su lado o cómo se sentía levantarme e irme.

Solía quedarme con él y muchas veces nos manteníamos despiertos toda la noche, mirando al techo, compartiendo anécdotas; supuse que solo quería que alguien lo escuchara, pero te estaría mintiendo si te dijera que no fue lo mismo para mí. A veces es una sola noche, o una cadenita de ellas. Es reconfortante tener a alguien con quien quedarte dormida, con quien platicar sobre las cosas que no les cuentas ni a tus amigos. Se siente bonito no dormir sola.

Pero la burbuja estallaba cuando salía el sol y llegaba la hora de irme. A veces deseaba poder encapsular ese momento en la noche y protegerlo del amanecer. Era lo suficientemente lista como para saber que no era igual durante el día y supongo que esa es la razón por la que se dice que la felicidad es la ignorancia. Para evitar la incómoda danza de a qué hora irme, cómo me voy o qué me pongo cuando me vaya, no me quedaba a dormir con alguien, a menos que estuviéramos en una relación. Pero incluso una mujer que establece sus propias reglas a veces las rompe y en el caso de algunas personas (Sudadera Salmón incluido) quería quedarme a dormir con él o estaba demasiado borracha o cansada, o hacía demasiado frío como para regresar a mi casa.

REGLA 4 En los casos en los que sí me quedaba, me levantaba como a las cinco y media, o a más tardar a las seis de la mañana, con la alarma más silenciosa que pudiera encontrar, intentando no despertarlo mientras caminaba de puntitas para encontrar mis botas y calcetines, y algo abrigador que ponerme para el trayecto a casa. Tal vez se sorprendía al despertarse y descubrir que me había ido, pero me servía para definir un límite para mí misma, mantenerme en control y recordarme que no iba a invitarme a desayunar y que, pasado el tiempo, de todos modos me iba a correr de su cuarto. Más me valía hacerme la difícil e irme en mis propios términos. Sabía que la decepción llegaría cuando despertara y no fuera la lenta y romántica mañana de domingo que hemos oído que comparten las parejas. Hubiera sido incómodo estar acostados ahí, medio dormidos y preguntándonos quién sería el primero en decidir lo que haría para iniciar su día.

Una mañana de febrero en que tenía una resaca muy fuerte (luego de despedirme de mis amigos cerca de las doce y media de la noche para irme a casa de Sudadera Salmón), abrí los ojos a las 5:15 de la mañana. Era el día de San Valentín. Tenía puestas unas pezoneras con forma de corazón. Solo habíamos dormido tal vez dos horas, además de que la noche anterior, mientras veíamos tele y comíamos Oreos con doble relleno, el cuadro arriba de su cama se cayó de la pared y me pegó en el ojo. Me dio una bolsa de chícharos congelados y no paró de disculparse. Estaba tan borracha y mareada que el golpe no me dolió mucho.

A las dos de la mañana, cuando mencioné que era día de San Valentín, no dijo gran cosa.

Ahora tenía un dolor que me partía la cabeza y el ojo morado, y lo único que quería era estar limpia y en mi propia cama. Me levanté en silencio, aguantando la respiración cuando crujía la madera del piso y las sábanas hacían ruido. Agarré un suéter del suelo y me lo puse encima de mi camiseta blanca sin mangas, recogí los zapatos que estaban sobre el piso alfombrado y me dirigí a la sala para ponérmelos. Tenía calor y estaba sudorosa, necesitaba bañarme y un vaso de jugo de naranja para acallar el ruido en mi cabeza.

Salí a la calle, y grandes y húmedos copos de nieve me cayeron en el pelo y en las mejillas enrojecidas. De hecho, se sintió muy bien. Había unos ocho centímetros de nieve recién caída apilados en las banquetas y nuestro dulce pueblo universitario estaba en completo silencio. Mientras escarbaba en los bolsillos de mis jeans para encontrar mis llaves, me di cuenta de que no las traía. Las había dejado en el cuarto de Sudadera Salmón o no las traía desde un principio. Si fuera necesario, podía regresar, pero tendría que despertarlo. A veces mis roomies dejaban la puerta de entrada sin llave y esperé, con gran egoísmo, que esta fuera una de esas noches.

Mientras caminaba con dificultad hacia la avenida Greenwood, vi una sombra que venía en dirección opuesta. La sombra era femenina, vestida de negro. Su cabello era rubio rojizo y su forma de caminar me pareció conocida. Como si se hubieran abierto las puertas del cielo y estuviera presenciando un milagro, la figura que se acercaba hacia mí era Sadie, quien, gracias a dios, tenía sus llaves. A las cinco y cuarto de la mañana, en medio de una calle silenciosa y nevada, encontré a mi San Valentín.

Cuando los casi-algo y los enamoramientos me han roto de verdad el corazón, he tenido la suerte de contar con mi verdadera alma gemela: una figura pelirroja entre las sombras que camina hacia mí con dificultad en medio de la nieve.

LA PLANTILLA

REGLA 5

Para distraerme de Géminis, mientras me prohibía desarrollar un vínculo emocional con alguien que me hubiera dejado claro que nunca me correspondería, también tenía una plantilla de opciones. Esa lista me mantuvo tan ocupada con la cantidad justa de personas que no tenía ni el tiempo ni la energía para entregárselos a un solo chico.

Cuando digo una plantilla de opciones, considero entre cinco y siete personas con las que tengas una rotación de seducción. Uno de ellos tiene que ser tu jugador estrella (para mí, ese era Géminis). Luego necesitas dos alternativas fuertes que deben ser con los que sales a solas, pero no con tanta frecuencia como con tu jugador estrella. Para redondear tu lista, necesitas un gran jugador en la banca (ese alguien de confianza que siempre te cumple) y todo el tiempo deberías intentar con un jugador adicional para el equipo, solo en caso de que alguien abandone el juego o no esté jugando a la altura. Una plantilla puede ser cualquier cosa que te guste. Puedes acostarte con los integrantes, puedes tener citas con algunos de ellos, puedes tener una plantilla adecuada para públicos menores de trece años: las plantillas son individuales y personales y, como entrenadora, tú eliges.

Cuando estás en tu época de soltería o sientes que quieres tener relaciones casuales sin involucrarte demasiado, la plantilla es la manera perfecta de mantener a tus prospectos organizados y clasificados. Mantenerte ocupada es la mejor forma de evitar que tu mente se distraiga con una sola persona.

Conocí a Sudadera Salmón porque su roomie estaba teniendo sexo con mi roomie muy seguido y había visto su foto en Instagram. Empezó a seguirme y me mandó un MD. El resto de mi plantilla la conformaban dos fuertes jugadores alternos (un chico al que conocí en una de mis clases y un alumno de maestría con el que hice match en Bumble), un excelente calienta bancas (un tipo con el que salí en el primer año y que sabía que siempre estaba dispuesto cuando lo necesitara) y otro chico de una de mis clases con el que había estado coqueteando un poco, pero con el que nunca había salido.

La mejor forma de armar una plantilla es obtener tus opciones de diferentes lugares —coquetea un poco en clase, pregúntales a tus amigos si te pueden presentar a alguien, sal a bares y fiestas, usa las apps de citas e inscríbete a clubes—. No puedes tener una plantilla de siete personas del mismo grupo de fraternidades, grupo escolar o de amigos; bueno, puedes, pero entonces vas a necesitar un *reality* porque entonces habrá unas cuantas confesiones.

En última instancia, una plantilla es crucial para todos los ligues, acostones y relaciones sin compromiso. Sin una, corremos el riesgo de enamorarnos. Es una enfermedad incurable que, cuando estás en una época de soltería, no podemos permitir que nos dé. Lo sé porque he sido víctima y me llevó meses recuperarme.

El asunto más importante sobre cómo armar una plantilla es asegurarte de que todos sepan lo que buscas y el papel que tendrán en tu vida. La primera vez que sales con alguien para conocerse, no le debes ninguna explicación, pero a la larga, si las salidas son frecuentes, merece saber en qué estás pensando, de igual manera que a ti te gustaría saber lo que tienen en mente. Sé franca y abierta, sé intencional en lo que buscas para que nadie acabe lastimado.

Por supuesto, también se pueden jugar jueguitos con madurez, se trata de tácticas para las citas. Como habrás aprendido a estas alturas, no podemos depender de los juegos para construir una relación, pero quiero darte algunas tácticas sanas que puedes emplear para tener mayores probabilidades para poner la relación a tu favor.

A partir de mis observaciones, hombres y mujeres desarrollan las emociones, la lujuria y el amor de modos diferentes: los hombres se enamoran tras estar separados de alguien, cuando pueden pensar en esa persona. Las mujeres nos enamoramos a través de conversaciones profundas y del sexo. Con eso en mente, REGLA 6 te recomiendo darle espacio a tu prospecto para que piense en ti.

Si es la persona correcta, es probable que lo haga. Esta es una forma más madura de jugar el mismo juego que discutimos antes.

Mi primera cita con Noah fue una helada noche de jueves en enero. Llegó directamente del trabajo y yo lo hice después de un largo ritual de dos horas, previo a la primera cita. Fue una de las mejores primeras citas que había tenido. Me hizo las preguntas correctas, pidió las cosas adecuadas para que compartiéramos. Mis labios sabían a martini de café exprés y mi cabello se veía muy bien.

Fue tan perfecta que no estaba nerviosa, pero también fue imperfecta en términos de los estándares de una primera cita. Nos sentamos afuera en un clima gélido, no nos dimos un beso de despedida y pedimos más comida de la que queríamos. Sin embargo, a la larga, esa se convirtió en nuestra costumbre. Una situación inesperada, simplona y poco tradicional. La verdad era buena. No sobrepensaba cada palabra que decía. No sobreanalizaba la forma en que él se reía o las preguntas que me hacía. Me sentí como si estuviera sentada con alguien a quien conocía de toda la vida. Alguien a quien quería tratar más tiempo. Pero la mejor parte fue que solo era el inicio y teníamos mucho tiempo por delante.

Luego de nuestra cita, me invitó a su departamento para tomar algo y ver el edificio Empire State desde su ventana. Quería ir, pero también supe que lo volvería a ver el domingo. Por primera vez quise que las cosas fueran lentas porque sabía a dónde se dirigía la situación. No quise acelerar la parte buena. No quería adelantarme a la torpeza de la novedad o la frescura del inicio. Quería que durara, que fuera dulce y a largo plazo. Estaba obsesionada con estar al borde del precipicio de enamorarme y quería que durara unos minutos más.

Y, en un sentido práctico, sabía que REGLA 7 aunque prolongar la cita no cambiaría gran cosa, sería un obstáculo para la consecuencia inmediata de que él pasara el tiempo pensando en mí. No le permitiría el viaje en metro para recordar detalles sobre mí o cómo lo hice sentir. No se acostaría planeando la cita que me pidió para el domingo. Si yo estuviera ahí, sería todo muy tangible. Pronto nos conoceríamos a fondo y deseaba un poco más del tiempo en el que fuéramos desconocidos. Un poco más de tiempo para imaginar los detalles antes de conocerlos.

No era tanto un juego como una táctica intencional, una manera de mantener la llama ardiente y para que yo tuviera el control. Tres días después, fui a su departamento por primera vez para comer queso con vino y la distancia que puse entre nosotros, aunque breve, conjuntó un mayor grado de excitación mientras estaba en el elevador, a segundos de verlo de nuevo.

AMIGOS CON DERECHOS

Sería una negligencia de mi parte si no mencionara el más mortal de todos los pecados —los amigos con derechos— que en teoría es una excelente idea, pero que en la práctica es terrible.

A veces, si todos los detalles y circunstancias son correctos, ser "amigos con derechos" puede funcionar por un rato. Cuando hablo de "amigos con derechos" en efecto me refiero a cuando decides tener una relación sexual con alguien de quien antes fuiste amiga y con el propósito de que la relación sea sexual y de satisfacción física, al mismo tiempo que de amistad.

El problema es cómo termina y, cuando lo piensas, no hay una buena forma de terminar una situación de ese tipo.

Primera opción: una de las personas tiene sentimientos que la otra no corresponde, la situación se pone incómoda, termina la relación de amigos con derechos, pero en realidad ya no pueden seguir siendo amigos.

Segunda opción: uno de los dos decide que le gustaría salir con alguien más o que conoció a alguien con quien quiere tener una aventura casual o salir, y lastima a la otra persona.

Tercera opción: una de las partes decide que ya no quiere ser amigo con derechos y es difícil regresar a ser tan solo amigos.

No estoy diciendo que sea imposible terminar bien una amistad con derechos, pero las probabilidades no están a tu favor. Si has visto desnudo a tu amigo en numerosas ocasiones en un entorno sexual, es probable que no puedas regresar con facilidad a la zona de amistad.

Por el contrario, si por accidente despiertas *una* vez en la cama de un amigo, y ambos tienen la madurez suficiente para que no sea una situación incómoda y vergonzosa, pueden proseguir como lo hacen de manera normal. Sentir vergüenza es opcional: no es un sentimiento que alguien más puede obligarnos a sentir; es una emoción en la que caemos nosotros mismos. Un sentimiento que podemos apagar si solo decidimos que una situación no fue vergonzosa ni incómoda. No te estoy sugiriendo que ignores lo que sucedió, pero puedes seguir con normalidad tu amistad si ambos toman la decisión de hacerlo.

Sin embargo, como puedes ver, las amistades con derechos pueden ser, y serán, muy desastrosas y por esa razón, te recomiendo evitarlas.

No se trata tanto de hacer jueguitos, sino más de recurrir a la inteligencia y el ingenio. Puede parecer sencillo, pero nuestro lenguaje corporal es casi tan importante como nuestras palabras en una primera cita (sin que siquiera nos demos cuenta). REGLA 8 Así que haz contacto visual adecuado e intencional. Es coquetería y resulta un poco incómodo, pero a veces es más sensual que una sesión de besos bajo las luces tenues de un bar. De igual manera, REGLA 9 aférrate a los pequeños detalles que comparte de sí mismo. A las personas les halaga cuando recuerdas algo que te dijeron que les encantaba o un recuerdo mínimo que quizá no haya parecido memorable para ellas. Por último, REGLA 10 la adrenalina es una emoción que ansiamos y, si puedes encontrar alguna manera de vincular la adrenalina con un recuerdo de la cita, de alguna forma la persona se irá sintiendo más emocionada y nerviosa con solo pensar en ti.

Cuando empleamos estas tácticas en nuestra vida amorosa, es importante lograr un equilibrio y encontrar una buena combinación de grandes esperanzas y expectativas realistas. Todos merecemos el romance y el final feliz, pero es típico que encontremos ambos cuando tenemos citas con los ojos bien abiertos y los retrovisores limpios. Es importante no enviar mensajes contradictorios o dar falsas esperanzas, y la mejor manera de prevenirlo es ser claras acerca de lo que buscamos. Si estás en una app de citas, decirle a alguien que no buscas una relación seria antes de conocerse es, de verdad, una parte integral de no hacerle perder el tiempo a nadie. Si conoces a alguien en un bar, en clase o gracias a un amigo en común, es muy cordial hacerle saber que te encantaría seguir saliendo con él, pero que no estás buscando algo serio en ese momento.

Sé que puede ser estresante abrirte con alguien y decirle: "Gracias por decirme, pero creo que entonces deberíamos ser tan solo amigos", pero no les sirve de nada a ninguno de los dos que continúes con algo sexual, romántico o de simple flirteo si no están pensando en lo mismo. Lo último que quieres es darle falsas esperanzas a otra persona.

Todos sabemos cuánto duele.

En ocasiones, alguien está jugando contigo cuando tú no quieres jugar en absoluto. En el caso de Ezra, fue implacable. Después de que degradamos el estatus de nuestra relación de salir a convertirnos en amigos no exclusivos con derechos y de tener sexo casual hasta llegar a ser un casi-algo, jugaba de manera interminable conmigo mientras que yo planeaba recuperarlo.

Un fin de semana habíamos regresado y, al siguiente terminaba conmigo para reconsiderarlo al siguiente. Hablo muy en serio cuando digo que viví ocho meses despertándome sin saber si me amaba o no.

Nunca lo recuperaría, porque no quería estar conmigo y estaba jugando con mis sentimientos para demostrármelo sin decirlo de manera explícita. Se lo permití porque supuse que, si pasaba más tiempo cerca de mí, se daría cuenta de que todo era un error. Se arrepentiría y tendríamos nuestro final feliz.

Lo que ahora me gustaría es haber reconocido que no quiero tener que rogarle a alguien para que esté conmigo. No tengo que soportar la manipulación y los jueguitos de estira y afloja, *negging*, *love bombing* y *breadcrumbing*. Porque yo no me apunté a esos jueguitos y la naturaleza ligera de los juegos de los casi-algo no podía existir del todo cuando estaba siendo manipulada sin compasión.

Mis amigos trataron de advertirme —me rogaban en los bares, en las mesas de Starbucks y mientras íbamos a clases— hasta que se daban por vencidos. Bloquéalo. Olvídalo. Pero hay algunas cosas que tenemos que aprender por nuestra cuenta. Aunque tuvieran razón, y aunque hubiera sido lo correcto defenderme, bloquear su teléfono y seguir con mi vida, necesitaba que él me llevara al límite. Quizás por desgracia era la única manera en que iba a ser capaz de reconstruirme.

No lamento tolerar tanto tiempo cómo me trató porque, a la larga, aprendí lo que busco en una persona antes de enamorarme a ciegas. Aprendí a ser cautelosa con mi corazón, pero liberal con mi amor cuando alguien demostraba ser digno de él. Aprendí a identificar el *love bombing* y a escoger a un buen chico de entre un grupo de hombres que me engañarían y me romperían el corazón.

Y tal vez sí quisiera no haber pasado tantas noches despierta en mi cama del dormitorio estudiantil, deseando que me mandara un mensaje, y sabiendo que si lo hacía, quería decir que no le había ido bien con nadie más. Tal vez quisiera que mis amigos no hubieran tenido que verme entrar al fuego y salir quemada luego de ignorar todo lo que me rogaron que viera. Quizá sí deseo no haber perdido tanto tiempo con alguien que, desde el principio, nunca estuvo de mi lado.

Puedo llamarme débil, codependiente, antifeminista, depresiva y una mierda por ese comportamiento. Y lo hice. El desprecio por mí misma me comió viva como los mosquitos en la noche más calurosa de agosto.

Pero entre todo ese desastre y entre todo ese enojo, había un pequeño rayo de esperanza. Vi en mí misma a alguien que quería ver lo bueno, pero que necesitaba aprender a mantener un ojo puesto en las *red flags* o en las señales de alerta. Vi en mí misma a alguien que quería creer en otra persona. Que quería confiar en su palabra. Vi en mí a alguien que podía encontrar una cualidad encantadora en casi cualquier persona, que quería, más que nada, darle a la persona amada cada gramo de amor que pudiera reunir.

Vi empatía, que era brillante y resplandeciente, y casi se llevó todo el dolor como el viento, pero algo permaneció, porque de algún modo siempre lo haría. Ser manipulada y lastimada como consecuencia de sus jueguitos me enseñó cuánto me valoraba a mí misma y a los demás, y cómo deseaba que llegara el día en que creyera que merecía que me trataran bien.

Ahora sé ser cuidadosa y tacaña con mi corazón al principio, pero cuando la otra persona se lo merece, lo doy todo. Sé cómo protegerme de las aventuras casuales y cómo separar lo casual de lo que tiene el potencial de ser serio. Sé cómo usar mi voz y lograr que alguien me considere incluso más atractiva de lo que creía antes.

Supongo que todo es una prueba de ensayo y error. Tienes que intentarlo y fallar hasta que al final encuentres lo que te haga sentir bien, no porque hayas inventado una razón, sino porque de verdad lo sientes.

REGLAS PARA LA PRIMERA CITA

1. Repórtate. Envíale un mensaje a una amiga o a tu mamá desde el baño con el emoji del pulgar arriba si todo va bien, y el pulgar abajo si necesitas ayuda.
2. Antes de cada primera cita disfruta de una copa y media de vino mientras escuchas a Ariana Grande.
3. Tu ropa: *1)* jeans con chamarra de mezclilla; *2)* suéter sexy.
4. Tu personalidad en la primera cita es tu personalidad real, pero sosegada, solo un poco atenuada.
5. Cuenta UNA SOLA historia traumática y graciosa como prueba de tu personalidad dentro de una relación.
6. Pide una sexy y atrevida margarita.
7. Comparte el platillo que estás comiendo, así es menos incómoda la cita.
8. Comparte unos nachos con él. Esta es una clave importante para decidir si alguien merece tu tiempo de chica soltera.
9. Nunca has visto una cuenta en tu vida cuando la mesera la entrega. Puedes agradecerle después (si pagó).
10. Discute la segunda cita en la primera si está saliendo muy bien.
11. No guardes números en tu teléfono hasta la tercera cita. No necesitas ocupar espacio en tu teléfono hasta que lo merezcan.
12. Haz planes tentativos para después de la cita, así tendrás un pretexto decente para irte si todo va bastante mal.

Cancelé nuestra primera cita dos veces porque estaba ansiosa y algo me decía que no fuera. En todo caso, era una cita a ciegas y ese tipo de situaciones me hacen sentir un poco fuera de control. Yo no lo elegí y salí con él en parte por despecho. Me preocupaba que fuera una pérdida de tiempo y estaba en una época de mi vida cuyo propósito era ser egoísta y no perder el tiempo con los hombres.

Nos mensajeamos durante una semana en la que ambos intentamos coquetear por ese medio. Una noche me envió un mensaje mientras yo estaba viendo un episodio de *The Bachelor* sin prestar mucha atención y, aunque nunca nos habíamos visto en persona, tuve la corazonada de que me enamoraría por completo de él y no estaba segura de querer eso.

Era enero y hacía frío. Joe Biden acababa de tomar posesión, yo llevaba el pelo corto y rubio, y mi cuarto no tenía ventanas. Mi roomie siempre tenía puesto *La Ley y el Orden: Unidad de Víctimas Especiales* de fondo.

No podía entender qué me impedía ir a la cita. En parte pensé que era porque no quería salir en una cita con nadie. Disfrutaba de mis noches de tomar vino en una taza, darle vueltas a mi trabajo de posgrado y mirar las luces que se prendían y apagaban en el departamento al otro lado de la calle. Me gustaba que Sadie me contara de su novio y enamorarme sin sentido de los actores de Broadway y siempre dormir en mi cama. Aunque estaba satisfecha, la mayor parte de mí sabía en el fondo que la verdadera razón era que el universo me estaba diciendo que si le abría la puerta a la oportunidad, iba a funcionar. Nadie habla de esto, pero que algo funcione es francamente más aterrorizante que cuando no funciona en absoluto.

Cuando sales en una primera cita y no funciona, solo te arriesgas a desperdiciar maquillaje una vez, recibir un golpe a tu dignidad y perder dinero en un Uber, pero te acurrucas en tu cama y tu corazón sigue intacto. Si sale bien, no te queda más opción que ser valiente.

Una mañana me envió un video de sí mismo poniéndole una pizca de sal a un café helado de Dunkin' Donuts porque me había visto hacerlo en un TikTok. Tenía los lentes colgados del puente de la nariz y llevaba una sudadera gris.

Por impulso le pregunté si estaría libre el jueves y respondió que sí.

Fuimos a un restaurante en el West Village llamado Sveta. Cenamos y tomamos shots de tequila y ni siquiera nos dimos un beso de despedida. No necesitábamos hacerlo. Yo no quería hacerlo porque supe que en el futuro nos besaríamos mucho y, por primera vez, precipitarme no era lo primero que tenía en mente.

En cualquier caso, mi corazonada fue correcta. El chico al que le cancelé dos veces resultó ser Noah, quien no mucho después se convirtió en mi novio.

Lo fantástico de una primera cita es que existen dos resultados posibles: o te vas con una anécdota que contarles a tus amigos o quedas para una segunda cita. Cuando lo ves así, siempre sales ganando. No puedes perder en la primera cita. Si tuviera que escoger, yo preferiría que me rechazaran y desaparecieran por completo después de una primera cita que encadenarme a la persona incorrecta por meses. Elegiría mejor dedicar tres horas, en lugar de tres semanas o tres meses, a alguien que no terminó quedándose conmigo. Por lo tanto, las apuestas son bastante bajas.

Mi terapeuta me ha dicho que soy muy buena para verle el lado positivo a las cosas. Dice que no todas las situaciones lo tienen, pero te las arreglas para encontrar una manera de decir que todo podría tenerlo.

Pero solo porque exista un lado positivo, eso no quiere decir que no tengas que detenerte en el baño público de un Starbucks de camino al bar para la primera cita porque quieres evitar cagarte de ansiedad. Siempre he sido una persona nerviosa y mi nerviosismo se plantó, y crece, en el terreno de la percepción. La idea de que alguien tenga una opinión sobre mí me altera.

La verdad es que nadie te está percibiendo con la intensidad que piensas que podría estar haciéndolo. Te lo juro, todos estamos pensando en nosotros mismos cerca de mil veces más de lo que la otra persona piensa en nosotros. Somos seres egoístas. No estás pensando en la persona que cree que piensas en ella, y viceversa.

Tampoco podemos permitir que la percepción que los demás PUEDAN tener de nosotros distorsione o confunda la percepción que tenemos de nosotros mismos, porque la verdad es que la mayoría no nos ve como tememos. Debemos percibirnos a nosotros mismos, con la verdad que conocemos y creemos.

Cada vez que me preocupo por lo que alguien, en particular en un entorno romántico, pueda pensar de mí, me recuerdo lo que sé que es verdadero. Es alguien a quien conocí por un espacio de tres horas y sus opiniones no están a la altura de lo que sé de mí misma luego de pasar veinticinco años conociendo quién soy y quién me gustaría ser. Todo lo que importa en realidad no es lo que los demás piensen de mí, sino lo que yo sé de mí misma.

Con frecuencia le he dado tanto peso y presión a lo que una cita piensa de mí que olvido preguntarme qué pienso de esa cita. Durante la mayoría de mi vida adulta consideré las citas de un modo muy heteronormativo y controlado por un guion, y tengo que culpar de ello a la sociedad y a mi visión estrecha. En mi mente, el chico le pide una cita a la chica, él decide si le gusta ella y luego prosigue en consecuencia.

Cuando me mudé a Nueva York después de graduarme de la universidad, tuve cerca de cincuenta primeras citas, con cincuenta tipos diferentes, todos ellos con anteojos. Cinco se llamaban Max. Mis semanas estaban hasta los topes de primeras citas. Siempre estaba bien peinada. Pasaba horas buscando en el clóset el top perfecto para ponerme. Tenía planeada una cita la noche en que Joe Biden ganó de manera oficial la elección y vi su discurso de aceptación entre dos arbustos en un televisor que podía ver sobre la cabeza de mi cita. Pasé las horas previas a la cita bebiendo champaña y bailando en la azotea de mi departamento en el Upper West Side, mirando el caos que se desarrollaba abajo en las calles. Nunca volví a ver a ese chico.

En algún momento hacia el final de las cincuenta primeras citas, me di cuenta de que no necesitaba abordar una primera cita esperando a ver qué sentía la otra persona por mí. En lugar de poner al otro en un pedestal —como si esperara a ver si llegaba a la siguiente ronda— podía vernos en igualdad de condiciones, porque el meollo del asunto, aunque la persona con la que salgas en una primera cita tenga abdomen de lavadero y un trabajo muy bueno, es que no te llevas a esta persona, los dos están yendo a una cita, *juntos*. ¿Por qué querrías estar con alguien que te considera inferior?

Del mismo modo en que estás un poco nerviosa, es probable que él también lo esté. Está sentado ahí preguntándose: "¿Le gusto?". Igual que tú. Mientras estás frente al espejo rociándote con el perfume que elegiste para oler muy bien antes de la cita, él también está haciendo lo mismo.

La persona se irá a casa preguntándose: "¿Me gustó?" y "¿Me gustaría verla de nuevo?". Entonces, te encargo como tarea que tú hagas lo mismo. Cambia tu monólogo interior posterior a la cita de "¿Dije lo correcto?", ¿Me quiere ver de nuevo?", "¿Se la pasó bien?" a "¿Me gustó?", "¿Me gustaría verlo otra vez?" y "¿Me la pasé bien?".

Una primera cita se refiere tanto a ti como a la otra persona. Tiene que ver tanto con lo que estás buscando, cómo te sientes y cuál fue tu experiencia, como con lo que busca y siente la otra persona.

En la primera cita no hay nada en riesgo. No hay ninguna señal de peligro. Es una buena anécdota que contar o una segunda cita.

Antes de seguir adelante, sí quiero advertirte que siempre cuides de tu seguridad en una primera cita: queda en un lugar público, comparte tu ubicación con tus amigos antes de ir, asegúrate de que alguien sepa dónde estás e investiga a la persona antes de salir con ella, porque cuando digo que el único riesgo es una buena historia o una segunda cita, quiero asegurarme de que sepas que hablo de una situación en la que estemos seguras, cuidándonos. Toma las precauciones que necesites para que puedas cuidarte. Odio tener que recordártelo y desviarme de la diversión para decirte que te cuides de los desconocidos, pero es muy importante como para no mencionarlo.

REGLA 1 Mi mamá siempre me pide que le mande el emoji del pulgar arriba desde el baño si estoy a salvo y la cita va bien; así sabe que estoy bien sin quitarme mucho tiempo. Pon en práctica un sistema como este con tus amigos, tus roomies y con cualquier persona con la que te sientas cómoda porque, por desgracia, el peligro de los desconocidos sigue siendo real.

Acostumbraba a prepararme para las citas como si me alistara para ir a la Met Gala. Una vez que la cita estaba bien anotada en mi calendario de Google, me obligaba a considerar el suceso como si estuviera tratando de convencer a esa persona, a la que con toda probabilidad nunca había visto, de que fuera mi futuro esposo. En realidad, una primera cita es solo para tomar unos tragos. Solo es para conocer a alguien y preguntarte si lo quieres tener en tu vida. Sea en sentido platónico, romántico o para nada.

Cuando ves la primera cita como si fueras a una negociación y le ruegas a alguien que invierta en tu negocio, no conseguirás la inversión que necesitas. Esto no tiene que ver con que una persona invierta en la otra, sino que es una colaboración. Ejercer tanta presión sobre mí misma y la situación, sobre la otra persona y sobre que funcionáramos antes de siquiera conocernos, me estaba volviendo loca. Pero no te sirve de nada decidir qué sientes por alguien, o en qué te gustaría convertirte para él, antes de siquiera conocerlo.

En la primera cita que tuve con un chico de cabello castaño rizado y un sentido del humor simplón, además de un título de la Universidad Brown, buscaba convencerlo de que se enamorara de mí antes de que nos conociéramos cara a cara. Me gustaba la charla que teníamos en los mensajes de Bumble y pensé que encajaba con todo lo que yo quería, así que tenía que asegurarme de ser quien se ajustara a todo lo que él quería. Por él, me metí a fuerzas en un molde en el que no necesariamente cabía. Deseché partes de mí misma para ser la persona adecuada. Él me parecía perfecto a través del brillo nebuloso del iMessage, así que tenía que asegurarme de también ser perfecta.

No había oído ni el sonido de su voz y decidí que quería que nos enamoráramos. Esa mentalidad era un problema. En lugar de prepararte para que te sorprendan para bien, te preparas para que no funcione y cuando inflamos una situación, terminamos ahogándonos, pidiendo aire a medida que la vemos desinflarse. Pero nada va a funcionar hasta que funciona. Si sales en diez primeras citas, solo una de esas PUEDE convertirse en el amor de tu vida o en alguien con quien pases un buen rato. Me refiero a que el noventa por ciento de las veces no va a funcionar.

Nada funciona hasta que funciona.

Yo estaba atorada en una mentalidad en la que se requería que cada cita funcionara y me sorprendía cuando no era así. Ahora reconozco que es sorprendente cuando sale bien. Eso lo vuelve muy emocionante. Si sales en diez citas y terminas quedándote con la décima persona, las primeras nueve van a terminar de algún modo tal vez dramático o quizá en que no te respondan una mañana.

Si tienes problemas para considerar cada primera cita de manera muy casual y no seria, te imploro que finjas que saldrás a cenar, tomar un trago o un café con tu amigo. En esa cita, podrías darte cuenta de que te gustaría tener sexo con tu amigo o verlo otra vez porque se besaron antes de que te subieras al taxi y el beso fue electrizante. Podrías decirte: "De verdad me gustó salir con mi amigo, pero no puedo saber si me gusta en sentido sexual o si solo quiero que sea mi amigo". Podrías darte cuenta de que tu amigo no funciona dentro de tu vida y que no quieres volverlo a ver.

Sin importar lo que decidas, en ese momento no estás obligada a tomar una decisión sobre la primera cita. Nada es blanco y negro. Incluso el blanco más resplandeciente y el negro más oscuro son solo matices de gris. Sería ridículo esperar que tengas una opinión bien formada de alguien, o que sepas que te gustaría estar cada día con él el resto de tu vida, luego de pasar dos horas tomando dos Aperol spritz juntos un jueves en la noche.

Salir con alguien es ir paso a paso. El primer paso es el más difícil y las piernas dejarán de temblarte cuando te des cuenta de que, sin importar lo que suceda, el suelo que pisas es sólido. Una pareja romántica será una adición a una vida que ya está llena de luminosidad.

La anticipación de todo es más perturbadora de lo que ocurre en realidad. En consecuencia, es normal que estemos más ansiosas antes de una cita que cuando ya estamos en ella. La mañana de una primera cita, tomarás tu café y es posible que por tu mente pase un montón de posibilidades. Fabricamos catástrofes, nos convencemos de que pasaremos vergüenzas y fracasaremos. Cada vez que me siento abrumada, fuera de control o ansiosa, acostumbro a contrarrestar esos sentimientos con algo estable, y un ritual siempre te estabiliza. REGLA 2 Un ritual o una tradición tiende a reducir la intensidad, porque la rutina es control, lo cual nos sirve para equilibrar la naturaleza inesperada de salir con alguien por primera vez. Así que quizá tu ritual previo a la cita no incluya justo una copa y media de pinot noir y una lista de reproducción que consista en forma específica de canciones de Ariana Grande, y no tiene que serlo. Pero tener un ritual te hace sentir que las cosas están bajo tu control y las vuelve un poco menos significativas. Las primeras citas serán un poco incómodas y todos necesitamos unificar criterios: haz lo que tengas que hacer para quitarle un poco de presión. El acto de maquillarte mientras escuchas a Ariana Grande, tu roomie descansa en el sofá y las dos comparten media botella de vino tinto es reconfortante, en especial si lo haces de manera consistente antes de una primera cita.

Seguir tus propias reglas antes de una primera cita se parece más a un juego que estás resolviendo y menos a una situación de vida o muerte. REGLA 3 Mi ritual de ponerme un esmoquin canadiense (mezclilla sobre mezclilla) o lo que yo denomino un suéter Eff Me (el perfecto suéter suave, sexy y sofisticado que dice "fóllame") en la primera cita me da una muy necesaria dosis de confianza y comodidad: ambos son outfits en los que me siento bien, que me pongo de manera consistente en las primeras citas y que me dan estabilidad cuando el resultado de la cita es incierto.

La ropa nunca es para atraer a la persona al otro lado de una mesa de un bar, sino para hacerme sentir sexy, porque la manera en que nos tratamos es la manera en que nos tratarán después los demás. El esmoquin canadiense nació de un romance pasajero en la universidad que me traicionó, se acostó con mi amiga y echó a perder la confianza que pensé habíamos desarrollado de forma implícita. Por primera vez, en lugar de dejarme llevar por la compasión, me organicé una cita previa. Era viernes en la noche, estábamos en invierno y planeé hacerme sentir muy bien viéndome muy bien, y luego decidí salir a bailar.

Sin embargo, antes de hacerlo, y quizá por inmadurez, subí a Instagram una publicación solo para que él la viera y, en teoría, se sintiera peor de perderme. La foto se tomó en el pasillo de la casa de nuestra sororidad y yo llevaba un diminuto top negro ajustado, jeans que acentuaban mi cintura y mis nalgas, y una chamarra de mezclilla demasiado grande. Me envió un mensaje diciendo que se arrepentía de todo lo que me hizo, cinco minutos antes de ponerle like a la foto, y nunca le respondí. El esmoquin canadiense se convirtió en mi uniforme de confianza y nunca di marcha atrás. La energía que me daba me recordó que nunca debía aceptar menos de lo que merecía y aunque me llevó un poco más entender por completo esa lección e incorporarla en mi vida, esa noche fue mi primera introducción.

El suéter Eff Me es una historia simple. Estaba en el sofá tomando una copa de pinot noir mientras mi roomie se alistaba para una primera cita en una noche invernal y se ponía diferentes cosas para modelarlas frente a mí. Finalmente, decidió usar un suéter rojo. Era suave, se abrazaba a su cuerpo en los lugares correctos y complementaba su bonito cabello oscuro. No había ninguna necesidad de esforzase o acentuar en exceso cualquier característica en particular. Tan solo se sentía bien.

No creo en los tabúes y digo cualquier cosa que me viene a la mente. Mi actividad favorita en el mundo es quedarme en casa la noche de fin de semana y ver videos de Broadway en YouTube. ¿No te parece divertido? Bueno. REGLA 4 Cuando salgo en una primera cita, no le doy a la persona el cien por ciento de mi personalidad porque, para ser franca, toda mi personalidad es un boleto de primera clase y solo se consigue por el precio de tres citas. En la primera cita recibes la versión light de Eli. Sigo siendo yo, solo que un poco más reservada. No se llamaría "llegar a conocer a alguien" si me pudieras conocer del todo en las primeras tres horas. Nuestras personalidades en una primera cita son aquellas vinculadas con las relaciones, sin hablar de diarreas explosivas, pedos vaginales y traumas de la infancia. Tienes que irte acercando a tu cita (en sentido emocional, no sexual) y darle casi todo, pero REGLA 5 deja un poco a la imaginación para que no le quede otra opción que escuchar el resto de la historia, o lo que pasó luego, cinco días después cuando te vuelva a invitar.

En una primera cita durante el calor de septiembre con alguien de la universidad, comimos pasta *cacio e pepe* y tomamos grandes copas de vino. Pedí la pasta porque eso se me antojaba, no porque pensara que tenía que pedir para dar cierta apariencia. Fue dulce y encantador, y era muy atractivo; me hizo sentir bien sonreír ampliamente y hablarle de mi título en Artes Dramáticas de un modo que antes me provocaba vergüenza. Pasamos de la cena a un antro que me dijo que frecuentaba después del trabajo (él trabajaba en JP Morgan por lo que, de nuevo, no teníamos nada en común). El pequeño bar tenía mesas de pícnic afuera y nos sentamos del mismo lado de la mesa, viéndonos a los ojos mientras conversábamos.

Cuando nos besamos, sabía a cerveza y sudor. Era septiembre, pero seguía haciendo calor. Me preguntó si quería acompañarlo a su casa y le dije que no me acostaba con la gente en la primera cita. Dijo que no le importaba si lo hacíamos o no. Yo no tenía ganas de hacer algo que no quería hacer. Sentí que estaba tomando mis propias decisiones, y como estaba siendo fiel a mí misma, el chico al otro lado de la mesa estaba genuinamente interesado y atraído por mí. Era un tipo diferente de euforia ser sexy con alguien siendo yo misma sin fingir un papel.

¿Te estoy sugiriendo que te emborraches antes de una primera cita? Claro que no. Estoy sugiriendo que no te refrenes. Vístete como quieras. Habla de lo que a ti te interese. Pide tu comida favorita del menú. Bebe lo que beberías si tuvieras enfrente a tu mejor amiga. No te preocupes por si tu película o tu pasatiempo favoritos, o lo que te gusta hacer los sábados, es aburrido o raro, porque la verdad es que ¿por qué querrías salir en una segunda cita con alguien que piensa que tu modo de vida es aburrido o raro, cuando por ahí anda alguien que pasa su vida igual que tú? No te preocupes si hay alguien más y si esa persona es "mejor" que tú. No es verdad que una persona sea mejor que otra: tú puedes ser mejor para alguien, de igual manera que alguien será mejor para ti.

Ser nosotras mismas evita que perdamos el tiempo. Evita que al reloj se le acabe el tiempo. Entre otras cosas, evita las penas de amor.

♥

Una vez estaba haciendo el ritual previo a la cita con mi tío. Estábamos bebiendo un poco de tinto en un bar de uno de los restaurantes de mi familia y tomándonos turnos para meter trocitos de pan en un plato con aceite de oliva. No me preguntes por qué estaba en ese ritual con mi tío, pero acababa de contarme sobre una vez que comió hongos alucinógenos con pizza y fue a un concierto, y le hice una pregunta muy importante.

—¿Qué pido en una cita para parecer sexy y sofisticada?

El chico al que trataba de convencer era mayor que yo algunos años y, en mi mente, salía con modelos de veinticinco años, y no con niñas de veinte que estudiaban teatro, pero me estoy desviando del tema.

—Tequila blanco mezclado con limón y jalapeño, agitado, en las rocas y con borde de sal.

Traté de practicar esto para no olvidarlo, porque es sensual saber de lo que estás hablando cuando pides una bebida en un bar, pero parecía demasiado complicado y me provocaba mucha ansiedad tratar de recordarlo, así que decidí que sería mejor pedir una margarita picante. REGLA 6 Tener un trago que elegir es parte de tu ritual, te sientes confiada al pedirlo y sigues teniendo control.

Llegué a la cita y el menú de cocteles era enorme, y después de unos cuantos tragos vimos una opción en el menú que tenía algodón de azúcar, por lo que pensamos que sería divertido, así que lo pedimos para compartir. Nuestra relación se sintió como un subidón de azúcar todo el tiempo. Siento que marcamos el precedente siendo solo nosotros mismos. No me tropecé con las palabras ni una vez intentando decir lo que creía que él quería escuchar.

Siempre recomiendo que la primera cita incluya una bebida. Creo que el café o los tragos son las opciones más ideales por unas cuantas razones. La primera es que tienes algo que hacer con las manos, porque tienes una bebida enfrente. Nadie habla del hecho de que jamás tenemos idea de qué hacer con las manos. Nadie lo hace. Si no tomas, o no te gusta tomar en una primera cita, está bien, no se necesita del alcohol y la sobriedad es normal. Pídete un café, una coca de dieta o un *mocktail*.

Segundo, realizar una actividad en la primera cita con alguien a quien nunca has visto nunca es impedimento para charlar. Jugar minigolf o ir al boliche es divertido, pero si no cenan o beben antes o después, en realidad no puedes conocer quién es esa persona. Una primera cita es el momento de jugar a las veinte preguntas, para averiguar si disfrutas de estar sentada conversando con él, lo cual es el primer paso para saber si de verdad quieres comprometerte a pasar más tiempo con él.

Creo que también a todos nos asustan los silencios incómodos en la primera cita —ese momento en que ninguno de los dos sabe qué decir después—. Te recomiendo tener guardados tres temas que puedas sacar si eso sucede. Todos odiamos una conversación SOS (lo cual se refiere a los intentos de impedir a toda costa que la cita completa se arruine), pero a veces necesitas usarlas y no es necesariamente malo. Estos temas SOS podrían ir desde las noticias de cultura pop, películas o álbumes favoritos, una locura que te sucedió la semana pasada o tus restaurantes favoritos en la zona. A veces, usar un tema SOS porque la conversación se volvió aburrida es una buena manera de despertar un diálogo continuo.

Cuando te vayas de una primera cita, creo que ya puedes saber con seguridad si se verán otra vez; ya sabes si te gustaría, o que esa será la primera y también la última vez que lo veas. Sin embargo, siempre recuerda que la atracción puede crecer y solo porque la primera cita sea un poco incómoda, eso no quiere decir que la segunda tenga que serlo. En sentido hipotético, si nunca ves de nuevo a la persona, está bien. Esta es la razón por la que las primeras citas tienen permitido ser divertidísimas. En cualquier caso, el concepto es extraño y algo que no se ve en cualquier otro entorno de la vida: te encuentras con alguien a quien no conoces o conoces apenas, tomas un trago, cenas o tomas café; haces preguntas como: "¿Dónde creciste?" y "¿Vives con roomies?", y utilizas tu propio razonamiento engañoso para decidir si te gustaría tener sexo con él, verlo de nuevo en otra cita o jamás volverlo a ver. Bromeamos acerca de que nuestras mejores amigas se aparezcan en secreto en el bar donde tenemos la cita, porque las primeras citas son un extraño concepto en el que todas quisiéramos tener apoyo moral.

Una noche en la universidad, Sadie y yo decidimos que las dos saldríamos con alguien en la misma noche. La cita de Sadie terminó antes que la mía y teníamos planes de vernos después. Tenía mi ubicación en *Find My Friends*, así que se presentó en el bar en el que estábamos. Mi cita, un futuro dentista llamado Fred, y yo no teníamos nada en común. Le gustaba el senderismo, acampar, escalar montañas, surfear y caminar; a mí me gustan los bolsos de mano, el brillo labial, los shows de Broadway y las tablas de quesos. Por ende, luego de cerca de una hora de fingir que estaba fascinada por las extrañas hojas que Fred encontró en Costa Rica, y luego de que textualmente me dijo que yo no era "el tipo de chicas con las que salía", agradecí la llegada subrepticia de Sadie al bar.

Sadie le dijo al mesero que iba a reunirse conmigo y que yo estaba en una cita que no estaba saliendo bien. Por el rabillo del ojo pude verla en el extremo de la barra, esperando con dos copas y revisando Instagram. Unas cuantas veces nos miramos a los ojos y casi me atraganté con mi margarita helada. Después de un rato, le dije a Fred que tenía que ir a otro lado y salimos del bar, nos despedimos con un abrazo y esperé a que diera vuelta a la esquina antes de volver a entrar al bar y encontrarme con Sadie.

Nos reímos de eso durante semanas.

Tanto para Fred como para mí, nuestra cita fue una charla para romper el hielo antes de todas las demás citas que ambos tendríamos, antes de decidir enredarnos con alguien por unos meses o años. Era una práctica y yo también traté cada primera cita a la que fui después de esa como una práctica. Decirme que era un ensayo lo volvió menos aterrador cuando una primera cita condujo eventualmente a una décima cita, lo cual me llevó a enamorarme, y me di cuenta de que todo ese tiempo había sido la noche del estreno.

Prefiero una primera cita sin cena. Es difícil hablar y cenar al mismo tiempo, y el elemento central de una primera cita es conocer al otro. Si sales conmigo, casi te garantizo que mientras cenamos, estaremos callados, porque me gusta enfocarme en mi comida sin distracciones. REGLA 7 Si por alguna razón es inevitable la comida, creo que siempre deberías recomendar un lugar donde la norma sea compartir los platillos.

Una helada noche de noviembre fui a una primera cita y no nos quedó más opción que sentarnos en el exterior en el primer invierno de la pandemia. Recomendé un restaurante mexicano, porque dijo que tenía hambre ya que venía de un partido de pádel. (Además de los chicos que estudian para ser comediantes, te recomiendo de todo corazón que NO tengas sexo nunca con un hombre que juegue un deporte con raquetas).

REGLA 8 Pedir nachos en la primera cita es, además, la mejor forma de decidir si alguien merece tu tiempo. No para que te conviertas en periodista de investigación, pero observa la forma en que la persona comparte contigo el plato de nachos y luego decide si te gustaría tener sexo con él.

Si la persona deja los mejores nachos con los mejores aderezos de tu lado, en lugar de atascarse cada nacho que incluye una porción de queso, frijoles, carne y guacamole, se te va a abalanzar sin que tengas que pedirlo. Si son comedores egoístas de nachos, son egoístas en la cama.

El señor Deportes de Raqueta no solo pidió nachos para compartir, sino que también le dio hipotermia y los dedos se le pusieron morados, por lo que ni siquiera podía agarrar un nacho y yo me los comí todos. Se ganó una invitación a mi departamento para entrar en calor cuando no acaparó todo el plato, aunque la única razón fuera que no tenía las posibilidades físicas de tomarlos.

Terminó funcionando un tiempo, a pesar del hecho de que se murió de frío y yo me comí toda la comida.

REGLA 9 Quizás la pregunta que quieras hacerme no es qué pedir o de qué hablar, sino qué diablos haces cuando llega la cuenta y es momento de pagar. Cuando salgo en una primera cita con un hombre cisgénero y heterosexual, es típico que espere que él pague. Si se supone que encarne los roles y guiones específicos de género, y si voy a ganar menos que él, y si voy a ser privada de mis derechos por una sociedad patriarcal y una forma de pensar misógina, cosecharé los beneficios de esos guiones de género cuando puedo cenar gratis gracias a ellos. Agradécele cuando pague y no hables más del asunto.

Ahora que la cuenta se pagó, los nervios que se disiparon durante la cita en sí regresan con fuerza justo cuanto llega el momento de decidir si nos vamos cada quien por su lado, cambiamos de lugar o nos vamos juntos a casa. Es como si nuestra ansiedad se tomara un descanso de tres horas mientras nos ahogamos en tequilas, bebidas con cafeína o nachos, pero reingresara por la puerta trasera cuando llega la hora de decidir qué pasa al final.

Todos sabemos que la ansiedad de salir en una segunda cita va precedida justo del periodo posterior a la primera cita, un tiempo en el que tres días se sienten como tres años. Empiezas a caminar de un lado a otro de tu habitación y eliges ponerte a limpiar como si fuera un pasatiempo para distraerte de ver el teléfono. Vas a una clase de spin para que tu teléfono esté guardado en un casillero durante cuarenta y cinco minutos, según porque "agua que se vigila no hierve". Tienes dos pésimas ideas sobre cortarte el pelo tú sola que te desaconsejan tus roomies preocupadas.

REGLA 10 Toma una decisión de si quieres una segunda cita antes de que termine la primera. Evita el incómodo bailecito que ocurre después de la primera cita. Quizá eso signifique hacer planes para la siguiente cita antes de salir de la primera. Si disfrutaste de pasar un rato con alguien, y él también se la pasó bien, fantástico, ¿por qué no le dices? Quizá eso signifique leer entre líneas lo que te comunica la otra persona cuando se despide.

Tal vez diga: "Mándame un mensaje cuando llegues bien a tu casa", que es el pretexto perfecto para que le envíes un mensaje que diga: "Me divertí mucho esta noche, acabo de llegar. ¡Dime si quieres volver a salir algún día!".

Tal vez te diga (y también tú puedes decirlo): "¡Me divertí mucho, te llamo".

Puede ser: "Hoy me divertí mucho" y es el pretexto perfecto para decir: "Deberíamos repetirlo algún día, ¡escríbeme para ponernos de acuerdo!".

Supongamos que no vuelves a saber nada de ellos. Ahí es cuando empiezas a aspirar el departamento de piso a techo como distracción. Cuando esto sucede, te cuento que tú puedes mensajear primero. Enviar un mensaje no puede cambiar ni cambiará la opinión de alguien acerca de ti. Ya sabe cómo se siente, igual que tú. O le interesas o no, y que les mandes un mensaje no va a cambiarlo.

Si no te interesa comunicarte primero, te recomiendo que esperes unos días o hasta la semana siguiente antes de llegar a la conclusión de que no están interesados.

En estos tiempos, es común que la gente prefiera el silencio en lugar de despedirse de alguien, pero luego de una primera cita, las cosas pueden ser complicadas, así que lo entiendo. Yo opero según la suposición de que no le debes nada a nadie, en especial cuando es alguien a quien viste una vez. REGLA 11 Te recomiendo que no añadas el contacto de nadie a tu teléfono hasta la tercera cita para que no tengas nada pendiente que borrar. Si tomaste la decisión de no darle seguimiento después de la primera cita y te manda mensaje, mi recomendación es que le respondas para decepcionarlo. El ghosting es irrespetuoso e inmaduro y, para ser franca, es un mal karma.

Un buen mensaje que puedes mandar es:

¡Hola! También me la pasé muy bien el viernes, pero, si soy sincera, no veo un futuro romántico para nosotros, aunque creo que eres genial y te deseo lo mejor.

Mi regla de oro sobre un mensaje decepcionante es no mentirle. Si no quieres ser amiga de esa persona, no digas: "Sigamos siendo amigos". Si no te encanta que se comunique contigo, tal vez no inicies el mensaje con "me da gusto saber de ti". En lugar de eso, sé educada y breve. Sé respetuosa. Sé amable y haz lo correcto.

Si eres la persona que espera un mensaje, quiero prevenirte del idealismo. Siempre es bueno tener esperanzas, porque la esperanza es una de las únicas cosas a las cuales podemos aferrarnos. Pero inventar excusas después de que desapareció diez días —como que está estudiando o está ocupado o tuvo una semana complicada, y esa es la razón por la que no se ha comunicado— solo te producirá más dolor. Enfrenta las cosas de manera directa. Es más fácil superarlas cuando las ves directo a los ojos.

Llegó la hora de la verdad: nunca nadie está demasiado ocupado como para mandarte un mensaje. Con toda seguridad pueden estar demasiado ocupados como para mantener una conversación por mensaje o para charlar largo y tendido. Pueden olvidarlo, pueden pensar que dijeron algo o que enviaron el mensaje cuando no lo hicieron, pueden estar resolviendo algo y no tener el ancho de banda para responder. Yo no respondo los mensajes de todo el mundo si no son urgentes u oportunos hasta que tengo la capacidad de responder al cien por ciento, lo cual a veces ocurre de veinticuatro a cuarenta y ocho horas después. Pero si algo es oportuno, se refiere a los sentimientos de alguien, es urgente o es necesario hablar de ello en ese momento, entonces SIEMPRE responderé, o SIEMPRE le diré a la persona que en ese momento estoy ocupada, pero que me comunicaré en cuanto sea posible. A menos de que de verdad me encuentre en un momento muy oscuro, respondo. Incluso cuando estoy muy ocupada, puedo decirle a alguien que no lo estoy ignorando, pero que me comunicaré cuando se calmen las cosas.

Es bueno tener una combinación de idealismo y realismo cuando salimos con alguien. Es bueno tener esperanzas de encontrar el amor, deleitarse con la emocionante magia de que algo podría funcionar, pero también es bueno ser realista. Si no has oído de alguien después de la primera cita, y ya pasó una semana, no inventes excusas por esa persona. Ten la valentía suficiente para decir: esa persona no merece mi energía ya que decidió que no merezco ni un poco de la suya. Las apuestas siguen siendo bajas y sanarás del raspón del rechazo con un poco de ungüento y una distracción.

Yo he recorrido cada camino posible después de la primera cita; he ido a un segundo bar, a su casa con ellos, tuve acostones de una noche, me fui sin siquiera besarnos y les di un beso de despedida, pero aun así nos separamos y terminé en mi cama.

Esta es la verdad: si estás en una primera cita con la persona correcta, nada impedirá que tengan una segunda cita. Si tuviste sexo con la persona correcta en la primera cita, no va a hacerlo cambiar de opinión sobre buscar una relación contigo. Si dijiste que querías irte a tu casa, pero que te encantaría volverlo a ver, despedirte no cambiará su opinión de buscar una relación contigo. Esa es la razón que siempre deberías hacer lo que tú QUIERES y no lo que piensas que quieren que hagas. Con la persona correcta, hacer lo que quieres es la decisión más sexy que puedes tomar.

De igual manera en que hago un calentamiento previo a la cita, tengo una sesión de enfriamiento después de ella. Quizá no me tranquilizo de la misma forma después de todas las primeras citas, pero me gusta hacerlo si puedo.

REGLA 12 Uno de mis rituales favoritos es hacer planes tentativos con amigas luego de la cita para tener una salida preparada si la necesito. Ir a tomar un trago a las siete de la noche en jueves y decir que tienes que llegar a un cumpleaños a las diez le pone fin a la noche. Aunque disfrutes de su compañía y esperes verlo de nuevo, los prolongados momentos finales de la cita son más cómodos y, si la cita es espantosa, agradecerás tener un lugar al que ir después para limpiarte el paladar. De todos modos, nunca he sido del tipo de persona que disfruta de pasar más de cuatro horas con alguien a quien no conozco muy bien. Mi batería social se acaba, se me nubla el juicio y empiezo a interpretar las situaciones de modo diferente de lo que haría si estuviera con alguien a quien conozco muy bien.

Más que nada, mis experiencias con las primeras citas me han permitido llegar a conocerme mejor. Descubrí qué me funciona a mí: tomar un trago con planes para después, de modo que tenga una salida. Ya deduje qué no funciona: tomar demasiado o ir a casa de una persona a la que apenas conozco. Además, he aprendido sobre mis deseos, confianza y límites. Una primera cita puede abrir una ventana a una casa con paredes de ladrillo expuesto y una cocina con anaqueles bien aprovisionados. Pueden meterse los dos por la ventana, encontrar el clóset de blancos, prender una vela y tender las camas. Pueden abrir la puerta principal desde adentro. Para los dos, esta será su propiedad emocional. Una casa que diseñen a su gusto. Un lugar en el que pueden vivir su relación.

Suelo creer en las señales, porque algunas veces no sé en qué más creer. Las señales pueden venir de las primeras citas y, en mi mente, provienen del universo: son buenos o malos presagios. Trato de estar atenta a las maneras en que el universo me está diciendo algo en voz baja.

Seis semanas después de un ruptura brutal, salí en una primera cita de cuatro horas en Nueva York. La conversación fluyó muy bien y con entusiasmo —teníamos mucho en común, nos rozamos las manos y percibí una pequeña chispa de energía entre nosotros— y, sobre todo, sentí que esa noche no sería una en la que lloraría hasta quedarme dormida. Porque esa noche vi un mundo donde podía seguir adelante. Podía avanzar. Podía estar bien. Me sentí bonita, atolondrada y sola. Me preparé para el impacto y, de algún modo, seguí adelante. Él fue al baño y yo aproveché para abrir la cámara de mi teléfono y volverme a poner brillo labial.

Esa primera cita fue fantástica. Reanimó mi corazón aunque fuera un poco. Se sintió como un renacimiento porque me pareció que estaba acomodándome con tranquilidad en mi próximo capítulo. Ese capítulo estaría caracterizado por un sentido de identidad más fuerte. También era una señal. Quizá el buen chico con el que salí no se convertiría en mi buen chico, pero no se suponía que lo fuera. Él era una señal: era la primera página de un nuevo principio.

Tendrás buenas primeras citas, malas primeras citas, algunas que cambiarán tu vida y otras de las que te olvidarás por completo. Si te dosificas en lo que se refiere al amor, al agrado y al afecto, solo permitiéndote aceptar la cantidad de amor que crees merecer, te perderás de qué se siente tenerlo todo. Lo mereces todo. Una fantástica primera cita. Una cena gratis. Buen sexo. Conversación maravillosa. Mereces que las cosas funcionen. Mereces salir de manera casual si eso es lo que quieres. Mereces que las primeras citas sean divertidas y graciosas, además de cierto tipo de lección. Así que la próxima vez que te estés preparando para una primera cita —sea romántica, platónica o cualquier otra cosa—, recuerda eso. Recuerda que te lo mereces. Que eres interesante, sexy y cool.

No, no se te ven las marcas de la ropa interior. Sí, deberías pedir pasta si quieres. No, no siempre va a funcionar; nueve de cada diez veces no lo harán. Pero te darás cuenta de por qué no lo hacía cuando al fin funcione.

Podrías salir con una anécdota, un chupetón en el cuello, una cruda, una segunda cita, un gran beso o la motivación para volver a hacer el intento, pero date cuenta de una cosa: nunca terminarás sin nada. Primero sé la persona frente a la cual te gustaría sentarte en una mesa. Incluso solo la chispa de seguir adelante es algo y ese algo es suficiente.

REGLAS PARA LA SEGUNDA CITA

1. Tómale la temperatura a la longevidad.
2. Bajas expectativas, mente abierta, corazón abierto. Recuerda que todavía no es así de serio. Tómalo como lo que es: hacer el intento uno con otro. Esto sigue siendo, y seguirá siendo, DIVERTIDO.
3. Una segunda cita no debería ocurrir más de una semana después de la primera.
4. Vístete con algo relajado: jeans fantásticos, tenis bonitos, un top muy lindo y maquillaje más relajado.
5. La preparación es una caminata, salir a correr o un café extrafuerte.
6. Síguelo en Instagram, pero NO en ninguna otra parte.
7. En este momento, todavía deberías conservar tu plantilla; no necesitas estar viendo a cientos de personas, pero NO cortes a nadie hasta que tengan la etiqueta de exclusividad.
8. Demuestra con sutileza que la persona te importa: recuerda detalles de su familia, de sus antecedentes, hazle sentirse deseado.
9. ¡Platícale algo íntimo! Cuéntale HISTORIAS. Empieza a inventar bromas que solo les pertenezcan a los dos.

Nuestra segunda cita fue un lunes. No pudimos esperar más de cuarenta y ocho horas antes de volvernos a ver. Mientras tanto, me mudé de casa de mis papás a un departamento en Staten Island, donde viví ese verano. Estaba en una nueva pasantía, acababan de romperme el corazón y no tenía cortinas. Esa mañana de lunes, la luz del sol entró por mi ventana a las cinco de la mañana y esa hora temprana para despertarse se volvió su parte favorita de quedarse a dormir en mi casa. Entre nuestra primera y segunda cita estuvimos hablando por horas de cómo nos gustaría pasar juntos la noche, y el sexteo entre dos escritores es muy interesante. Es casi como si compitiéramos para ver quien decía: "Por favor, acuéstate conmigo" de una manera más poética. Por desgracia, él siempre ganó.

En nuestra primera cita le conté a Nate sobre una librería en el Chelsea Market. Se llama Posman Books. Le dije que era mi favorita desde niña.

Quiso conocerla, así que planeamos como segunda cita una salida al Chelsea Market un lunes después del trabajo —el primer día de mi pasantía—. Me gustó la urgencia, el deseo de vernos con tanta prisa después de la primera vez. Mostraba que nuestra emoción hervía como agua caliente en una sartén: imposible de contener y peligrosa de tocar. Nunca deberías priorizar a un hombre por encima de tus propias aspiraciones profesionales, pero yo ni siquiera estaba nerviosa por mi primer día de trabajo. Me superó el aturdimiento de la coquetería como una niña que sabía que ese día vería a su crush en el camión de la escuela. Los minutos pasaron con lentitud mientras esperaba a que llegaran las cinco de la tarde.

Mientras me acercaba al mercado, el cielo se abrió y empezó a llover. Me encanta la lluvia, pero odio los paraguas. Sadie me dice que esa es una de sus cosas favoritas de mí: nunca me preparo para la tormenta, pero cuando llega, estoy feliz de estar en ella.

La verdad no tengo la necesidad de protegerme. Mientras todos los demás corren, yo me siento extrañamente tranquila, aunque el rímel corra por mis mejillas y se me peguen al cuello mechones de cabello.

"Al final te secarás", digo con frecuencia cuando alguien me pregunta dónde está mi paraguas. ¿Es práctico? No. ¿Romántico? Sí.

Por suerte para mí, la lluvia del lunes fue inesperada y ninguno de los dos traía paraguas. Nate llevaba una camiseta blanca sencilla. Pasamos una hora en la librería, sacando libros de los estantes, haciéndonos recomendaciones, leyendo poemas en voz baja hacia el perfil del otro, robándonos breves momentos de contacto visual. Le recomendé *M Train* de Patti Smith y otros dos. Él compró los tres que le dije que me encantaban y nada más. Ni siquiera miró la contraportada o pidió una sinopsis. Charló de manera informal y amable con el cajero, como lo hacen en el Medio Oeste, mientras yo estaba parada junto a él, intentando no parecer demasiado emocionada. Recuerdo haber pensado que no podía ser más romántico que alguien comprara un libro solo porque se lo recomendaste.

Nos quedamos parados en la banqueta y nuestros brazos se rozaban. La lluvia persistía. El cielo estaba gris y los taxistas parecían enojados mientras el tránsito de Nueva York devoraba la calle entera. Teníamos hambre pero estábamos felices. Le conté lo mucho que me encantaba la lluvia y él me habló de una vez que estaba en Michigan. Le conté algo cuando terminó su anécdota. Nate me habló de su hermanita, de su mamá y de su guitarra. Todo eso me encantó. Me reclinó contra la pared de ladrillos de un edificio de departamentos y tomó mi cara entre sus manos. La lluvia goteaba de su pelo hasta el puente de su nariz pecosa. Se detuvo en cada esquina para besarme mientras los coches derrapaban por las calles mojadas. Hice lo que pensé que se suponía que hiciera para parecer más creativa, interesante y sensual. Cometí el error de creer que esa química era lo mismo que el potencial de longevidad, conexión emocional o realismo. Cometí el error de creer que la química, por sí sola, significaba que podíamos construir algo juntos.

Supongo que la pregunta es: ¿cómo no podrías hacerlo cuando un artista te empuja contra una pared de ladrillos en medio de una tormenta de lunes?

Pero, para ser franca, no hay manera real en que, durante una segunda cita, puedas medir en lo que pueden convertirse como pareja más adelante. No hay forma de saber si durarán para siempre o siquiera si son la persona correcta el uno para el otro. Puedes esperanzarte y desearlo, pero no puedes saber. Solo con dos citas no hay suficiente sustancia para decidir si pueden estar juntos para siempre. Por supuesto que ese era mi deseo, pero también me estaba esforzando mucho por no adelantarme a las consecuencias. Me había convertido en una experta en adelantarme tanto que terminaba perdida.

La química, en específico la química íntima y sexual, es el veinte por ciento de la ecuación en lo que se refiere a una relación. Es un ingrediente esencial para una gran relación, pero no es un cimiento para una casa robusta. En una segunda cita puedes decidir con certeza si hay química o no, pero no si hay compatibilidad. REGLA 1 Con demasiada frecuencia, al inicio de una relación, tratamos de decidir que existe el potencial de longevidad. Un potencial para el amor. Y a veces lo hay, pero es imposible diagnosticar una relación hasta que conoces a la persona por más tiempo que varias citas. Una relación no es algo que solo existe entre dos personas. Es algo que se construye. Así que nuestra principal perdición es confundir las chispas de la química como el inicio de algo increíble, lo cual a veces puede llevarnos a una gran decepción. Por supuesto, a veces sí funciona. A veces *es* el principio de algo increíble. Solo te advierto sobre tener expectativas altísimas en una segunda cita. Yo soy el ejemplo perfecto de alguien que lo hizo.

Besarnos en la lluvia, ver el contorno de su cuerpo a través de la camiseta mojada y perseguirnos por la calle MacDougal fueron todos indicadores de la química. Sabíamos que tendríamos sexo fantástico. Eso era obvio. Miré sus manos mientras pagaba la cuenta y deseé que recorrieran mi silueta. Cuando hablaba, a veces sus ojos se desviaban a mis labios. Sabíamos que sería bueno, incluso fabuloso. Pero ignorábamos si algún día compraríamos una casa y tendríamos dos hijos y un perro. No podíamos saberlo. Sin embargo, en mi cerebro se apagaron las luces y sonó una sinfonía. Si había química, el amor llegaría… ¿o no? Solo pude pensar: *Es el bueno*, cuando lo único que *sabía* en realidad era que iba a ser un acostón increíble. Desearía haberme revisado el pulso. Detenerme para tomar aire. Recordarme que el ritmo era sexy, divertido y genial, pero eso no significaba que estaríamos juntos para siempre. Hubiera sido imposible que lo supiera entonces. Creo que me hubiera evitado mucha confusión si tan solo me hubiera dado cuenta de que la química no significa que el amor está a la vuelta de la esquina. A veces el sexo está a la vuelta de la esquina y eso también está increíble.

Después de la librería fuimos al Mermaid Oyster Bar en Greenwich Village y nos sentamos en una mesa alta. El restaurante tenía poca iluminación y en nuestra mesa había una velita que alumbraba nuestras caras como en una película antigua. Estábamos empapados hasta los huesos y nos reíamos de todo. Él pidió vino tinto y yo, prosecco. Así fueron las cosas durante el resto del verano. El primero que llegaba al bar sabía qué pedir: un trago de tinto, un trago de prosecco.

Nos quedamos en el restaurante tanto tiempo que la noche casi se convirtió en martes. Nos dimos la mano, me contó una historia que sentí que no le contaba así como así a cualquiera. Los meseros trapearon el suelo alrededor de nuestros pies y, a la larga, nos pidieron que nos fuéramos. El restaurante había cerrado y no nos dimos cuenta de que éramos los últimos. Ese fue el inicio de otra tradición: nos quedábamos en todas partes mucho después de que el evento principal hubiera terminado.

Nuestra mesera nos dio uno de esos pescados de papel rojo que se llaman "el pez adivino milagroso". Son semejantes a un caramelo Swedish Fish, pero hechos de papel traslúcido. Se suponía que nos pusiéramos el pescado en la mano y lo dejáramos desenvolverse para que nos dijera cómo nos sentíamos, parecido a los anillos que cambian de color según el estado de ánimo. Nuestro pescado nos dijo que estábamos enamorados. Nos miramos con ojos de caramelo, azucarados, anticipando el lugar que ocuparíamos de dos personas destinadas a enamorarse. Representamos esos papeles durante todo el verano. Estábamos llenos de idealismo, de vino y de M&Ms, idealizando hasta decir basta una relación que nunca se concretaría. Hacíamos las cosas que hace la gente en los libros porque queríamos que fuera una verdadera historia de amor. En otra vida podría haber funcionado. A veces pienso que nuestra segunda cita fue la mejor que alguien puede tener en su vida. Nos emborrachamos con la química e intentamos sobrevivir solo gracias a ella. Durante un tiempo funcionó, pero finalmente no pudimos sostenerla.

En la segunda cita lo único que sabes en realidad es *1)* ¿Quisiera ver otra vez a esta persona? y *2)* ¿Esta persona me atrae? Para Nate y para mí la respuesta a ambas fue sí. Ambos internalizamos eso y decidimos que, porque éramos perfectos el uno para el otro en sentido teórico, seríamos perfectos en la vida real. En teoría sentía que era el "bueno", pero en la realidad era un buen tipo. Solo que no era mi buen tipo. Lo sería de alguien más y espero que la encuentre. Quizá ya la encontró.

Las segundas citas pueden ser un montón de cosas. Pueden convertirse en finales felices, ser la última vez que saldrás con alguien en tu vida, o no ser ni fabulosas ni malas: solo estuvieron bien a secas. He descubierto que las segundas citas son un poco más complicadas y causan más ansiedad que las primeras. Imagina que estuvieras en *The Bachelor* o en *American Idol*. Sería mucho más fácil que te eliminen en la primera ronda que después. También, como juez, sería mucho más sencillo eliminar a alguien en la primera ronda que en las posteriores. Cuanto más tiempo pasa, más inviertes en términos emocionales, más difícil se vuelve desenmarañar dos vidas y estás más implicado.

Con eso en mente, es natural que aumente la presión en la segunda cita. Ambos decidieron que les gustaría seguir viéndose, pero eso no significa que tengamos que ceder bajo el peso de la decisión o siquiera tolerarlo en absoluto. Podemos elegir y algo que parece abrumador o pesado se vuelve despreocupado y simple.

En una segunda cita, es frecuente que sigamos temiendo muchas de las cosas que nos dieron miedo en la primera, solo que esta vez las tememos a un nivel más profundo. Nunca te engañaría, así que no te voy a pintar la imagen feliz de una experiencia despreocupada y sin estrés en la segunda cita, y decirte que así me sentí siempre. Se requiere esfuerzo para abandonar la noción preconcebida de que las citas dan miedo y provocan ansiedad, y son horribles y no divertidas. En general, estás un poco asustada y no vine a decirte: "¡No seas miedosa, *girl boss*! ¡Tú puedes!", sino a informarte que yo también estoy un poco asustada. Hablemos de cómo podemos aliviar parte de ese temor y volver más sencilla esa segunda cita.

Primer paso: elígete a ti misma. Quiérete. Disfruta de tu compañía. Eres increíble. Me gusta cómo te peinas y cómo tus ojos se emocionan cuando hablas de tu episodio favorito de televisión o de tu mamá. Tienes una belleza única, singular de una manera innata, y me encanta el sonido de tu voz. Lo único que podemos hacer por nosotras mismas es elegirnos, porque no vamos a gustarles a todos y eso está bien. A veces conocerás a alguien y tendrás un conflicto de caracteres con esa persona, o tan solo no se llevarán. Es humano. No refleja nada malo de ti ni de ellos si solo no se llevan; a veces pasa. Y si este fenómeno es inherente, entonces no queremos poner atención ni gastar nuestra energía en alguien que, en efecto, no la quiere ni la merece. Lo que intento decir es que tienes una gran personalidad. Él podría, ella podría, ellos podrían salir con alguien más justo después de ti y enamorarse de esa otra persona. No fueron tu persona correcta y no eres peor que cualquiera a la que hayan elegido. Eres diferente. Eres divertida, cool e interesante. No todos te amarán y tú tampoco amarás a todos. Entonces, sé tú misma; evita el esfuerzo de fingir. De ese modo puedes averiguar después de dos citas, y no de dos meses, que no eres compatible con alguien, ya sea de mutuo acuerdo o de manera unilateral.

REGLA 2 El mayor problema que he encontrado en las primeras citas con una persona es que empiezo a ceder a la *idea* que tengo de alguien en mi cabeza, en lugar de conocerlos y permitirme enamorarme de manera natural, si eso es lo que mi corazón decide hacer. Me enorgullezco de ser esperanzada y positiva, pero a menudo es posible que vea a alguien con quien he estado saliendo varias veces como la persona que *quise* que fuera. Empiezo a crear en mi mente una vida futura para los dos, moldeándolo a la perfección para que se ajuste a la pareja de mi vida de ensueño y luego, cuando no resulta serlo y, en lugar de mi príncipe ficticio, me decepciono cuando solo resultó una persona común y corriente, de un lugar común y corriente, a quien le gustaba el arte, la música y la comida, y con quien tomaba duchas. Tampoco fue su culpa en ningún caso que fuera un ser humano y no el Príncipe Azul. En realidad, tampoco fue mi culpa por ser demasiado entusiasta en lo que se refiere a un nuevo amor, pero no puedo evitar más que preguntarme si arruiné nuestras posibilidades de convertirnos alguna vez en algo porque no vi como ser humano a la persona que tenía enfrente. Intento detenerme antes de considerar a alguien más de lo que es, porque tampoco querría que alguien me viera como una imagen inflada de mí misma que crearon ellos en su mente. Quiero que alguien me vea a mí. Por mí. Por todo lo que soy y lo que no soy, por la manera en que me pongo nerviosa antes de subirme a un avión y por lo emocionada y llorosa que me siento cuando tocan mi canción favorita. Lo único que podemos pedir en una segunda cita es tratar de vernos el uno al otro a ese nivel únicamente humano, donde estamos dispuestos a decir: "Es estupendo que seas un ser humano y yo también lo soy; eso nos da matices, nos hace ser interesantes y tener problemas. Eso me entusiasma para conocer tus diferentes aspectos".

Es hermoso ver a alguien como humano y elegir amarlo justo como es. Cuando conoces a alguien, sales una segunda vez, te encuentras con esa persona justo en el punto en el que está, y él o ella hacen lo mismo, te evitas la decepción y le abres la puerta a algo maravilloso. Porque, enfrentemos los hechos: tu persona podría tener un trauma de la infancia, un problema de tiroides o miedos. Podría padecer depresión. Tendrá inseguridades, ansiedades, fijaciones y comidas favoritas, igual que tú. Lo hermoso es sacar a relucir todo eso con alguien que dice: "Creo que eres todavía más atractiva ahora que te conozco".

Quisiera haberlo sabido. A veces me he replegado y dado cuenta de que no estaba tratando de conocer a la persona sentada frente a mí, sino intentando conocer a alguien que yo había creado. Alguien que no existe. Alguien a quien acabaría resintiendo porque respiraba el mismo aire que yo y no era tan solo una idea. No pierdas el tiempo con alguien que en su mente te pone cualidades que no tienes, pero tampoco pierdas tú tiempo dándole a alguien más cualidades que no posee.

El tiempo es una moneda de cambio y es valioso. No desperdicies el tuyo. Quiero que demuestres tu intención sobre cómo lo ocupas. No le ruegues a alguien para que esté contigo cuando podrías darle ese tiempo a tus mejores amigos y a tus pasiones más brillantes.

Una verdad que desearía haber sabido antes es que no existe ninguna estrategia para mejorar tus probabilidades con alguien. Serás un sí y lo volverás a ver, o un no, no me interesa, y viceversa. Eso no quiere decir que no estés a la altura o que no valgas lo suficiente para ellos. Solo quiere decir que no son compatibles a largo plazo. No es que quiera reducir algo tan complejo a un simple sí o no, pero en efecto, eso es lo que significa salir con alguien. Sucumbimos a la idea de que la manera en que escribimos un mensaje de texto o la ropa que nos ponemos o el perfume que nos rociamos cambiará nuestro destino con alguien y nos conseguirá una segunda cita, pero no existe una oración escrita con todo cuidado, ni lo que dijiste o lo que pediste en el restaurante, que pueda cambiarte de sí a no en la mente de alguien. En especial si estás siendo tú misma. Si son adecuados para ti, les va a gustar cómo te vestiste porque te gustó, les va a gustar que hayas pedido tu comida favorita y que hablaras con pasión sobre tu película favorita.

Reconocerlo es una forma de libertad. Francamente, el tiempo que perdí en la aplicación de notas, escribiendo y reescribiendo diferentes versiones del mensaje: "¡Hola! ¿Seguimos en lo del jueves? ¿A dónde quieres ir?", lo podría haber usado en hacer cualquier otra cosa.

Permíteme que te explique esta estupidez. (Tengo permitido decir que es estúpido porque yo también lo hice).

¿Te imaginas que cualquiera de estos mensajes cambiaría en realidad tu opinión sobre alguien? ¿De verdad cambiaría sus posibilidades de estar contigo?

1. **¡Hola! ¿Sigue en pie el plan del jueves? ¿A dónde quieres ir?**
2. **Qué tal... ¿quedamos para el jueves?**
3. **Hola, ¿todavía quieres que nos veamos el jueves?**
4. **¿Cómo estás? ¿Dónde nos vemos el jueves?**
5. **¿Seguimos en lo que quedamos para el jueves?**
6. **¡Me encantaría verte el jueves si todavía estás libre!**
7. **¿Todavía nos vamos a ver el jueves?**

Esas son siete versiones de la misma idea, transmiten la misma información y la manera en que fraseas algo no alterará tus posibilidades de estar con esa persona y no cambiará nada lo que siente por ti.

Lo que es más, mensajear primero tampoco cambiará tus posibilidades con esa persona. Como te dije antes, si alguien quiere ver a dónde los lleva todo esto y le interesa que evolucione la relación, enviar primero un mensaje no lo modificará. Si a la persona no le interesa estar contigo, mandar un mensaje tampoco lo cambiará. De modo que si quieres ser la primera en enviar un mensaje, hazlo. Además, nunca querrías estar con alguien a quien le resultó molesto que le enviaras un mensaje. Nunca querrías estar con alguien que te hizo sentir ansiosa por comunicarte.

Después de una buena primera cita de bebidas y cena, seguidas de una maravillosa sesión de besos y caricias en el sillón y una despedida algo borracha, esperaba con ansias mi segunda cita con un chico llamado Cam. Sabía que ocurriría porque me dijo que quería verme otra vez tan pronto como fuera posible. Era torpe y larguirucho, y me mandó mensajes de una forma que hacía parecer que la broma era solo nuestra.

Cam no era muy bueno para revelar cómo se sentía y también era varios años mayor que yo, por lo que intenté actuar como si nada y no preguntarle. Decidí que su deseo de verme otra vez lo más pronto posible podía significar muchas cosas. Podía denotar que quería volver a verme tan pronto como fuera posible porque veía el potencial de una relación seria. Por otro lado, podía ser uno de esos tipos que invita a una mujer a una primera cita por amabilidad y respeto, con la intención de tener algo casual en un momento posterior. Eso es todo, la primera cita será la última y todo el tiempo que pasen juntos será menos de tomarse de la mano en público y más de pedir comida a domicilio, ver Netflix y tener sexo, encuentros nocturnos o citas furtivas.

No es obligatorio que sea culpa de nadie que una persona esté buscando una conexión más casual y el otro no; con frecuencia, la culpa debe asignarse a una falta de comunicación entre los dos. Es irrespetuoso si alguien te lleva a creer que quiere una relación contigo cuando todo el tiempo se refiere a algo casual, pero podemos asignarlo a un error de comunicación cuando una persona quiere una relación, el otro quiere algo respetuoso pero casual, y nadie lo expresa, lo cual deja a todos confundidos.

Si el tiempo es nuestra moneda de cambio, y lo tratamos como tal, tenemos que familiarizarnos con transmitirle a la otra persona, desde el principio, qué es lo que estamos buscando. Si quieres estar en una relación, no tienes que decirlo con esas palabras. Basta con afirmar: “Estoy esperando a ver a dónde llevan las cosas y no estoy buscando algo casual”. Por el contrario, si quieres algo casual, dirías: “Solo para que lo sepas, estoy buscando algo informal. Dime si eso te parece bien”. Si estás utilizando una app de citas, sé sincera en tu perfil e incluye el tipo de relación que buscas.

Muchas veces nos da miedo ser francos acerca de lo que buscamos porque nos preocupa echar a perder nuestras posibilidades con esa persona. Nuestro ego nos dice todo el tiempo que tenemos el poder de cambiar la opinión de alguien acerca de nosotros. No es cierto. Y tú lo sabes, porque cuando decides que no te interesa salir otra vez con alguien, él te ruega o es persistente, eso no cambia nada; solo no te interesa una segunda cita y no vas a cambiar de opinión en ese instante. Cuando le dices a alguien que solo te interesa el sexo casual y la otra persona intenta hacerte cambiar de opinión, es probable que sientas como si pensara que no puedes tomar una decisión firme por ti misma y apegarte a ella, aunque eso no sea cierto y solo tenga la esperanza de que cambies de opinión. En última instancia, nada es imposible, pero es necesario que sea bueno estar los dos en sintonía desde el principio.

Si elegimos no comunicar nuestros deseos desde el inicio, corremos el riesgo de sufrir una decepción. Nadie es capaz de leer la mente. Por desgracia, ni siquiera mi novio después de preguntarme dónde quiero comer. Los seres humanos son seres humanos y solo seres humanos. Trátalos como te gustaría que te trataran, con una sinceridad directa y amable.

La diferencia de edades con Cam me intimidaba. No hizo nada. Lo único que yo quería era que pensara que era casual y relajada, y también supuse que podía cambiar su opinión sobre estar conmigo en serio. En vista de ello, no le dije que estaba buscando algo más serio, lo que pensé que sería muy casual y relajado de mi parte. Después de siete u ocho citas, me dijo que quería una relación casual y me decepcioné. No quería tener un novio al instante, pero tampoco estaba buscando sexo casual.

Hubo señales de que así se sentía, incluso antes de que me lo dijera en esos términos. Después de nuestra primera cita, nunca volvimos a *salir*. Yo iba a su departamento, pedíamos sushi y abríamos un vino, o hacíamos cocteles y veíamos videos de música en YouTube. Parecía más maduro que ver Netflix y pasar el rato, como era la costumbre en la universidad, pero se basaba en la misma ideología: pasar el rato, disfrutar de la compañía mutua, tener sexo casual. La diferencia era que él tenía treinta años y no veintiuno, así que su concepto de relaciones casuales incluía amaretto sour y sushi elegante a domicilio, no palomitas de microondas y un documental en Hulu.

Disfrutaba tanto de su compañía que quise convencerme de que la segunda cita —comida a domicilio y vino en su departamento— seguía siendo el equivalente de salir y hacer algo. No era el tipo de cita en casa que se sentía como cita: planear una noche de películas o cocinar juntos. Era el tipo de cita en casa que ocultaba un mensaje, una decisión intencional pero no expresada, tomada solo por él, de que esto nunca iría a ningún lado, así que necesitábamos mantener las cosas tras puertas cerradas. Conservar la relación dentro de su departamento nos permitía existir en una burbuja perfecta. Siempre que lo único que hagan es quedarse en casa, comer algo que pidieron a domicilio y tener sexo en el sillón, la relación nunca se pone a prueba en la vida real y nunca conocerás de hecho a la persona o cómo funcionan como pareja en el mundo.

♥

Ahora que te rompí el corazón como una docena de veces, vamos a analizar lo que sucede cuando llegas a esa segunda cita. ¿Cuáles son nuestros rituales sagrados? ¿Tenemos sexo? ¿Nos ponemos ropa interior? ¿Entramos en pánico antes de salir y nos peleamos para siempre por teléfono con nuestra mejor amiga que nos da apoyo emocional a larga distancia?

Hacemos un montón de… algo de eso.

Este es el meollo de salir para tener una pareja y no salir para tener citas y ya. Para mí, hay un poco de prisa. Un poco de necesidad de movimiento y quizá, para ti, no lo haya —tal vez estés en una relación casual y la disfrutes, y no sientes la necesidad de apresurarte—. Pero creo que, si sales con alguien buscando una relación, no quieres quedarte atrapada en la sala de espera. Las primeras tres citas —por lo menos para mí— deben ocurrir todas en el lapso de un mes. De ese modo, si las cosas no funcionan, puedo avanzar con dignidad a otra cosa.

Entonces, vamos por partes con el asunto de la logística: REGLA 3 a menos de que ambos tengan un conflicto importante, prefiero que la segunda cita ocurra en algún punto entre siete a diez días después de la primera. Si la primera vez salió muy bien, ver de nuevo a esa persona debería emocionarte. No me refiero a que necesites estar completamente enamorada de la persona, pero cuando estás emocionada de que se vean otra vez, y sus planes lo reflejan, es una muy buena señal.

Una segunda cita es un momento estupendo para hacer algo durante el día, si todavía no lo han hecho. Haz lo contrario de lo que hiciste en la primera cita. Si se trató de café, ve a cenar. Si la primera vez fueron a tomar un trago, vayan al minigolf, a comer o hagan un pícnic. Conoce a la otra persona de manera verdadera y completa, a la luz del día y de la noche, con café o con vino. Todos merecemos que nos conozcan por completo.

No hay una sola forma de proceder en una segunda cita, o siquiera en la primera. A veces los dos decidirán tener sexo en la segunda cita, en la primera o en la quinta. A veces, decidirán posponer su primer beso y besarse en la segunda cita. A veces dormirán juntos, otras veces no. La persona correcta te hará sentir cómoda y relajada, y todos los impulsos que tengan se sentirán naturales. No existe ningún momento equivocado si es el momento correcto para ti.

Y cuando estés de camino a esa segunda cita, recuerda seguir haciéndote las preguntas para las que necesitas respuestas. ¿Disfruto estar con él? ¿Cómo me hace sentir? ¿Me hace reír? ¿Me pone nerviosa? Porque la verdad es que las mariposas en el estómago no son todo eso.

Me hace sentir mariposas en el estómago era algo que me decía con mucha frecuencia cuando el taxi daba la vuelta en la esquina y se estacionaba en su complejo de departamentos. Entonces el corazón se me salía por el trasero, a través del asiento manchado del taxi, y hasta el asfalto caliente y humeante de la ciudad. Sudaba profusamente y, al mismo tiempo, le juraba a cualquiera que quisiera oírme que me provocaba *mariposas en el estómago*. No era ansiedad, sino mariposas, en lugar de enfrentar el incómodo hecho de que me causaba cierto disgusto, y sus sentimientos y pensamientos difíciles de interpretar me provocaban ansiedad.

La falta de comunicación consistente de Cam, y sus sentimientos poco claros acerca de mí, me causaban ansiedad, no mariposas. Su negativa a expresar sus emociones, o a decirme en qué lugar de su vida me veía, me hacía querer cagarme de miedo y todo el tiempo me hacía sentir como si estuviera a prueba. Esas no eran mariposas en el estómago. Solo era la persona incorrecta.

♥

Tres días después de la primera cita con Noah, recuerdo cómo me sentí al prepararme para salir una segunda vez con él. Era la parte más cruda del invierno en Manhattan y los dos nos acabábamos de vacunar, además de que cenar en exteriores era la única opción en ese momento, por lo que sugerí una noche de vino y carnes frías en su departamento.

REGLA 4 Me puse un suéter rosa suave (¿te acuerdas de mi suéter Eff Me?). Casi siempre lo usaba en invierno. Había sido de mi mamá y cuando me lo ponía sentía como si ella me abrazara. Mientras me preparaba, elegí ser sencilla: mis jeans favoritos, maquillaje que me hacía sentir bien, un fantástico par de tenis. REGLA 5 Me tomé un café caliente y me ricé el cabello mientras veía flotar la nieve por la ventana de mi sala en el Upper West Side.

REGLA 6 Hacía poco nos habíamos empezado a seguir en Instagram, pero todavía no incluía su teléfono en mis contactos. Nunca voy a guardar el teléfono de un hombre antes de tres citas. Es una regla que tengo para evitar crear un apego, lo cual es difícil para alguien con un estilo de apego ansioso.

Estaba un poco nerviosa, porque socializar en general me pone nerviosa, pero no sentía mariposas en el estómago. Era una adaptación de cualquier experiencia de una segunda cita, pero me había ido de la primera sintiéndome cómoda, y eso era casi todo lo que sentía. No me sentía enamoradísima. No tenía que firmar el acta de matrimonio al día siguiente. No pensé en que fuera el gran príncipe. Creía que era una persona muy interesante y que tenía muchísimas ganas de verlo otra vez. Sentía que me gustaría seguir conociéndolo: me intrigaba, pero no estaba locamente enamorada. Y creo que permitirme ordenar mis pensamientos acerca de él luego de unas cuantas citas, en lugar de decidir en forma prematura cómo me sentía, fue la razón por la que me sentí muy bien. No estar loca por él cuando apenas lo conocía fue, de hecho, algo bueno.

La cita estaba pautada para las cinco de la tarde REGLA 7 recuerdo pasearme de manera distraída por las páginas de Bumble y Hinge mientras iba en camino para tratar de mantener una especie de plantilla si esto no funcionaba. Intento no tener expectativas tan altas, sino que pase de manera natural. Lo único que necesitaba antes de tocar a la puerta de su departamento fue hacer tres respiraciones profundas, aunque en otros sentidos pensaba que, sin importar lo que pasara, sería divertido. Y se suponía que lo fuera. REGLA 8 Ya tenía puesta una tabla con carnes frías con todos los quesos, jamones y charcutería que mencioné que me gustaban en nuestra primera cita. Había abierto una botella de vino y la dividió en dos copas. Yo llevaba otra en mi bolsa. Había hecho planes con mis amigas para las ocho de la noche, en caso de que algo saliera mal, pero terminé quedándome horas. Fue divertido. Fue tonto, un poco sexy y dulce. Estábamos sentados en la mesa de la cocina comiendo uvas y tomando vino cuando me vio y supe que estaba a punto de besarme por primera vez. No fue el mejor beso que me hayan dado en la vida, pero siguió siendo bueno. Y bueno era suficiente. Me hizo un truco de magia cuando nos pusimos borrachos y pensé que era la cosa más simplona que jamás había visto, pero en el mejor de los sentidos. Su roomie salió para ver un juego de los playoffs y me invitaron a quedarme. Salimos a caminar para encontrar los ingredientes para espresso martinis, además de Oreos sin gluten (que acababan de salir a la venta). Hicimos los martinis y nos besamos en la cocina. REGLA 9 Justo dos años después, sus roomies me recordaron que tenía que hacerles unos martinis para el aniversario de cuando me convertí en su roomie honoraria.

Lo que intento decirte es que no todos los primeros besos son un espectáculo de fuegos artificiales. No todas las segundas citas implican un pescado rojo que te dice que te enamorarás. A veces se trata de queso y un vino corriente, un buen beso en la cocina y recorrer los pasillos de la farmacia, y a veces eso es mejor que correr entre la lluvia, imaginarnos en la cama, las mariposas en el estómago y las segundas citas con grandes expectativas de mi pasado. A veces, algo sencillamente se siente seguro y poco a poco se vuelve más seguro. Progresa hasta convertirse en algo maravilloso y fuerte. Se vuelve un truco de magia de la vida real. Algo que te hace llorar si piensas a fondo en ello.

Desearía haber sabido que prefería mucho más un *crescendo* lento al momento más estruendoso de una sinfonía inmediata. La atracción crece, y también el amor. Esa es la razón por la que las mariposas pueden ser una mala señal. La química no equivale al potencial de que se desarrolle una relación. En general indica que nos gustaría conocer a alguien o tener sexo. A veces es mejor si las cosas empiezan despacio; es decir, cuando no hay un deseo enloquecido, intenso y maniático. Por supuesto, la atracción y el deseo pueden convertirse en campanas nupciales o en el resto de tu vida, o solo en un periodo fantástico muy largo. Sin embargo, para mí, ese beso no me dijo que me gustaría pasar mucho tiempo con él. Me dijo que me gustaría volverlo a besar y eso era lo único que necesitaba saber en ese momento. Lo que me sugirió que me gustaría estar con él a futuro fue todo lo que vino luego del primer beso: las conversaciones, las historias y el tiempo que pasamos nosotros solos.

Pero esa segunda cita fue reconfortante. Me sentí cómoda. Me fui después del juego de americano porque no me invitó a quedarme, y yo tampoco quería. De la manera en que iban las cosas, el ritmo que llevaban, todo se sentía natural. *Staccato*. Rítmico. No quería que la música se detuviera con un chirrido o que tuviera un *crescendo* y llegara a lo más estruendoso muy rápido. Por lo tanto, no tuvimos sexo. No porque no quisiéramos, porque te puedo jurar que él sí. Yo estaba abierta a la idea, pero no moría de ganas, así que bajé las escaleras (treinta y dos pisos) para esperar el Uber que él me pidió para que me llevara a mi casa en el Upper West Side. Recuerdo entrar sigilosamente a mi departamento, un poco pasada de copas, y decirme: “Al fin eso se sintió bien”.

No obstante, por cada segunda cita que sale superbién y representa que habrá una tercera, existen otras que no van más allá, o que no salen tan bien como te hubiera gustado. En el momento de la segunda cita, lo único que se deben es respeto. Solo porque sea la segunda vez que salen, eso no significa que lo harán una tercera vez y, para mí, con frecuencia ese era un trago amargo.

Muchas veces aprovechamos la segunda cita para decidir si nos interesa seguir viendo a esa persona. En general, no creo que una primera cita (a menos que sea un DEFINITIVAMENTE NO) sea una cantidad adecuada de tiempo para decidir si te interesa o no. Si no es una negativa definitiva, y estás cien por ciento segura, te diría que salgan una segunda vez para ver qué tal.

Pero las segundas citas siguen en ese primer grupo de tres citas: una temporada en la que ambos se ponen a prueba entre sí. Las apuestas siguen siendo muy bajas. Todavía no conoces a la otra persona de manera íntima, no están tan involucrados como para que pasen horas hablando de si intentar tener una relación seria o no. Así que es importante que, con esto en mente, tomes la decisión de no ser pasiva, sino una participante activa en las primeras etapas.

No esperes a que alguien te pida que salgan una tercera vez. Si te la estás pasando bien en la segunda cita, cuando vayas de salida ten el valor suficiente como para preguntarle: "¿Cuándo nos volvemos a ver?". Elegir la pasividad significa que colocamos el énfasis en la decisión del otro de un modo en que no lo hacemos con la nuestra. Permítete tomar la decisión. Sigue haciéndote preguntas minuciosas para ponderar: ¿comparto valores con esta persona? ¿Me atrae? ¿Cómo me siento cuando estoy con esa persona? ¿Me gustaría verla de nuevo?

Con demasiada frecuencia olvidamos decirles a las mujeres que es mejor la soltería que estar en una relación solo por tenerla, o en una relación que no cumple con sus necesidades. No te conformes con decir que sí solo porque le interesas a alguien o porque te preocupa no encontrar a otro. Si rechazamos la pasividad en una segunda cita, decidimos elegir cómo nos sentimos y lo que queremos, del mismo modo que lo hará la otra persona.

Si nos rechazan después de la segunda cita, o desaparecen, o la relación no prosigue, las apuestas siguen siendo lo suficientemente bajas como para que la casa no se queme hasta los cimientos. Puede ser un fastidio, puede ser una decepción, pero eso está permitido. Sin embargo, cuando hacemos el esfuerzo consciente de pensar en términos del presente, y no predecir el futuro de nuestra vida con esa persona, recibiremos una agradable sorpresa o nos decepcionaremos un poco con el resultado.

Regresaremos a casa con nuestros amigos, o los llamaremos por FaceTime, y nos daremos cuenta de que ya tenemos mucho amor en nuestras vidas, de maneras tan diferentes y en muchas venas distintas que pulsan hasta el corazón, y que la persona con la que salimos dos veces, y que nos dijo que no veía ningún futuro con nosotros, en realidad no importa. Siempre hay tantísimo amor que podemos recibir.

A menudo me recuerdo que no sé nada cuando pienso que lo sé todo. No sé nada acerca de esta cita o de su resultado. No sé nada de esa persona. No sé nada sobre la noche que está por venir. Lo único que sé es que me la estoy pasando bien y que me gustaría seguir haciéndolo. Me enorgullezco de ser vulnerable, cercana y de tener el valor suficiente para compartir alguna cosa con otra persona, o abrir la puerta a la posibilidad. Lo único que sé es que me presento como lo que soy y que le doy la bienvenida a la posibilidad de algo.

Esa es la energía que llevo en una segunda cita. Mi intención siempre es continuar experimentando con esa persona. Rechaza la pasividad. Recuerda todo lo que está en el espejo retrovisor, pero mantén la vista en el horizonte.

Por cada vez que no funcionó, en el camino encontré otra que sí lo hizo y, por eso, elijo la esperanza. Elijo llenar mi copa con el amor de mis amigas, porque salir con alguien es difícil. Tiene su maña, es complicado y provoca ansiedad. También puede ser sexy, fabuloso y satisfactorio. Todo puede convertirse en todo, y cualquier cosa puede convertirse en cualquier cosa. Le podemos quitar la intensidad nosotras mismas, con una copa de vino, con una afirmación o con una sonrisa en el espejo del baño: tú estás en el asiento del conductor y tienes los ojos puestos al frente. Algún día la vista será soleada de nuevo.

SEGUNDA PARTE

REGLAS PARA LA TERCERA, CUARTA Y QUINTA CITAS

1. ¡Está bien que no sientas mariposas en el estómago o que no estés nerviosa!
2. Decisiones: ¿es un sí o un no?
3. Define a dónde va la situación.
4. Confirmación de roomie. 👀 Si ya conociste a sus roomies o amigos, es buena señal.
5. Las bromas solo entre ustedes son buena señal.
6. Tengan una cita distinta.
7. ¡Adelante con la personalidad de "quiero una relación"!
8. Péinate y maquíllate como lo haces todos los días.
9. Realiza una actividad colaborativa.
10. Demuestra con sutileza que la persona te importa: segunda parte.

No hubo nada de malo con nuestras primeras dos citas. En la primera fuimos a cenar junto a la playa. La noche estaba bonita hasta que empezó a llover a cántaros y corrimos a su coche, empapados. En las circunstancias correctas esto hubiera sido romántico. Casi idílico.

Creo que cené salmón. Sé que me puse una falda de mezclilla. Me pareció sexy, cool y maduro que alguien me recogiera para una cita, aunque hubiera sido en su Toyota Camry destartalado. Era de mi mismo pueblo y se convirtió en el Chico del Pueblo. De inmediato me sentí como salida de una película de Nicholas Sparks. Me imaginé la reja de madera. Un perro. Tres hijos rubios. Cosas que jamás pensé que quería, pero supuse que podía conformarme con ello si eso significaba que podía enamorarme.

Pensé que la ausencia de amor romántico implicaba que no había amor, pero había mucho amor, multitud de personas a quienes amar, muchísimas formas de ser amada. Desearía que alguien me lo hubiera dicho. La gente y las cosas que pensé que equiparían mis cuartos vacíos decidirían qué tipo de carga implicaría demasiado trabajo. Las cosas a las que no le daba suficiente atención siempre clamaban por llenarme por completo.

Durante mis primeras dos citas con Chico del Pueblo no vi ninguna *red flag*. Ninguna incomodidad evidente. Nos besamos y estuvo bien. Incluso diría que casi estuvo rico. Era buen conversador. Parecía ambicioso, motivado. Era alto y tenía el pelo rubio oscuro y desgreñado. Fue galante conmigo. Me di cuenta de que era uno de esos jóvenes de los que los adultos habrían dicho que era un "buen chico" cuando tenía doce años.

En nuestra segunda cita fuimos a Trader Joe's y compramos un montón de frituras para sentamos a conversar en el parque sobre una manta de pícnic. Luego me llevó a conocer a su perro. Mientras estaba en la cocina de Chico del Pueblo, mi teléfono sonó con notificaciones de Snapchat de una persona de la que me había enamorado meses atrás. El Chico del Teléfono no tenía planes de enamorarse de mí y yo lo sabía, pero con cada aparición de su nombre en la pantalla de inicio mi corazón hacía piruetas con sospecha y anhelo en el pecho. El Chico del Pueblo no me hacía sentir así y deseaba que lo hiciera. Si hubiera pasado ese mismo día con el otro chico, me hubiera sentido en el paraíso, pero estar con el Chico del Pueblo no me parecía bien. La vida sería mucho más fácil si cada buena persona, cada individuo con el que salimos en una cita fantástica, fuera la persona correcta para nosotros. Sin embargo, por desgracia así no funcionan las cosas.

Podemos controlar muchas cosas, pero nuestro corazón no es una de ellas. Los corazones son tercos. No podemos embalarlos, disciplinarlos o regañarlos, por más que tratemos. Esa es la razón por la que nos enamoramos de personas que nos lastiman o por la que, al parecer, no podemos dejar a quienes no nos merecen, porque disciplinar a nuestro corazón —decirle que es momento de empacar nuestras cosas y largarnos— nos hace pedazos. Es la misma razón por la que, aunque un chico perfectamente maravilloso estaba parado frente a mí con una sonrisa ingenua y todas las características que yo buscaba, mi mente estaba flotando hacia Michigan, donde era probable que el Chico del Teléfono estuviera viendo videos de YouTube, comiendo galletas y fumando mota con un bong.

Mi corazón es excitable. Cuando anticipa el romance, corre por todo mi pecho, estimulado por la idea de un nuevo principio. Es demasiado entusiasta, se adelanta y salta todo el tiempo de un lugar a otro. Puede correr un maratón sin que nunca le falte el aliento. Se meterá en la cama contigo y te lo dará todo —todo el pastel— y solo te pedirá que le regreses una migaja. Siempre me he sentido orgullosa de la manera en que amo, pero, definitivamente, mi corazón también es una perra maldita.

Es terco y desconoce la palabra *no*: es una chica que sabe lo que quiere. Es mi bendición favorita, al igual que mi peor maldición. Cuando mi corazón dice que quiere descansar, o que no le interesa, o que solo quiere quedarse donde está, buena suerte para convencerlo de que cambie de opinión. Cuando está metido en algo, está metido del todo. Así que, todo eso quiere decir que cuando a veces alguien cumplía con todas las características de mi lista, era una frustración interminable que lo último que no estuviera bien fuera mi corazón.

Aunque mi corazón es una perra necia, confío en él hasta el fin del mundo, porque siempre está tratando de hacerme virar en la dirección correcta. De mí depende escucharlo y a veces no lo hago; a veces parece que a sus planes les falta madurar, pero de todos modos lo sigo a ciegas. El corazón es tu líder: te conducirá en cada batalla y siempre gana. Te guiará por un pasillo oscuro como si supiera qué está a la vuelta de la esquina. Te obligará a enfrentar las más grandes lecciones, las más grandes alegrías y las más grandes decepciones. Puede romperse y sanar una y otra y otra vez, sin importar quién se atraviese en el camino para tomarlo prestado o romperlo.

Llegué a un acuerdo con mi corazón y decidí usar la tercera cita para tomar una decisión sobre Chico del Pueblo. Me daba cuenta de que le gustaba y sería injusto seguir ilusionándolo tan solo porque *yo quería* que me gustara, o porque disfrutaba de su compañía. Querer que alguien te guste, y que te guste de hecho, son dos cosas muy diferentes.

Salimos a almorzar a un lugar al que siempre iba con mis primos de niña. Tenía claro qué quería hacer antes de que me recogiera: iba a decidir si quería seguir viéndolo y esperaría lo mejor, cualquiera que fuera el resultado. El sol me daba en los ojos y nos sentamos afuera. Aunque Chico del Pueblo me contó historias divertidas sobre sus amigos, mi mente se desviaba a la calle y hacia el mar. Intenté estar presente. Traté de preguntarme cómo me sentía en realidad sentada ahí con él, comiendo huevos, tomando café, riéndome, y la pasé bien. Pero no sentí como si quisiera volverlo a ver. No sentí la fuerte necesidad de darle un beso de despedida. No iba a acostarme en la cama a imaginar la siguiente vez en que lo viera.

REGLA 1 Y no estaba buscando una chispa, porque como dice el gran Logan Ury (director de ciencia de las relaciones en Hinge y coach de citas): "A la mierda con la chispa". Ni siquiera sé cómo se siente el tipo adecuado de chispa. Pero lo que sí sé es cómo se siente lo contrario (mariposas desagradables, extraña opresión en el pecho). Eso era lo que estaba enfrentando. Solo buscaba encontrar algo: un sentimiento por diminuto que fuera, la promesa del futuro, un breve instante de liberación de oxitocina por mis venas. Sin embargo, en lugar de eso pensé que solo era un chico fantástico al que en el fondo no quería conocer y la culpa que acompañó a ese pensamiento me consumió hasta que nos metimos en su coche después del almuerzo.

Mientras me llevaba a mi casa, empezó a llover otra vez. Tenía varios CD en su coche y me dejó elegir uno para ponerlo. Nos sentamos casi en silencio mientras manejaba por las calles resbaladizas, escuchando a The Fray (no me preguntes por qué elegí ese disco). Cuando se estacionó en la entrada de mi casa, nos miramos y rozó mi mano con la suya.

—Gracias de nuevo por el almuerzo —le dije y el estómago me dio un vuelco al mismo tiempo que el corazón se me aceleraba.

—Cuando quieras. —Intentó acercarse, pero yo me quité, sintiendo que me temblaban los dedos. Abrí la boca y se me nubló la mente con mil preguntas: *¿Cómo puedes terminar con un buen chico? ¿Qué pasa si no hay otros tipos buenos? ¿Qué pasa si nunca encuentras a nadie que tenga las características que buscas? ¿Qué tal si este es el elegido y lo estás tirando a la basura? ¿Qué pasa si es el* *hombre correcto para ti y lo que pasa es solo que no te puedes dar cuenta? ¿Por qué diablos nunca te puede gustar la buena persona que tienes justo frente a ti?*

Ignoré mis pensamientos. No descalifiques tus corazonadas. No minimices tus sentimientos. Maximízalos. Así te sientes. No es broma.

—Creo que eres genial —exclamé.

—Yo también creo que eres genial —añadió. Le sonreí y bajé la mirada; entonces recordé hacer mi mejor esfuerzo por mantener el contacto visual porque Chico del Pueblo lo merecía.

—Pero la verdad, creo que sería mejor que fuéramos solo amigos. No quiero darte falsas esperanzas. —Me detuve—. Es que no veo un futuro romántico para nosotros en este momento, pero ¿quizá podríamos repensarlo en el futuro?

A medida que lo decía, deseé no haberlo hecho. Mi regla número uno cuando terminas con alguien es no mentirle. Dile la verdad. La verdad duele, pero es mucho mejor que el profundo dolor que causa que te den falsas esperanzas o te mientan.

—Ah —respondió—. Entiendo. Gracias por decírmelo.

Con torpeza me quité el cinturón de seguridad.

—Avísame si cambias de opinión —concluyó y supuse que esa era mi señal para abrir la puerta y despedirme de Chico del Pueblo.

—Claro.

Me bajé del coche y me metí a la casa, mirándolo echarse en reversa por la entrada del estacionamiento en la que probablemente sería la última vez. Aunque es difícil decepcionar a alguien y herir sus sentimientos, me enorgullecí de decir lo que pensaba, a pesar de que me frustraba por igual saber que me acostaría sola esa noche y que no fui capaz de dejar que me convenciera el buen chico que tenía frente a mí. Fue lo correcto porque nunca querría estar en su lugar, almorzando con alguien que se estaba convenciendo de que le gustara. Preferiría que me liberara a tiempo para salir ilesa.

Este es el consejo que desearía que alguien me hubiera dado antes: es mejor acostarte sola, con la laptop sobre la panza mientras ves *Glee*, que con alguien solo por estar con alguien. Preferiría leer mis libros, hacerme el desayuno y salir a mis caminatas que pasar el rato con alguien solo porque no está mal. Preferiría acostarme sola que con alguien que no fuera el adecuado para mí. Esta no fue la primera vez en que traté de convencerme de salir con alguien porque era una buena persona, aunque no me interesara en absoluto.

Detrás de mi fachada de independencia y autonomía, tenía el doloroso temor de que no merecía el amor y que pasaría sola toda mi vida.

No estoy de acuerdo con la idea de que cada persona tenga un "alma gemela". Creo que evolucionas hasta ser el alma gemela de alguien cuando formas una relación sana con esa persona. Creo que tu alma gemela puede ser tu mejor amiga o, incluso, tú misma. Esta historia en particular que nos limita a solo tener un alma gemela con quien estábamos predeterminados a salir al mundo ejerce presión en cada nuevo encuentro romántico, sexual, o ambos, que tengamos. Puedes tener muchas almas gemelas. Tú puedes ser tu propia alma gemela.

Desearía que alguien me hubiera dicho: "¿Cuál es el peor escenario posible?" y que, cuando respondiera: "Terminaré sola y moriré sola", sacudiera la cabeza, le diera un sorbo a su café y descubriera que evito su mirada.

"Digamos que eso se vuelve realidad. Digamos que no encuentras al gran amor de tu vida. ¿Qué tienes? Cuentas con una familia con la que tienes una relación profunda y cercana. Tienes una profesión que te llena el corazón. Tienes un profundo amor por la escritura, por crear, por tus amigos, por todos los amores románticos que han pasado por tu vida. Mira lo que tienes".

Mira lo que tienes.

Estaba dejando que todo lo que sí tenía se fuera con la marea y estaba sentada sola en la playa, buscando aquello que parecía faltarme, y lo que seguía regresando a mí era todo lo que daba por sentado. Me traumatizaba emocionalmente poner el amor romántico en un pedestal resplandeciente y lanzando todo lo demás —el amor de mi familia, la amistad, el amor por mí misma, por mi carrera— a la basura. Me recordé que una vez que encontrara ese amor romántico leal y eterno, ya no me sentiría tan incómoda. Pero, créeme, debes sanar las partes de ti misma que consideras indignas de amor o desoladas. Nadie más puede sanarte.

Recuerdo haberme enojado con mi corazón, como si fuéramos enemigos y no compañeros de equipo. En mi cuarto, mientras me desmaquillaba y escuchaba a Lorde, me pregunté por qué nunca parecía sentirme bien con una buena persona, y solo me sentía bien cuando la adrenalina me corría por la sangre a mil kilómetros por hora. Una tercera cita como la que tuve con Chico del Pueblo me hacía sentir como si nunca fuera a encontrar al tipo correcto. Mi corazón solo parecía querer sentirse a gusto en la compañía de gente a la que yo le importaba una mierda, y viceversa.

Mi cerebro combinaba a los buenos chicos con una falta de pasión y química y, en consecuencia, mezclaba a los chicos peligrosos, absorbentes y tóxicos con el amor, cuando en realidad lo único que me proporcionaban eran arrebatos de adrenalina, sexo fantástico y química. Había un camino en el mapa de mi vida por el que nunca había viajado, marcado por "cree que mereces algo bueno". Un día me perdí y me encontré ahí, donde las hojas eran muy verdes y el cielo era realmente azul. Se sentía cálido y apropiado.

REGLA 2 Considero que la tercera cita es un manómetro. En especial si te has hecho las preguntas adecuadas, has reflexionado en las primeras dos citas y sientes que sigues viviendo en la zona de "quizás", y no en la zona de "definitivamente sí" o "definitivamente no". La zona de "quizás" es un lugar perturbador para acampar, pero cuando no estás del todo segura sobre qué sientes por una persona, la tercera cita es el momento adecuado para tomar una decisión ejecutiva. A veces queremos que alguien nos guste porque parece cumplir con todos nuestros requisitos, pero sencillamente no podemos. Y no es justo para nadie involucrado que continúe en una relación en la que sientes que te estás forzando a desearlo.

Cuando estaba almorzando con el Chico del Pueblo, estaba viviendo el momento y disfrutando de nuestra salida, pero también estaba reflexionando. Me preguntaba: *¿Estoy disfrutando esto? ¿Es alguien a quien me gustaría seguir conociendo? ¿Estoy reaccionando de manera genuina? ¿Me sentiría cómoda al contarle los detalles de mi vida? ¿Me atrae?*

Y me dolía ser franca conmigo misma, porque mis respuestas eran palabras que no quería oír. Quería amar al buen chico y me dolía llegar a la conclusión de que alguien encantador, adorable y guapo podría no ser esa persona para mí. No obstante, tenía que liberarlo para liberarme yo misma. Así que a menudo volvemos de una cita y nuestra mente se nubla; ni siquiera sabemos cómo nos sentimos o dónde están nuestros sentimientos con respecto a esa persona.

Aunque tengas que tomarte un momento para ir al baño y lo escribas todo en la aplicación de notas de tu teléfono, demuestra tu intención cuando midas cómo te sientes con respecto a esa persona.

A mi ansiedad le gusta analizar las muchas formas en que algo puede funcionar, así que decidí que cada tercera cita tenía uno de cuatro resultados:

1. **No compartes el interés de la otra persona.**
2. **No comparte tu interés.**
3. **Ambos están interesados.**
4. **Ninguno de los dos está interesado.**

Con frecuencia, el primer resultado puede ser problemático porque si en el pasado hemos experimentado una relación tóxica o dañina en sentido emocional, sentimos que cualquier persona decente que se nos acerque es con la que deberíamos conformarnos. Recuerdo haberme dicho que era una desagradecida, y que mi falta de gratitud o mi falta de deseo por tener a un chico bueno querían decir que debería quedarme sola. Que no merecía nada bueno. Sentía como si debiera forzarme a que me gustara el tipo bueno porque antes estuve con tipos malos. Si el universo iba a traerme a un chico bueno, era probable que mi corazón estuviera equivocado, al igual que mis corazonadas, y debía ignorarlos a ambos, en lugar de enfrentar la verdad: no todo chico bueno tiene que ser en forma automática mi chico bueno.

Déjame recordarte algo que constantemente me recuerdo a mí misma: por cada mala persona hay una buena persona. Por cada persona a la que no le importan tus sentimientos o que no te trata como deberías ser tratada, hay alguien que hará justo lo contrario. Entonces, la primera persona buena que te caiga en el regazo no necesita ser la buena persona con la que eliges salir en serio. No hay falta de personas buenas; lo que pasa es que solo oímos sobre las malas con el volumen más alto.

La segunda opción con frecuencia es problemática de una manera muy diferente: cuando te interesa, pero a la otra persona no le interesas. Y nada de lo que pueda decirte remedia el dolor de que alguien te diga: “Creo que no congeniamos”, cuando tú piensas que sí. O “Es que no sé si nos puedo imaginar siendo más que amigos” cuando tú ves algo más.

No descalifiques tus sentimientos porque alguien no los corresponda o los sienta al mismo nivel o en la misma forma. No digas que esos sentimientos son estúpidos, inválidos o no tienen justificación. Los tuviste. No podemos elegirlos, solo elegimos cómo reaccionar ante ellos. La persona que te está decepcionando tampoco eligió sentirse así y espero que haga su mejor esfuerzo por expresarlos con gentileza.

Sentir, abrirle el corazón a alguien, es ser vulnerable y valiente. No te cuentes la historia a la que todos recurrimos cuando alguien nos dice que no le interesamos: una historia en la que somos patéticas, feas, poco interesantes o mala onda. Puede ser que cumplas todos los requisitos de alguien, pero no ser la persona correcta. Quizá su corazón es terco. Quizá están frustrados porque no les interesas y creen que deberías. La empatía es un rasgo muy sensual y humano. Aprovéchalo. En consecuencia, cuéntate una historia sobre el destino y la esperanza; una historia que hable de lo que mereces, del gran potencial que hay allá afuera. Recuérdate que tienes permitido que te duela el rechazo que enfrentaste y que eres valiente. Cuéntate la historia de que mereces cosas buenas y una situación en la que estés bien tú sola. Agradece todos los detalles. Recuérdate que el universo no quiere que pierdas el tiempo con la buena persona que es incorrecta, o con la persona que es solo es incorrecta, porque la persona correcta puede estar esperándote a la vuelta de la esquina y, cuando des la vuelta, no querrías estar distraída. No querrías pasarla por alto.

Luego de un puñado de citas con un treintañero, estábamos sentados en su cama tomamos vino especiado. Pasó la yema del dedo por toda mi columna y miramos el perfil de Nueva York. Su cama estaba contra un ventanal de piso a techo y la vista daba al World

Trade Center. Eran las dos de la mañana y el mundo parecía estar conteniendo el aliento.

La taza me quemaba la mano y el vino tenía demasiada canela. Había estado practicando su receta y de broma le dije que tenía que seguir practicando. Vimos una serie de videos musicales y me contó algunas anécdotas sobre sus amigos, que me parecieron maduros e interesantes, probablemente porque lo eran. Una de ellas era una periodista prestigiosa y el otro estaba enamoradísimo de ella. Yo quería que mi vida fuera como en la serie *New Girl*, y esta parecía ser una trama decente.

Estaba obsesionada con lo adulto que él me parecía. Lo bien que se conocía a sí mismo. A fin de cuentas, había pasado ocho años más que yo en este planeta y debía haber encontrado respuesta a las preguntas que yo todavía no había podido contestar en esa época.

—Tengo que ser directo contigo —declaró—. Nunca he salido con alguien tan joven.

Todo se desplomó y traté de no hacer una mueca. Yo tenía veintidós años y eso era lo suficientemente adulto, por lo menos para mí. Odiaba la palabra *joven*. ¡A quién le importa que tenga veintidós! ¡Había tenido sexo anal! ¡Me había teñido el pelo de rubio! ¡Había fumado un churro de marihuana! ¡Estaba en el POSGRADO! Eso era supermaduro para un tipo que tenía una carrera sólida y un penthouse en Gramercy.

—De verdad me gusta estar contigo, pero no puedo prometerte nada. No estoy seguro de querer que tengamos algo más. Quizá solo seguir como ahora. Mantenerlo aquí dentro.

—Yo pienso lo mismo —respondí con una risa para hacerlo sonar más convincente. Pareció un poco sorprendido, así que decidí cavar mi propia tumba de mayor tamaño para tener el espacio para enterrarme con mi colección de tacones rosas—. Solo quiero pasármela bien. Yo tampoco busco nada serio. Además, estoy en la escuela y estoy ocupada, así que ni siquiera tendría sentido; me refiero a nosotros, ahorita… —Dejé en suspenso lo que iba a decir y fijé la vista en la vara de canela que flotaba en la taza de vino.

—Bueno, me encanta, entonces en eso quedamos —declaró y volteó mi barbilla para que nos viéramos a los ojos y me besó.

"Vete a la mierda", quería decirle pero, en lugar de eso, le devolví el beso.

Creo que todas sabemos en dónde cometí el error. Cuando dijo que no buscaba nada serio, pude decirle "Te entiendo muy bien y de verdad también me la paso bien contigo. ¿Eso quiere decir que no buscas una relación en este momento?". Porque, siendo sincera, yo no quería seguir haciendo lo que hacíamos: noches de películas, comida a domicilio, acostones casuales. Quería que alguien dijera que era su novia. Quería que nos diéramos la mano al caminar por la banqueta en un sábado caluroso del verano. Quería que viajáramos juntos a nuestros lugares de origen y que dijera: "Esa es la gasolinera donde me robaba chocolates cuando estaba en sexto año" y "Este es el coche con el que aprendí a manejar".

Mi acto de supervivencia era una mentira. Era la misma situación que con Cam. Mentir descaradamente, aunque pudiera darse cuenta de que estaba fingiendo, aunque todo ese tiempo había sabido que él no quería nada serio. Cuando hacíamos planes, se tomaba todo el tiempo del mundo para concretarlos. Él hacía planes conmigo y luego me plantaba, o me mandaba un mensaje a las diez de la noche, o se le olvidaba por completo. En lugar de encarar la verdad, decidí hacerlo cambiar de opinión, pero su decisión ya estaba tomada. Fue tonto de mi parte creer que tenía el poder de modificar la opinión de un desconocido, en especial porque yo no dejaría que él cambiara la mía.

REGLA 3 De la tercera a sexta cita, es importante que intentes definir a dónde ves que va la relación. Cuando regresé a mi casa esa noche, tuve que sincerarme conmigo misma. Empecé a decirme la verdad y se volvió muy claro: no me había dado ninguna señal de que estuviera buscando algo serio. Si quería sexo casual y consistente, era una opción más que buena, pero no queríamos lo mismo y eso estaba bien. Era mejor que empacara mis cosas antes de que fuera demasiado tarde y cerrar la puerta cuando me fuera.

La mañana siguiente, mientras viajaba en metro a la casa luego de que me diera la noticia de que no quería nada serio conmigo, iba oyendo el pódcast *The Daily* de *The New York Times*. En aquel entonces era mi tradición para el metro de la vergüenza. Me obligué a responder las preguntas que no quería contestar:

¿Qué quiero?
¿Me decepciona lo que él quiere?
¿Por qué me siento decepcionada?
¿Estoy de acuerdo en tener algo casual con él?
¿Estoy segura de querer algo casual con él?

Lo que yo quería era amor. Lo quería con desesperación. Quería que los créditos de la película pasaran por la pantalla y que el público llorara por lo hermosa que había sido la historia. Quería estelarizar esa película donde se me veía el pelo suave y estaba con alguien que me amara. No quería comer sushi, mirar al World Trade Center y ver videos musicales mientras hablábamos de que nuestra relación solo era casual. Eso no era para mí y, con toda sinceridad, desearía haberlo entendido antes.

Me sentí decepcionada de que él quisiera eso, pero tenía el derecho. Adoptó la actitud madura e hizo lo correcto al comunicar sus expectativas desde un principio para que yo tuviera la oportunidad de salir de ahí antes de quemarme. Y me sentí decepcionada porque, en el fondo del alma, sabía que podía sentirse increíblemente bien pasar la noche con alguien, sentir sus manos en la cintura, levantarte para irte antes del amanecer mientras él seguía dormido, pero que eso no duraría. En cuanto sales a la calle quince, y el viento y el humo de cigarrillo te pegan en la cara, la sensación se disipa. Te sientes más sola y con un dolor más grande que cuando llegaste doce horas antes.

Así que cuando me encuentro con alguien que dice que no está buscando comprometerse conmigo, tengo la valentía suficiente como para responderle: "Gracias por decirlo, te lo agradezco. Yo sí estoy buscando algo más concreto, creo que es mejor que lo dejemos así antes de que sea tarde". Este chico mayor con el que estaba saliendo no merece que yo suponga que no sabe lo que quiere y yo no merezco desperdiciar mi energía rogándole que esté conmigo. No quería que mi historia de amor iniciara conmigo de rodillas (por cualquier razón, fuera para rogarle o para otra cosa). Quería que empezara mientras yo me sentía segura, a gusto y con los pies bien plantados en la tierra. Quería que iniciara cuando, al mirarme al espejo, yo misma me dijera: "Qué guapa te ves hoy".

Existen muchas formas de medir a dónde va la relación en la tercera cita. La más directa es preguntar: "Por curiosidad, ¿qué estás buscando en este momento en una relación?". Es claro que la respuesta a esa pregunta te incumbe, pero no se trata de ti, lo cual le quita un poco la presión.

Cuando me hacen esa pregunta, digo la verdad, pero con delicadeza.

Digo: "¡Estoy abierta a cualquier cosa! He estado saliendo con gente de manera casual desde hace tiempo, así que estoy abierta a algo más si me parece lo correcto" o, por el contrario, "Acabo de terminar con alguien y estoy buscando mantener las cosas a un nivel más casual", o incluso "En este momento no me interesa nada serio, solo quiero pasarla bien".

Si ser franca con tu pregunta no es lo tuyo, hay otros modos de estimar a dónde va la relación. Presta atención a cómo actúa el otro cuando está contigo y cómo se refiere a ti.

REGLA 4 ¿Conociste a sus rommies a propósito (me refiero a no solo después de que saliste corriendo a hacer pipí luego de tener sexo)? ¿Conoces a sus amigos o se ha mencionado el hecho de conocer a los amigos de ambos a propósito? REGLA 5 ¿Han inventado bromas solo entre ustedes en las primeras dos citas que recuerden en la tercera y la cuarta? ¿Han hecho cualquier tipo de planes a futuro (me refiero a las siguientes semanas)? REGLA 6 ¿Has diversificado tus citas e intentado algo no convencional (no solo tragos, cenas y noches de película)?

En la tercera cita, y una cuarta subsiguiente, seguimos en una etapa muy temprana de la relación, pero la tercera cita es donde se toman las decisiones. Así que busca la claridad que mereces. Tú querrías lo mismo.

El tercer resultado de una tercera cita es que ambas partes estén igual de interesadas una en la otra: ambos buscan lo mismo.

Mientras me preparaba para mi tercera cita con Noah, me sentí diferente de lo que me había sentido antes. Por supuesto, nuestras personalidades en la primera cita no pueden durar para siempre y, a largo plazo, alguien tiene que ver todo de nosotros para conocernos a fondo. REGLA 7 Una tercera cita es buen momento para sacar a relucir tu personalidad de pareja. Quizá no sea momento de empezar a sacar a relucir tus traumas de la infancia, pero no deberías guardarte cosas a propósito, no debería preocuparte ser muy directa. Esta es una cita decisiva y, para tomar decisiones sobre alguien, deberías conocer un poco más quién es. Tu mejor paso es al frente, pero lleva los zapatos que te gusten, no solo los que pienses que le gustarían al otro.

Con eso en mente, dejé que Noah, que llegó temprano a recogerme para la tercera cita, subiera a mi departamento y me alisté mientras él estaba sentado en la cocina comentándome qué había hecho desde que nos vimos la última vez. Para esta cita decidimos hacer una actividad —algo un poco más activo— durante el día. Decidimos caminar desde el principio de Central Park West hasta su departamento en Kips Bay, deteniéndonos a tomar cafés en el camino.

Me peiné con una cola de caballo (él solo me había visto con el pelo rizado y bien peinado) y me preparé como si fuera a dar una larga caminata y no como si fuéramos a cenar el sábado en la noche. Si solo le impresionaba cuando estaba arreglada para salir de noche, no éramos el uno para el otro.

Cuando salgo con alguien, me gusta el proceso de alistarme —maquillarme y peinarme, poniéndome bonita para mí—. Pero en mi día a día, por lo general no me pongo una tonelada de maquillaje; me gusta la ropa cómoda y recogerme el pelo, de modo que REGLA 8 era importante para mí que viera todas mis versiones, y no solo las de Instagram o de las salidas nocturnas.

Si íbamos a tomar la decisión de seguir viéndonos, quería que tomara la decisión acerca de mí: Eli. Hablo mucho, soy un poco escandalosa y suelo ser muy desorganizada. Me encanta el teatro musical, tengo antecedentes de trastornos alimentarios y ansiedad, y quería ser franca. No me gustaría enamorarme de alguien y darme cuenta de que no era lo que aparentaba. No me gustaría enamorarme de una persona si fingió ser alguien más.

En la mañana de la cita, recuerdo haber sentido que había muchas posibilidades. No estaba nerviosísima, porque se había comunicado de un modo que me hizo sentir validada. No me preocupaba que la boda que planeé en mi mente nunca sucediera, porque no había ningún anillo. Solo pensaba en esa tarde. Nos habíamos estado mandando mensajes, que fueron coquetos y dulces, y nuestras conversaciones estaban llenas de emojis de corazón. Todavía no guardaba su teléfono, pero estaba lista para ponerlo por escrito y abrirle un espacio temporal en mis contactos después de esa cita (si todo salía bien).

Las apuestas eran mucho más altas y no podía evitar estar emocionada como una niña. Estaba enamorada hasta cierto grado. Era amable conmigo y dulce, y era un buen chico por el que mi corazón se sentía intrigado. Sin embargo, el riesgo no era tan alto como podía ser o llegaría a ser alguna vez. Mientras estábamos sentados en la cocina y buscaba las llaves de mi cuarto, decidí abandonar la resistencia y mi corazón hizo lo suyo: involucrarse.

Las apuestas suben casi siempre cuando el corazón se involucra.

Tomamos café antes de ir al parque y luego nos turnamos para contarnos cosas durante todo el camino. Hablé de mi trabajo como nana, porque era algo que me gustaba y quería contarle. Quería que hiciera lo mismo. Me contó sobre los perros que tuvo su familia a lo largo de su vida, las muchas despedidas de soltera que se topó mientras estudiaba en Nashville, su cumpleaños veintiuno en Las Vegas y la soledad singular que sintió al mudarse ese verano a Nueva York, a cuatro horas en avión de su casa y en medio de la pandemia. No recuerdo qué más le conté, ya que tiendo a recordar los detalles diminutos y la imagen general se vuelve un poco borrosa. Nos detuvimos a acariciar a un buldog francés. Dije que era mi perro favorito y él dijo lo mismo. Recuerdo que dimos la vuelta a la esquina en el parque y vimos todo Columbus Circle y nos detuvimos solo para mirar al frente. Todavía teníamos mucho por delante.

Cuando llegamos a su departamento, me dijo que compró una botella de champaña y que deberíamos descorcharla.

—¿Qué estamos celebrando? —le pregunté.

—¡Terminamos nuestra caminata!

Nunca anhelé con tanta intensidad que alguien fuera el buen chico para mí.

Guardé su número en mis contactos. Abrió la champaña. Miramos por su ventana al Empire State. Ya antes había dejado que alguien más me sirviera una bebida, mientras contemplaba en silencio la vista desde su ventana. Noah me puso la mano en la espalda. Chocamos las copas y nos las llevamos a los labios. Ya había vivido momentos como ese, pero este se sentía muy diferente. Sentí como si pudiera decir cualquier cosa y él me escucharía. Era una caminata por el parque. Un trago de champaña. Era una salida perfectamente soleada y moría de ganas de verlo de nuevo antes de que siquiera terminara ese día.

Sobre todo si tus primeras citas ocurrieron en bares o restaurantes, es bueno cambiar de ritmo para las siguientes. REGLA 9 Trata de hacer algo durante el día o busca una actividad (e inténtala en diferentes entornos). Minigolf, boliche, un estudio donde te enseñen a pintar, cocinar juntos, una noche de juegos: todas son excelentes opciones.

REGLA 10 También me gustan las caminatas largas (con un destino en mente), porque es un buen momento para contar historias y conocer a alguien un poco más a fondo. ¿Cómo fue su infancia? ¿Dónde pasó su último cumpleaños? ¿Tiene buena relación con sus hermanos? ¿Qué le gustaba hacer en la universidad? ¿En el bachillerato? ¿Qué música escucha? ¿Ha ido a muchos conciertos? ¿Cuál fue el mejor día de su vida? ¿Cuál fue el más vergonzoso?

Y de igual manera en que todo puede empezar en cualquier momento, cualquier cosa puede terminar en cualquier momento. Me gusta sacarle todo el jugo antes de que ocurra; tratar de recordarme que no se supone que sea difícil, que consuma tiempo o que sea horrible. Se supone que sea divertido. Es una tercera cita y se supone que la esté pasando bien, sin importar lo que pase después. El momento es lo que resulta tan importante y quiero vivirlo con intensidad.

Una tercera cita es un precipicio. Una vez que llegas a los territorios de la cuarta o quinta cita, avanzamos a las etapas de charla. "¿Qué somos?", flota en nuestro cerebro, una relación que puede llevar al compromiso. La tercera cita es el borde, el instante previo, el respiro antes de que suene la música.

Sería aterrador caer sin enterarte de qué podría estar abajo y resultaría estimulante elegir lanzarse mientras la adrenalina corre por tus venas cuando te preparas para un choque épico o para que alguien te reciba abajo. Pero si regresas por donde viniste, estás volviendo tal como llegaste. No perdiste nada que hayas tenido. Estás justo donde empezaste y ese lugar es más que bueno.

Cada final es también un nuevo principio. Cada nuevo principio es también, en cierto modo, un final. El nacimiento implica la muerte y la muerte llega con un nacimiento. El amor incluye la pérdida y la pérdida incluye el amor. Una vez que aceptamos que lo bueno nunca existe sin lo malo, esto último empieza a parecer menos negativo.

A fin de cuentas, esas primeras etapas de salir con alguien tienen que ver con la curiosidad. Nos provoca curiosidad una persona, un potencial. Cada primer beso a los trece años en el patio de la escuela bajo un árbol nace de la curiosidad. Con la curiosidad llegan las lecciones—el aprendizaje— que nos llevamos. He desperdiciado tantas primeras citas —tantas terceras y cuartas citas— sin estar agradecida por tener curiosidad, sin enfocarme en lo divertido, sin creer que merecía ser feliz. Pasé años diciéndome que cuando encontrara el amor sería feliz. Lo hice con todo y lo hice todo el tiempo. Estas sagradas escrituras que yo misma creé le sumaron una presión inmensa a cada ocasión en que salí con alguien.

Me he dicho:

Cuando gane un premio de escritura, seré una buena escritora. Cuando consiga una pasantía, creeré que puedo tener éxito. Cuando encuentre a alguien que me ame, me daré cuenta de que soy digna del amor.

Pero cada vez que logré esas metas, no me sentí digna, exitosa ni buena. Me sentí igual. Nunca se trató de alcanzar una meta, sino de creer que lo merecía. Me arruiné con la presión excesiva y ese peso me fracturó por completo. Cada vez que estaba en el precipicio y elegí regresar por donde había venido o me vi obligada a bajar la montaña, vi mi vida como una oración continua, sin un punto final. Fracaso. No lo merezco. No creí que pudiera volver a empezar. No podía ver un final como un posible inicio.

Un invierno, después de unas cuantas terceras citas fallidas, me senté sola en la sucia azotea de mi departamento sin elevador en el Upper West Side. Me sentí vacía. Pasando de perfil en perfil en Hinge, mandándome mensajes con antiguos amores del bachillerato, reviviendo momentos de las citas que deseaba poder rehacer para ser más atractiva. Miré las zonas de la azotea donde me besuqueé con gente que conocí, escuché a Bruce Springsteen y me emborraché con amigas. Me di cuenta de que parpadeaban las luces de la tienda de abarrotes, que las mamás llevaban a sus hijos de la mano, envueltos en abrigos calientitos y con botas de invierno. Me pregunté cómo sería redefinir el éxito —redefinir el fracaso—. *¿Cómo sería creer que cada vez que me exponía, cada vez que tenía curiosidad de ver a alguien otra vez, eso ya era un éxito, aunque terminara en la decisión mutua de que estaríamos mejor solos que en compañía del otro? ¿Cómo sería decidir que el fracaso es la creencia de que no merezco amor? ¿Cómo sería decidir que el fracaso* *es el desprecio por mí misma? ¿Cómo sería decidir que el éxito es tan solo el ímpetu de intentarlo?*

Estaba tomando prosecco de un tarro y pensando en esas cosas cuando me di cuenta de que la única persona para la que el éxito significa que todos te quieren o se enamoran de ti era yo. E igual que había definido estas cosas por mí misma en mi propio diccionario personal, podía redefinirlas. El asunto sobre tu diccionario es que siempre puedes recapitular, borrar y reescribir. Siempre puedes aprender.

El fracaso era sentarme en la tercera cita, hostigándome por mi incapacidad para sentir algo por la persona maravillosa que tenía enfrente. El fracaso era el juego de estira y afloja con mi corazón. El fracaso era no comer para que él pensara que era más delgada. Era suponer que la mayoría de la gente es mala y que, si encontraba al bueno, debía ser el único que existía.

El éxito era conocerme, tener el valor suficiente para decir lo que busco con la confianza de alguien a quien le gusta el tono de su voz. El éxito era la forma en que una caminata banal en apariencia se convirtió en nuestra primera botella de champaña que compartimos.

Quería elegir el éxito en la tercera cita. Quería elegir la nube de tormenta ocasional, pero con el sol persistente.

Quería que las cosas se sintieran bien, incluso cuando no terminaban en “puede besar a la novia”. Estaba bien que las apuestas me parecieran altas, era dejar que mi corazón se involucrara. Estaba bien que terminara después de tres o cuatro citas excelentes. Era un don tener la capacidad de sentir todo lo fantástico y todo lo terrible. Y, por ende, en la siguiente tercera cita a la que fui, decidí elegir sentir todos mis sentimientos.

REGLAS PARA LA "ETAPA DE CHARLA"

1. Decide qué diablos quieres.
2. No hay nada malo si es lo correcto.
3. No hay reglas sobre cuántos mensajes le envías a esa persona.
4. Considera cuándo cerrar tu plantilla.
5. Una etapa de charla exclusiva de más de dos meses, sin etiquetas, es una *red flag*.
6. Define la etapa de charla: ¿es progresiva?, ¿avanza hacia algo o está estancada y se queda en lo mismo?
7. Coquetea y repliégate.
8. La regla de un mes (toma cuatro semanas saber qué quieres).

Era mediodía en Ann Arbor, Michigan, y estaba acostada en mi cama con una sudadera demasiado grande de la Facultad de Periodismo de Columbia. Unos días antes me enteré de que me habían aceptado y me puse la sudadera para dormir solo por la pura emoción. El chico Géminis —con el que había estado saliendo— me pidió que fuera a su casa para hacer galletas con chispas de chocolate con él. Estaba tan entusiasmada de que quisiera pasar un rato conmigo durante el día que decidí que no le recordaría que soy alérgica al gluten.

Estábamos en el último año de la universidad y en esas primeras semanas de primavera, Michigan se había empezado a templar apenas. No hablamos mucho sobre nuestros planes futuros (o en mi caso, antes de que me aceptaran en el posgrado, la falta de ellos); conversamos acerca del siguiente fin de semana, el banquete de la graduación en mayo, los chicos que vivían en la casa ladeada de enfrente. La gente comentaba que nunca estudiarían en la Universidad de Michigan por el frío que hacía en invierno, lo cual siempre me llevó a suponer que jamás habían experimentado una primavera en el estado. Michigan en la primavera es como una cucharada del nirvana: cielos violáceos, cervezas con rebanadas de naranja, los pastos más verdes y los cielos más azules. Siempre me sentía llena de energía cuando llegaba marzo.

Para el 15 de marzo de 2020, una nube se posó sobre nuestro dulce pueblo universitario en lugar de la energía cinética que debería haberlo inundado. Los primeros casos de covid-19 en Michigan se acababan de registrar el día diez de ese mes. Nuestras clases se volvieron virtuales hasta el final del semestre y nuestra ceremonia de graduación se canceló. No nos informaron de mucho más, porque nadie sabía mucho más. Lo siguiente fue una serie de correos electrónicos del presidente de la universidad en los que nos instaba, y luego nos rogaba, que nos regresáramos a casa si era posible. La redacción de esos correos suponía que, para todos, nuestro hogar no estaba en Ann Arbor. Que en un instante nos podían arrebatar la sensación de seguridad, de soledad, de protección, como un mago que hace un truco con un mantel. Excepto que el truco no salió bien y las copas se rompieron en mil pedazos, mientras que el público se quedó en silencio.

Sin ninguna guía, tratamos de conservar la normalidad mientras todos los demás contuvieran el aliento. Vivía con otras cinco chicas y decidimos quedarnos en Ann Arbor hasta que terminara el contrato de renta y resistir, ya que operábamos según la suposición de que todo volvería a la normalidad luego de un lapso de dos meses o menos. Había noticias nuevas cada hora, las cifras se recalculaban y las reglas se modificaban. La vida estaba cambiando rápido y, en consecuencia, también nuestras mentes.

Me quedé parada junto al chico Géminis en su cocina. Sus roomies jugaban videojuegos en el sillón. Me conocían bien, ya que era frecuente que fuera a su departamento de vez en cuando desde enero. A Géminis le encantaba cocinar. Cuando llegábamos del bar a la una y media de la mañana del domingo, hacía cuatro sándwiches de queso fundido con una sola mano y luego fumaba de un bong con sus roomies. Siempre estaba usando quesos artesanales. Era el típico chico de fraternidad, pero con peculiaridades de las que estaba enamorada. Una de ellas era que le gustaba cocinar. Dime que estoy loca porque me haya resultado encantador que un chico de la universidad hiciera sándwiches de queso fundido, pero así fue. Supuestamente su receta de galletas caseras era increíble y las hacía seguido para sus roomies.

Nos tomamos turnos para hacer bolitas con la masa de galletas y me felicitó porque me aceptaron en el posgrado —apenas lo mínimo indispensable—, pero quedé encantada. Había estado en su departamento durante veinte minutos cuando empezó a sonar mi teléfono. Era mi mejor amiga Sadie, que nunca me llamaría en medio de un encuentro con Géminis —ya que sabía que me obsesionaba—, a menos de que fuera urgente.

"Ven a la casa", me dijo cuando me llevé el teléfono al oído. Necesito que me ayudes a empacar porque esta noche vuelvo a Arizona.

En menos de cinco horas, mi experiencia universitaria —como la conocía— había terminado. Le dije a Géminis que tenía que irme y que le contaría mis planes cuando los supiera. Atravesé por los patios de tres casas estudiantiles y llegué a la derruida casa verde olivo que considerábamos como nuestro hogar. Subí al cuarto de Sadie de dos en dos escalones. La puerta estaba abierta y el suelo era un revoltijo de cajas y maletas. Tops que pedí prestados el primer año para las fiestas de las fraternidades y nuestros disfraces iguales de Halloween que estaban sobre el colchón descubierto. Su bocina, la misma que usamos para tocar música a todo volumen cuando hicimos nuestro pacto de soltería, yacía desconectada sobre su cajonera. Su clóset estaba vacío y había bajado la serie de lucecitas. Su cuarto se veía semivacío, cuando esa mañana estaba lleno de cosas, y me recordó el día que nos mudamos.

Me quedé parada, con la camiseta manchada de masa de galletas, y todo me impactó de golpe. Esta era mi mejor amiga. La mujer que me enseñó que las almas gemelas pueden ser tus amigas y no tus amantes. Supe que era una parte inherente y profunda de mí y que seríamos amigas hasta que la muerte nos separara. Era la persona con la que no había pasado un día en que no nos habláramos desde que nos conocimos. Sabe todo de mí. Solo nos habíamos peleado una vez y vivido juntas en tres casas. Toleramos las penas, las resacas, las terribles roomies fortuitas, las casas de las sororidades, y nos vimos enamorarnos y desenamorarnos. Juntas, en Ann Arbor, reprobamos clases, lloramos en Starbucks, aprendimos sobre lo que sí teníamos cuando sentíamos que no nos quedaba nada más; nos habíamos distanciado de tantas cosas, pero nunca la una de la otra. Era mi incondicional. Mi constante. Mi punto de apoyo. Y ahora todo se sentía desanclado. Sentía como si estuviéramos a la deriva en océanos separados. Parada frente a mí, con su pelo rubio rojizo peinado con raya en medio enmarcando su rostro, vi a la chica a la que conocí en 2016 en el comedor de East Quad. Vi a la chica de Arizona, de dieciocho años con cara de bebé, con su mochila azul y sus guías de estudio marcadas con amarillo. La mujer que se negó a bajar Spotify y que seguía usando Pandora. La chica que cambió cuatro veces de especialidad cuando estábamos en primer semestre. Todo su clóset era azul. Su bebida favorita era Moscow Mule y le encantaba la salsa picante de Frank's, además de haber sido mi +1 en el día de San Valentín durante cuatro años seguidos. Odiaba que se sentaran en su cama. Tomaba café negro y fuerte. Me señalaba mis tonterías y nunca dejaba de contestar el teléfono cuando la que llamaba era yo.

La ayudé a doblar su ropa de cama, que había tenido durante los últimos cuatro años. El patrón familiar estaba grabado en mi mente. Su botella de agua color azul celeste, su abrigo de invierno, sus botas negras de Ugg: todo empacado, sellado y cerrado. Por supuesto que entendí por qué tenía que irse, pero no entendía por qué nuestro adiós tenía que ser así. Sabía que nunca habría una forma correcta de cerrar el capítulo, de despedirnos del lugar que nos unió, pero también sabía que sí había una forma incorrecta y la estábamos viviendo. Me cegaron los momentos que había enterrado en mi memoria. El sonido de su risa que me seguía hacia la enorme casa en las noches de sábado. El salón de clases en el edificio de literatura, ciencia y arte, donde me senté cuando me di cuenta por primera vez de que podía ser escritora, una escritora de verdad. El día en que Sadie caminó entre metro y medio de nieve solo para conseguir helado en el centro para aliviar mi corazón destrozado. Su cumpleaños en el salón de manicure, los conciertos y las bajas, los calefactores al lado de la mesa en el Garage Bar, los lugares a los que había ido solo por mí. Los lugares a los que fui por ella. Ahora se iría a Arizona y tenía planes de mudarse a San Francisco, en tanto que yo me mudaría a Nueva York. Cuando tuve un momento libre, saqué mi teléfono y le escribí a Géminis.

Voy a ir con Sadie al aeropuerto para despedirla.
:(Lo siento mucho —respondió.
¿Puedo ir después? No quiero estar sola.

Quería que me reconfortaran. Que me abrazaran. Que alguien me pusiera hielo en la herida y me recordara que estaría bien. Quería que él fuera la persona que llenara ese espacio.

"Seguro", respondió. *Seguro* no era reconfortante. No me hizo sentirme mejor, pero al menos era una *green flag*.

En el aeropuerto tratamos de hacer todo lo menos doloroso posible. La vi arrastrar sus maletas detrás de ella hacia la terminal y lloré en silencio. En el coche de regreso a la escuela, las lágrimas me escurrían en la cara mientras me regresaba al campus. Esta fue una de las primeras veces que sentí que se me rompía el corazón sin que fuera por un amor o por un hombre. Sabía que sería difícil cuando nos despidiéramos en mayo, pero tendríamos un punto final. La graduación. La celebración. Nos habíamos preparado para un "nos vemos pronto". Esta realidad provocaba un vacío singular: un vacío que no podía transmitirse con palabras.

Quería vendar la herida y, a los veintiún años, estaba convencida de que yo era una genia y que el objeto de mis afectos, este Géminis con el que había tenido un *casi-algo* por tres meses, sería capaz de lograrlo.

Una forma de amor (en especial cuando no es correspondido) no puede ser una venda para la supuesta pérdida de alguien más. En mi histeria, no podía darme cuenta de que no había perdido a Sadie, que nuestra relación solo cambiaría, y pensé que el alivio temporal de Géminis me haría sentir mejor. Solo me había ido tres horas cuando regresé a su casa, con la misma ropa y los ojos hinchados de llorar. Sobre el mostrador de la cocina había un plato de galletas con chispas de chocolate y Géminis me llevó a su cuarto. Nos sentamos en su cama, lloré, él me consoló. Me envenené con gluten y trató de encontrar un espacio vacío en mi vulnerabilidad para que hiciéramos el amor.

No teníamos ningún tipo de relación. Estábamos "teniendo sexo de manera exclusiva" o eso es lo que él me dijo. La definición de "tener sexo de manera exclusiva" en este contexto significa que solo tienen sexo el uno con el otro. Eso no implica que estén saliendo. No quiere decir que no puedas salir con alguien más o coquetear con otras personas o considerarlos como opciones. Solo quiere decir que, hasta que alguien decida lo contrario, solo tienes intimidad física con esa persona.

Es probable que un *casi-algo*, como se conoce a veces este tipo de relación, no progrese al territorio de relación de compromiso. Empieza y termina de la misma forma: nos gusta la compañía del otro, pero solo nos comprometemos en sentido físico y algo, lo que pueda ser, se interpone para que nos convirtamos en algo más.

No lamento haber ido esa noche, hecha un desastre, a ver a Géminis. No lamento acostarme ahí a mirar el techo, darle la mano. No lamento haberle contado cómo fue todo el asunto.

Lo que lamento es confundir esos momentos íntimos con algo más.

La intimidad puede ocurrir sin amor, e incluso sin que la persona te guste. Tiene vida propia.

Los términos modernos relacionados con las citas son superconfusos, pero haré mi mejor esfuerzo para definirlos según los entiendo.

Exclusivo: verse de manera exclusiva, pero sin ninguna etiqueta de novio y novia, novia y novia, pareja u otra cosa seria. Ser "exclusivos" llega antes de que des el salto a una relación hecha y derecha. Se supone que la exclusividad es como un ensayo de una relación.

Sexo exclusivo: tener relaciones físicas exclusivas con una persona, pero no quiere decir que vayan a tener en una relación o siquiera que vayan en esa dirección. En general tiene el propósito de tener seguridad, comodidad o confianza en términos sexuales.

La etapa de charla: se refiere a la etapa de una relación antes de que empieces a salir con alguien de forma más seria. Puedes ser exclusiva con alguien y no estar en la etapa de charla (si solo tienen sexo); también pueden estar en ella y no ser exclusivos (están conociéndose, pero uno o ambos no están listos para dejar de buscar). La etapa de charla es como un término general para el periodo en que están averiguando qué buscan.

Casi-algo: es el tipo de relación que es un poco más que sexo exclusivo con alguien, pero menos que exclusividad absoluta, porque un casi-algo no tiene la meta futura de una relación de compromiso en el mismo sentido de ser exclusivo. Puede tratarse del momento, de la logística; puede ser no querer atarse a alguien. Hay sentimientos, pero no bastan para tener una relación completa.

A menudo, confundimos los casi-algo con la etapa de charla porque creemos, o quisiéramos creer, que un casi-algo o el sexo exclusivo pueden convertirse en algo más. Antes de que prosiga, seguro hay mucha gente que leerá esto sentada en la cama junto a su pareja, con quien empezaron a salir después de un AÑO de tener sexo casual. Hay personas que leerán esto y que están comprometidas, o CASADAS, con la gente con la que tuvieron acostones casuales o con quienes tuvieron un casi-algo.

Pero es difícil pasar de este tipo de casi-algo a una relación, porque si empieza como sexo casual a altas horas de la noche unos meses, se genera una tensión que es contraproducente cuando intentamos pasar a la primera y segunda cita.

El grito de batalla de una universitaria implica dedicar un semestre a un chico de fraternidad o a la chica artistoide que cree que podrá sacar de la cama a una cita, solo para darse cuenta de que es casi imposible convertir un encuentro casual, aunque consistente, en un marido o esposa. Desearía haber sabido en aquel entonces que está bien querer algo casual, pero que también lo es querer algo más, y decidir que preferiría estar sola y esperar por ese algo más que pasar mi tiempo rogando que llegara alguien, en lugar de la idea de estar conmigo misma.

Los seres humanos tenemos un hábito maravilloso de contarnos historias y buscar los detalles que las confirmen: se llama *sesgo de confirmación*. Estaba en una relación de casi-algo con Géminis, lo cual era muy obvio para mí, pero temía preguntarle si alguna vez querría algo más, porque me daba miedo la respuesta. En lugar de eso, me convencí de que estábamos en la etapa de charla, en proceso hacia llegar al fin a una relación de compromiso… enamorarnos. Busqué los detalles que confirmaban que ese cuento era verdad, aunque me lo había inventado. El 15 de marzo del 2020 decidí que su capacidad de consolarme en mi momento de debilidad era un detalle que confirmaba que él quería estar en una relación comprometida.

Sin embargo, la verdad es que solo estaba siendo amable. Acompañarme en mi momento de necesidad no significaba de manera automática que quisiera tener una relación conmigo. La única manera en que de verdad pude haberlo confirmado o refutado era si le hubiera preguntado.

Es común que nos encontremos en ese espacio gris con otra persona: no estamos saliendo del todo y no somos amigos del todo. Existe estar soltero, estar en una relación y luego estar "viendo a alguien" o "saliendo", y ahí es donde las cosas se complican. Las relaciones tienen tantos matices. Para que una relación entre dos personas funcione, deben cuadrar muchas circunstancias.

Aun así, el espacio intermedio —el espacio gris— nos confunde. Nos provoca ansiedad y nos mantiene despiertos en las noches. No sabemos cómo deberíamos proceder, qué conversaciones deberíamos tener, cómo saber lo que alguien quiere con nosotros sin siquiera preguntarle.

Desearía haber sabido que, si alguien me confundía siempre, no era la persona adecuada para mí.

La comunicación, aunque nos dé miedo en algunos casos, es una parte integral para proteger nuestras emociones. He tenido suficientes casi-algo y fracasado y triunfado en las etapas de charla como para promover la claridad desde el principio. Preferiría decirle a la otra persona lo que busco desde un inicio que tratar de leerle la mente en dos semanas o dos meses. Preferiría saber lo que buscan en lugar de perder mi tiempo intentando adivinarlo.

Es típico que las etapas de charla comiencen después de las primeras cuatro citas más o menos, cuando sigues conociendo a alguien, pero te has empezado a imaginar cómo podría ser el futuro de la relación.

Las etapas de charla pueden caer en dos categorías: etapas progresivas y etapas estancadas. REGLA 1 Antes de que trates de decidir en qué tipo de etapa de charla te encuentras, siempre deberías decidir qué es lo que TÚ quieres.

¿Ves el potencial de comprometerte con esa persona? ¿Quieres tener una relación con él o ella? ¿No estás segura y lo irás averiguando a medida que prosigan? ¿Quieres seguir saliendo, pero en sentido casual? ¿Quieres tener sexo exclusivo con esa persona?

Hazte estas preguntas, porque no puedes deducir qué quiere la otra persona si tú misma no estás segura. Y no tienes que saberlo de inmediato; a veces toma un poco más de tiempo tener la certeza. Solo ten en mente esas preguntas y consúltalas contigo misma a medida que prosigas.

Tu biblia durante una etapa de charla es SIEMPRE es mejor estar soltera que en una relación que no te da lo que quieres. He tenido múltiples experiencias en las que comprometí mis necesidades o deseos porque me daba miedo estar sola y, si pudiera volver atrás, me diría justo lo que te acabo de decir.

Es común que una etapa de charla estancada o casi-algo se caracterice por algunas cosas: sin importar cómo empezó, la mayoría del tiempo que pasan juntos ocurre en casa, casi todas las actividades tienen una motivación sexual, no hay muchas conversaciones sobre conocer a los amigos del otro, en un bar o cuando se topan con algún roomie; no hay charlas sobre la familia, salir en citas o planes futuros; la mayoría de las conversaciones ocurren por Snapchat o se envían mensajes sobre verse en un bar o "ven a pasar el rato". Si estás reflexionando acerca de tu etapa de charla y deduces que se ajusta con claridad a la columna de "casual" o "estancada", creo que tienes que decidir si eso es lo que quieres. Si no, entonces lo mejor es ser franca con la persona y decirlo.

Si tienes hambre, podrías decir "tengo hambre".

Si tienes sed, pides un vaso de agua.

Si no te sientes bien, comunicas tus preocupaciones.

¿Por qué enterramos nuestras necesidades románticas en un lugar muy profundo de la tierra con la esperanza de adaptar nuestros deseos a los de alguien más? Si lo hacemos, nada crecerá en esa tierra. Si plantamos nuestros deseos y necesidades en ese suelo y esperamos, ahí es cuando empezamos a ver un tallo, después un capullo y, al final, algo florece. Quizá no florezca al primer intento, pero en poco tiempo cultivarás un jardín.

Es difícil pedir lo que queremos en una cita porque nos han dicho que el rechazo es vergonzoso. Nos han enseñado a creer que si nos rechazan es porque tenemos algo malo. Pero a veces alguien no es la persona adecuada y quizá ni siquiera tenga nada que ver contigo. Cuando no hay nada más tangible a lo que aferrarte, elijo creer que todo rechazo es que el universo me está redirigiendo, empujándome hacia un pasillo bien iluminado donde, justo a la vuelta de la esquina, está mi destino. Y es posible que el destino ni siquiera sea una persona. Puede ser una carrera satisfactoria para toda tu vida en la que verterás cada gramo de ti misma.

Algún día, tu vida de ensueño tocará con suavidad a tu puerta y te despertará. Solo tienes que estar dispuesta a abrirle la puerta e invitarla a pasar.

No existe una verdadera razón por la que el rechazo, en especial en las etapas iniciales, tenga que ser vergonzoso. En el curso de mi propia experiencia en las citas amorosas me di cuenta de que resulta más vergonzoso ignorar tu autonomía y tu voz en lugar de solo preguntar y que la otra persona te diga: "No, gracias" o "No por el momento".

Salir con gente de manera implacable e intrépida —con prisa— no figura en todas las comedias románticas. Olvidamos darnos a nosotros mismos, y a cada uno de los demás, el permiso para expresarse. Olvidamos que nuestra norma debería ser pedir lo que queremos y que alguien esté a la altura de la ocasión, igual que tú lo haces por ese alguien. Olvidamos decirnos que habrá alguien bueno. Que habrá alguien fantástico. No tenemos que rogarle a esa persona fantástica que se quede o ande contigo. Ya decidieron que quieren estar aquí.

Habrá etapas de charlas estancadas, pasivas, y podrían ser horribles. Habrá aquellas que serán activas y progresivas, y que confirmen por qué todos empezamos a salir con alguien: es hermoso conectar con alguien más a un nivel mucho más profundo, más allá de la superficie. E incluso si no terminamos pasando toda la vida con esa persona, la condición humana tiene todo que ver con la conexión. Tiene todo que ver con decir: "te veo", "te escucho", y recibir lo mismo a cambio.

La primera foto de Luke en su perfil de Bumble lo mostraba parado frente al edificio del Capitolio en Estados Unidos; vestía un traje azul marino. Tenía los ojos tiernos y el pelo suave, y cada mensaje que me mandó irradiaba calidez.

Teníamos amigos en común y diecinueve años, y estábamos en pleno invierno en Michigan. Me pidió que fuera a una reunión del club del que era presidente (*red flag* para ser un primer encuentro) y un extraño impulso me llevó a ir. No le conté a nadie mi plan, me puse un suéter gris, me cerré el abrigo y salí por la puerta principal hacia una noche nevada a casi siete grados bajo cero.

Aunque hacía un frío gélido y nunca había visto a este hombre ni escuchado de su club, algún instinto me instó a caminar hasta ahí y, en algún momento, parada afuera del edificio de la escuela cuando llegué, casi me di la vuelta. Pero, de nuevo, el mismo impulso me instó a subir por las escaleras y abrir la puerta.

No creo en el amor a primera vista. Puedes conocer a alguien, verlo al otro lado de un bar atestado y sentir que un hueso de durazno crece en tu panza y, aun así, no sabrías lo suficiente sobre esa persona como para enamorarte a primera vista. Pero sí creo en la esperanza y en las corazonadas. Creo en el anhelo a primera vista. Creo en la necesidad a primera vista. Creo en saber a primera vista.

¿Saber qué? Eso es lo que llegarás a averiguar. Es solo algo. Hay algo ahí, entre ustedes, suspendido en el aire. Parece un milagro que espera que alguien tenga el suficiente valor para dar un paso al frente y tomarlo. A veces no se trata tanto de aferrarse, sino de la voluntad de decir "a la mierda" y soltarse.

Cuando entré a esa reunión en el club, entre las mochilas, desconocidos y laptops abiertas, mis ojos se encontraron al instante con los de Luke. Me sonrió, se sonrojó, desvió la mirada, me la devolvió y agitó la mano para saludarme. Señaló una laptop y gesticuló: *Anótate.*

Sentí como si un tsunami hubiera chocado contra mis entrañas, cubriéndome de tibias oleadas de calor y luz. Durante toda la reunión nos robamos y regresamos miradas de un lado a otro como si fueran libros de una biblioteca. En realidad, ni siquiera recuerdo de qué se trató la reunión. Estaba nerviosa y embelesada. Lo supe a primera vista. Supe que había algo. Era precario y frágil, y no quería que se cayera, se rompiera e hiciera pedazos en el piso. Temía que terminara antes de siquiera comenzar.

Me mandó un mensaje pidiéndome que me quedara al terminar, lo cual hice, y fue un poco incómodo, pero caminamos juntos a casa y no tenía ninguna idea de lo que seguiría.

Al otro día me pidió que fuera a estudiar con él; por ser la especialidad de teatro, no había mucho que se relacionara con los estudios tradicionales, pero empaqué mis cosas y fui a la biblioteca. Me preocupaba que nunca me invitara a salir y que quizá solo quisiera que fuéramos amigos, pero decidí vivir el momento. Sí hubo coqueteo a través de los mensajes y recuerdo que varias veces me paré en seco sobre la banqueta al otro lado de la parada del autobús para leer algo que me había enviado y que me hizo sonreír.

Después de nuestra cita para estudiar, me invitó a comer y a ir un juego de básquetbol de la universidad una semana después. Estaba exultante de alegría, ya que no había tenido muchas citas en Michigan, a pesar de ya tener guardado a un exnovio.

Moría de ganas de verlo y aún faltaban ocho días, así que un sábado en la noche le pregunté a Luke si podía ir a visitarlo. Para ser franca, me preparé por anticipado con vodka Cîroc de coco, combinado con cucharadas de Nutella. Me puse unos jeans negros deslavados y mis botas favoritas. Tenía el pelo lacio y ahí fue cuando me di cuenta de que Luke nunca me había visto de noche.

Esta era la *green flag* número uno de nuestra etapa particular de charla: intentó conocerme primero. Aún nos faltaba besarnos y ya me había pedido una segunda cita, la cual también sería de día. Solo había salido con gente que priorizaba las actividades físicas (sexuales) y no estaba acostumbrada a alguien que de verdad quisiera conocerme a *mí*. Alguien que nunca me hubiera visto sin blusa o siquiera me hubiera dado la mano.

Estaba nerviosa de camino a su departamento. Me sentía atrevida por invitarme yo sola y no quería arruinar la racha inocente en la que estábamos de conocernos primero, pero sí quería que fuera más allá de esa categoría y, no es por nada, pero cuando tenía diecinueve años, sabía cómo atraer a un hombre en sentido físico. No estaba lista para creer que alguien pudiera desearme por cualquier otra razón.

Esa noche nos sentamos en su cama y nos besamos por primera vez. No hicimos mucho más. Conversamos, escuchamos música, nos sentamos uno al lado del otro. En última instancia nos metimos bajo las cobijas y solo sentimos el calor del otro. *Green flag* número dos: no necesitábamos hacer nada más. Por supuesto, pudimos hacerlo si queríamos, porque si algo es correcto y es la persona indicada, no hay errores. Solo que no era el momento apropiado.

Si alguien es la persona indicada, no importa cuándo tengan sexo. En cualquier caso, eso no va a impedir que la relación siga progresando: a la persona adecuada no le importa cuándo pase, sea en la primera cita o en la decimoquinta. De igual manera que tampoco va a cambiar nada si le mandas mensajes o cuándo los envías.

REGLA 2 No hay errores si es lo correcto.

Pero nuestra versión de lo indicado era acostarnos bajo las cobijas, darnos la mano, mirar al techo, exaltados y con risitas nerviosas. Demostré mi interés al ir esa noche porque no podía esperar otra semana para verlo. Me hizo bromas y yo se las contesté. Esa noche salí de su departamento a las tres de la mañana y no podía dejar de sonreír. Esperé un Uber mientras la nieve me cubría el pelo. Sentía el cuerpo cálido y lleno de energía; sin un abrigo y parada bajo la nieve silenciosa, ni siquiera tenía frío.

Qué intenso es enamorarse.

Una semana después fue nuestra primera cita. Comimos en un restaurante llamado Avalon. Meses después, el último día del semestre, me compró una camiseta de ese lugar para que nunca olvidara nuestra primera cita. En el juego de básquet no pusimos mucha atención. Anhelábamos conocernos. No sabía si debería besarlo de saludo o de despedida. Mientras caminábamos del estadio a mi casa, su mamá le llamó por teléfono y él contestó. Hablaron unos minutos y luego le dijo: “Lo siento mucho, pero tengo que irme. Estoy con Eli. Luego te llamo”. *Green flag* número tres: le había contado a sus papás de mí.

Después de esa vez, pasamos juntos todo nuestro tiempo libre. Hablábamos durante el día, hicimos planes de correr la carrera de 5 km y asistir a los compromisos formales que cualquiera de los dos pudiera tener, además de quizá visitarnos el siguiente verano.

REGLA 3 Recuerdo un día en que Luke no me había respondido en un rato y temí que de la nada hubiera cambiado de opinión. En otra ocasión le volví a mandar un mensaje y se disculpó por no contestar antes. No mandó el mensaje. Resulta que no existen reglas para los mensajes. La persona indicada nunca pensaría que es raro ni cambiaría de opinión si te comunicas. Estará encantada de que solo hayas querido saludarla.

No habían pasado dos semanas cuando llegó la noche anterior a las vacaciones de primavera. Llevábamos casi tres semanas de conocernos, pero se sentía como si fuera más tiempo. Ni siquiera tenía que preguntarle, porque sabíamos a dónde iba la situación. Ambos lo sabíamos.

REGLA 4 Aun cuando todo iba saliendo muy, pero muy bien, como entre Luke y yo, no descarté a mis otras opciones hasta que él y yo tuviéramos una charla seria sobre no salir con nadie más. No abandones a tu plantilla hasta que tu jugador estrella pruebe que está comprometido con el equipo.

Fui a su departamento casi de noche para despedirme. Él se iba a Florida con algunos amigos y yo a mi casa. Solo serían diez días más o menos, pero teníamos algo tan novedoso entre nosotros que deseábamos quedarnos en Ann Arbor, acostados juntos y desayunar mirándonos a los ojos.

Antes de despedirnos, tuvimos sexo por primera vez. El condón se rompió. Todo duró sesenta segundos. Me envió dinero por Venmo para que comprara la pastilla del día siguiente y me dijo que el condón había estado por ahí desde hacía tiempo. No me importó que las dos cosas fueran una metedura de pata en sentido sexual porque estaba enamorada de él. Sabía que el sexo no tiene que ser bueno la primera vez, solo tenía que ocurrir. No hay errores si es lo correcto y, en ese momento, era tan correcto.

De camino a la farmacia por las calles vacías de Ann Arbor para conseguir la pastilla y asegurarme de no quedar embarazada, no podía quitarme la estúpida sonrisa de la cara. Todo puede ser celestial con la persona adecuada. Incluso el mal sexo.

Hablamos sin parar durante las vacaciones y, cuando regresamos, fui directo a su departamento. El sexo fue mejor, aunque fue dentro de su clóset porque su roomie estaba en la casa.

Una semana después, en su vigésimo cumpleaños, me pidió que fuera su novia mientras estábamos en la cama después de que terminara la fiesta. Ese fue el sí más sencillo que jamás le había dado a nadie hasta entonces. Tuvimos una maravillosa etapa de charla que me hizo darme cuenta de que REGLA 5 es probable que esas "etapas de charla" de los acostones casuales que duran dos meses no vayan a ninguna parte a largo plazo.

Cuando alguien quiere estar contigo y tú quieres estar con él no tienen que verse con un mensaje de "estás despierta" o un rato de Netflix y pasársela bien a altas horas de la noche. Se trata de salir a desayunar, primeras veces de mierda, acostarse juntos mirando al techo, ir a un evento o solo tener ojos para el otro, hacer algo aburrido como estudiar y, aun así, sentir como si fuera el mejor día de tu vida, contarles a tus papás y a tus amigos del otro como un niño que comparte un secreto. Y que ambos lo sepan.

La relación entre Luke y yo no funcionó, pero la meta final de toda relación no es que dure para siempre. Esto solo me demostró cómo se podía sentir bien en el principio.

Me aferré al recuerdo de ese sentimiento y me dije: "Esto es lo que siempre has merecido".

REGLA 6 No toda etapa de charla exitosa y progresiva tiene respuestas tácitas como me ocurrió con Luke. A veces VA a funcionar y esa etapa es progresiva, aunque no clara. Puede haber varias razones para la falta de claridad: quizá una o ambas partes sean inexpertas o estén nerviosas por la reciprocidad, quizá alguien necesite un poco más de tiempo para entrar en calor, tal vez alguien se va de la ciudad y se vuelve difícil conocerse de manera apresurada.

No entres en pánico. Es normal.

REGLA 7 Aunque esto parece muy técnico, la etapa de charla tiene el propósito de ser divertida. Bromea con la persona, juega un poco rudo, sé tonta, sé coqueta, sé tímida. Este es el momento para que sigas tus impulsos coquetos y vayas aumentando la tensión (sexual o romántica) entre los dos.

Mi regla de oro es que si llevas cuando menos un mes con alguien —y han salido por lo menos en seis ocasiones— entraste al territorio de: "¿Qué somos?". REGLA 8 Siempre deberíamos recordar que toma alrededor de un mes crear un hábito, entonces, esa es la cantidad de tiempo que necesitas para deducir también qué quieres tener con alguien.

Pensemos en otras veces en las que pedimos justo lo que queríamos

Pedimos lo que queremos cuando ordenamos la cena en un restaurante. A veces decimos: "No puedo decidirme, ¿qué opinas?", pero por lo general, cuando sabemos es así, y vamos a pedir justo lo que queremos.

¿Puedes imaginar que, si en lugar de pedir lo que quieres, pidieras lo mismo que alguien más solo porque el otro ordenó, aunque no te guste ni se te antoje? Eso hacemos cuando dejamos que alguien más decida lo que debería ser una relación o cuando nos guardamos nuestros anhelos y deseos sobre una relación.

Cuando tengo que expresar algo que me pone nerviosa decir en voz alta, primero me gusta ponerlo por escrito. Así practico decirlo en voz alta. Al final, cuando estoy a punto de enunciarlo, cuento hasta tres en mi mente, respiro profundamente y solo me permito decir lo que quiero expresar. El temor de declararlo siempre es más difícil que las consecuencias.

Sobre el "¿Qué somos?":

1. No existe una respuesta para esta pregunta. Si se la haces a alguien y no estás en una relación, es difícil encontrar las palabras para explicarlo.
2. Todo el mundo odia la maldita pregunta y, de aquí en adelante, no vamos a hacerla, por lo menos no en esos términos.

Para recibir respuestas claras, necesitamos hacer preguntas aclaratorias. Nunca recibirás una buena respuesta cuando haces una pregunta de mierda, y decir "¿Qué somos?" es una pregunta de mierda.

Existen tres maneras de resolver cuál es tu situación con alguien sin preguntarle "¿Qué somos?".

1. El truco de la salud sexual. Esta es para los tipos menos beligerantes y taimados que podrían sentirse incómodos con ser muy sinceros acerca de lo que quieren, pero aun así anhelan claridad. Antes de que tengas actividad sexual con esa persona, en el

momento en que las cosas vayan subiendo de color, repliégate y di: "Quiero que sepas que me acabo de hacer un examen de ITS la semana pasada y no estoy acostándome con nadie más".

Aunque ya hayas tenido sexo con esa persona, puedes compartirle información sobre salud y seguridad sexual, con la esperanza de que te responda: "Tampoco estoy teniendo sexo con nadie más" o "Gracias por compartirlo y, para ser transparente contigo, yo sigo saliendo con otras personas".

Lo primero y más importante es tu salud sexual, y cualquiera que te haga sentir rara o incómoda por compartir esa información es alguien con quien no vale la pena tener sexo. Segundo, es sano ser directos cuando tienes intimidad sexual. No es raro, ni tampoco significa que te estés extralimitando, cuando preguntas si esa persona está teniendo sexo con otros; si voy a tener sexo contigo, quiero saber que estés usando condones con otras parejas o cuál es tu actitud con respecto al sexo.

También quiero hacer una pausa y decirte que si TIENES una ITS no hay ningún estigma. Hay otras formas de preguntar si existe una complicación de salud que imposibilite la manera antes mencionada.

2. Haz todas las preguntas correctas sin hacer *la* pregunta. Intenta: "Por curiosidad, ¿qué estás buscando en este momento?" o "¿Qué buscabas cuando te suscribiste a Hinge?".

Esa persona podría decir: "¡Solo buscaba algo casual y todavía lo sigo queriendo!" (ahí tienes tu respuesta). Podría decir: "Estoy abierto a las posibilidades y me interesa encontrar a alguien para una relación, si llega la persona correcta".

Esto suscita que tú compartas lo que buscas o para que preguntes: "¿Nos ves avanzando en esa dirección?".

Otra forma de preguntar sin preguntar es: "¿En qué términos te refieres a mí cuando hablas con tus amigos?", cuando salen a relucir sus amistades. Intenta deducir si está diciendo "mi amiga X" o "la chica con la que he estado conversando" o "la persona con quien estoy saliendo".

3. Dile lo que buscas y observa su reacción. Por ejemplo, si dices algo como "quiero decirte que de verdad me ha encantado conocerte y me interesa seguir viendo cómo progresan las cosas", eso puede darle la oportunidad para responder: "Yo siento lo mismo".

Sé que no es fácil. No es sencillo permitirte empezar a enamorarte de alguien y luego enfrentarte con la realidad de que podría no estar correspondiéndote. No es fácil exponerte y luego encontrarte donde empezaste cuando pensabas que iban progresando. ¿Me permites recordarte algo?: nada fácil se convertirá jamás en algo maravilloso. Tenemos que esforzarnos por conseguir lo que queremos y cuando de verdad hacemos el intento, con un poco de suerte y un poco de esperanza, al final llegaremos ahí. Además, cuando conseguimos lo que queremos —cuando se siente que las cosas se acomodaron— es cuando dices "mi esfuerzo rindió frutos" y te relajas en tu sillón con una copa de vino, al lado de alguien que ama estar cerca de ti.

Es un trago amargo, pero sin tomar en cuenta si preguntas o no, la persona en cuestión conoce la respuesta, del mismo modo que tú conoces la tuya. Así que cuando no preguntas, solo estás a oscuras. Cuando reconocí que sin importar lo que dijera o dejara de decir, ni cómo lo dijera, la otra persona ya sabía la respuesta, me di cuenta de que no preguntar era una forma de lastimarme y perpetuaba el juego de la espera. Un juego que me parecía interminable y que contribuía a la ansiedad de salir con alguien.

Cuando le pregunté a Noah, tenía muy claro que pensábamos lo mismo. En nuestra segunda cita nos sentamos a la mesa de la cocina, tocándonos las rodillas. De la nada, anunció que no buscaba algo casual, pero que quería conocer a fondo a la otra persona. Nos acabábamos de conocer y no estaba infiriendo que necesariamente quisiera conocerme a *mí* a fondo. Después de cerca de seis citas y de la marca del primer mes, quería saber a dónde quería llegar. Yo sabía lo que quería. Quería que esto fuera diferente. Quería que fuera una situación que terminara pronto como para que se volviera solo una entrada de una línea en mi diario y no todo un capítulo, o bien que me pusiera en el asiento del conductor y tomara las riendas.

Así que lo hice y cuando respondió que sentía lo mismo y que de verdad también le interesaba ver a dónde nos llevaba, para luego inclinarse a darme un beso mientras sonaba de fondo una película de Pixar, no pude creer lo fácil que había resultado ser clara con la persona correcta.

Cuando te propones ser directa de manera delicada —sin confrontación ni acusación— la otra persona te corresponderá. Aunque los sentimientos que exprese no sean los mismos, va a seguir el tono de la conversación que tú estableciste.

Por esa razón, siempre tenemos que prepararnos para aceptar su respuesta, sea o no la que esperamos. No te sugiero que fomentes la charla esperando que el resultado sea horrible, sobre todo si has estado observando la relación con realismo; en ese caso, probablemente saldrá a tu favor. Insinúo que cuando preguntes —cuando tengas el suficiente valor— te esperan muchas respuestas posibles.

Algunas pueden ser las respuestas que quieres oír, otras podrían no serlo, pero al final, ninguna respuesta es desfavorable. Puede ser que el universo te esté diciendo: "Este es el lugar donde necesitas estar ahora", o bien: "Aquí no es, busca en otro lado".

La respuesta de esa persona, sin importar la que sea, está fuera de tu control. Lo que sí está bajo tu control es cómo reaccionas y lo que hagas cuando salgas por la puerta, si eso es lo que decides. Solo cuentas con tus sentimientos y estos son importantes, generosos y buenos. Son reales, válidos y te dicen la verdad. No lo olvides.

Nuestros cerebros están tan expuestos a la idea de que no estaremos bien solas que con frecuencia terminamos saliendo con una persona con la esperanza de que nos escoja, en lugar de salir para escoger o solo para ver qué sucede después. Cuando salimos con alguien para que nos escoja, abordamos las citas a expensas de su decisión y agradecidas si nos elige. Nos tratamos como un número de lotería y no como individuos. Te entiendo, porque se siente bien que te elijan. Se siente bien que alguien diga: "Quiero estar contigo más que con otra persona". Se siente bien ser especial para alguien. Se siente bien ser la mejor amiga o la primera persona a la que alguien recurre cuando necesita un par de ojos al otro lado de la mesa o una voz al otro lado del teléfono.

Pero podemos sobrevivir solas. De hecho, estar a solas y el estado de estar solos es nuestra referencia. Es lo que tuvimos en el instante en que llegamos aquí y lo que nos llevaremos. Nuestra labor es encontrarnos cómodas en la soledad.

He estado esperando una y otra vez que la demás gente se me acerque, cuando puedo largarme, echarme un poco de agua en la cara, ponerme mi camiseta de Snoop Dog y buscar a otras personas. Me clasifiqué como alguien que esperaba que los demás tomaran las decisiones, que esperaba a que los otros actuaran, que esperaba el mensaje de texto de alguien más para hacer planes y que esperaba un Snapchat de un tipo para sentirme bien conmigo misma. Siempre me he considerado motivada, independiente, conversadora y sincera, pero no me estaba poniendo a la altura de mis propias expectativas como yo quería.

Me metí a una sala de espera perpetua, cerré la puerta y perdí la llave a propósito, con la esperanza de que alguien la hallara.

Te lo juro, cuando te encuentres en ese lugar, todo va a tener mucho más sentido. Cuando descubrí por primera vez ese lugar, me sentí como Dorothy cuando se acercaba a Oz. Necesité lentes que me protegieran los ojos. Nunca había visto nada tan brillante y quedé encantada con el hecho de que mis historias de amor y etapas de charla no hayan funcionado con tanta gente. En quince segundos me di cuenta de por qué todo lo demás no había funcionado. Estoy tan feliz de que todo se haya desmoronado y agradezco que todo se derrumbara, porque ahora sé qué me espera a la vuelta de la esquina: aguardar a que ambos nos enamoremos. Al fin, cada "no" anterior tenía sentido.

Cuando estamos tratando de expresarle a alguien cómo nos sentimos, cuando estamos pidiendo lo que queremos, cuando expresamos nuestras necesidades y deseos fundamentales, el primer paso es creer que te mereces cosas buenas.

El segundo paso es salir sola de la sala de espera y subirte al tren. Estar en tránsito es ir hacia delante y, al mismo tiempo, alejarte. El impulso es ir al frente. Todos necesitamos eso. Todo este tiempo, el tren te ha estado esperando en la estación y tu único trabajo es subirte cuando llegue el momento de hacerlo e irte.

Si quieres mandarle un mensaje, hazlo. Si quieres empeñarte en conseguirlo, entonces hazlo. Sal de tu propia sala de espera.

Cuando no sabemos cuál va a ser la respuesta, nos sentimos fuera de control. Pero no supongas la respuesta antes de preguntar. No pienses de manera obsesiva en cada resultado posible y decide cuál es el más probable antes de que siquiera preguntes.

En esencia, quiero que cuentes hasta tres y luego digas lo que sientes.

3, 2, 1. (No olvides respirar). *Me gustas mucho y quiero estar contigo.*

Así de fácil.

REGLAS PARA EL SEXO

1. Decidan y establezcan el estado de ánimo por anticipado. ¿Será lento? ¿Será salvaje? ¿Van a experimentar?
2. Exprésate.
3. Coge como los hombres. Si tu pareja va a pedirte lo que quiere, tú también deberías.
4. LA COMUNICACIÓN-ES-SEXY.
5. Rocíate PERFUME en las CADERAS.
6. Los hoteles son lo máximo para volverlo más emocionante.
7. Las regaderas pueden tener resultados azarosos, piénsalo bien.
8. Utiliza el "manipulador de hombres 9000".
9. Planea el resto de la noche para que no se queden sentados viéndose luego de terminar.
10. Come después. Punto.
11. Juguetes. Me refiero a los vibradores.
12. NO es una palabra muy poderosa.
13. Tu lencería es tu poder. No es para ellos, sino para TI y para tu confianza.
14. Haz una playlist sexual con tus amigos para que todos hagan propuestas.
15. Primero ve al baño y luego empieza con los arrumacos.

Como interludio para este capítulo, quiero aclarar que mi experiencia personal es la de una mujer cisgénero y heterosexual que tiene relaciones con hombres cisgénero. Mi lenguaje coloquial y mis experiencias reflejan mi identidad. Dicho esto, mi propósito es ser tan incluyente como sea posible cuando hablo del sexo y del género, recordando que el punto de referencia no es lo heterosexual cisgénero y que mis experiencias son solo las de una persona.

Perder mi virginidad fue la cosa más decepcionante que me haya sucedido estando desnuda. Era diciembre de 2015 y estaba con mi novio del bachillerato. Nunca habíamos tenido la etiqueta de novios y cortamos antes del baile de graduación, pero alguien me dijo que cuando hablaba de mí en la universidad se refería a su "exnovia", así que decidí aceptar el título que nunca tuvimos de manera formal en nuestra relación.

El día que sucedió estaba tan nerviosa que recuerdo haber intentado evitar que me temblaran las manos de camino y mis palmas sudorosas se aferraban al volante del Jeep Wrangler blanco cuando me estacionaba. No estábamos enamorados. Fingimos ver *That '70s Show*. Me hizo sentir cómoda y nunca me presionó para hacer nada. Me preguntó mil veces si estaba de acuerdo, lo cual le agradecí. Estoy muy segura de que perdí mi virginidad mientras lo montaba... al estilo *Lady Bird*... muy *ad hoc* con mi futura carrera de escritora sobre citas y sexo. No sé quién diablos pierde la virginidad a la vaquera, pero añádeme a la lista.

Estábamos en un sillón del sótano, forrado con tela de cuadros escoceses deslavada. No me hagas caso, era un reclinable y estoy muy segura de que todo el tiempo pudimos escuchar los pasos de sus papás en la cocina arriba de nosotros.

Cuando acabamos, lo obligué a llenar el condón con agua para asegurarme de que no estaba roto. Me fui a mi casa con el suéter al revés. Estaba tan paranoica al día siguiente que manejé a cuatro pueblos de distancia, fui a una farmacia y me tomé la pastilla del día siguiente en el estacionamiento, mientras todo el tiempo sonaba a todo volumen la grabación original de *Evita*, lo cual, en retrospectiva, es probable que sea un indicio de que no estaba lista para tener relaciones sexuales en absoluto si pensaba que un condón, además de usar el método de coito interrumpido, requiriera del uso adicional de la pastilla del día siguiente.

Mi incursión en el sexo no fue romántica ni *especial*. Fue simple, cómoda y tranquila, lo cual es, para ser franca, la forma exacta en que querría que fuera si pudiera volverlo a hacer. No lo lamento ni un instante y nunca lo he hecho.

Estoy segura de que, en ese sentido, soy de las afortunadas.

La expectativa de una primera vez termina lastimándonos cuando no cumplimos con los elevados estándares que anhelamos. En los cuentos de hadas, las comedias románticas y los libros eróticos que lees en la playa, perder la virginidad es todo un espectáculo apasionado, enloquecido e iluminado por la luna: él tiene abdomen de lavadero, tu pelo se ve perfectamente sedoso, ambos se vienen al mismo tiempo y luego se quedan tirados en el suelo. Después dices algo melodramático como: “Fue perfecto, te amo”. Entonces te pide que te cases con él, a pesar de que tiene deudas en su tarjeta de crédito como el resto del mundo y seis personas con las que comparte un departamento, pero nos obstinamos con la idea de que perder la virginidad puede ser así de impecable. Nos aferramos a la virginidad como un concepto tangible: algo que tiene que ser “especial”, en lugar del tropo heteronormativo que es en realidad. Por supuesto, puedes hacer planes para perder tu virginidad en una situación íntima, dulce, segura y cómoda, pero la esperanza de encontrar la perfección es una receta para decepcionarte.

Yo quería que, en mi caso, fuera normal, seguro y tranquilo. No necesitaba que fuera especial porque supuse que tendría un montón de relaciones especiales en mi vida; solo quería salir de la primera vez. Como cuando le quité las rueditas a mi primera bici en la entrada del estacionamiento en mi casa de la infancia, estaba segura de que me tropezaría y quizá me caería. ¿Cómo pueden esperar que no te pase? Nunca lo has hecho. En la fantasía, ambos terminamos al mismo tiempo y mi maquillaje sigue pulcro. En realidad, es un sillón de cuadros, el "¿te sientes bien?", regresar a tu casa, un poco de dolor. A veces tienes que esforzarte por conseguir los fuegos artificiales. Me alegro de haberlo hecho.

Después de mi primera vez, les conté a dos amigas y las hice jurar con las manos sobre sus solicitudes a la universidad que no le contarían a nadie. Por el contrario, él le contó a todo el equipo de beisbol y luego alguien entró al YikYak y escribió algo parecido a "Tony le dio el primer batazo a Rallo". Si no sabes, YikYak era una plataforma de redes sociales anónimas estilo Twitter que circuló por mi bachillerato durante un breve periodo de tres días en el invierno de 2016. Le pedí a Tony que bajaran la publicación, pero, como es obvio, nuestra trabajadora social de la escuela pública lo vio antes de que pudiera hacerlo y me llamaron a la oficina para preguntarme si sufrí abuso físico o si alguien me había golpeado.

Imagina que eres yo y que tratas de explicarles al vicedirector y a la trabajadora social que el YikYak no significaba que me hubieran dado un batazo real, sino que "batazo" era una indirecta sexual.

Felicidades por perder tu virginidad, brindo por ti, ahora está por todo internet y tienes que explicárselo a un tipo calvo de cuarenta años que trae un portapapeles y cara de pocos amigos.

Tony fue la primera y única persona con la que tuve sexo antes de ir a la universidad.

❦

Aprendí del sexo en tres fuentes: el catecismo, la clase de salud y mis papás.

El primero, que se llamaba CDC, o Confraternidad de la Doctrina Cristiana, es un curso de educación religiosa católica que inició en 1562 y que se creó con la intención de educar a los niños en el catolicismo.

Esta es una rápida explicación de la historia religiosa de mi familia: mi mamá se crio católica. Mi padre es mitad judío (por el lado materno) y mitad católico (por el paterno). Mis resultados de *23andMe* dicen que soy veintisiete por ciento judía, pero luego de que mi abuela murió de cáncer mamario cuando mi papá estaba en la universidad, él se distanció de cualquier cosa que se la recordara, incluyendo el judaísmo. Así que pasé mis primeros trece años como católica y luego mis hermanos y yo decidimos que no nos sentíamos muy conectados con esa religión. Aun así ahora celebramos Navidad, y yo todos los días me pregunto si creo o no creo en Dios.

Tenía malos antecedentes en la CDC, empezando con el juramento de castidad que me obligaron a firmar cuando estaba en quinto grado. A los once años, me indicaron que tenía que escribir un juramento ante Dios en un papelito afirmando que esperaría hasta el matrimonio y que después lo depositara en una caja roja al frente del salón. Estoy noventa y nueve por ciento segura de que la caja era solo una caja de zapatos reutilizada, pero nos convencieron de que nuestros juramentos le llegarían directo a Dios. Al estilo católico clásico, me hicieron creer mediante la culpa que el mensaje iría de mi mano a la caja de zapatos y luego directo hasta los oídos de Dios.

Así que ahí estaba yo, a los once años, sentada frente a mi papelito y con la conciencia suficiente como para saber que era probable que no esperara hasta el matrimonio, y también que me sentía culpable de mentirle a Dios. Así que tomé mi papelito y escribí: "Trataré de esperar hasta la universidad" y firmé con mi nombre. Genial.

Primero que nada: *girl boss*. Segundo: nunca firmes con tu nombre en algo sin negociar primero tus términos.

Ahora sé que, en definitiva, esos papeles no le llegaron a Dios y me encantaría saber qué pensó mi maestra en CDC cuando leyó el mío.

Para ser justa, intenté esperar hasta la universidad, pero no pasó. Y el fracaso es un paso integral en el camino al éxito. Si voy a ir al infierno (y si acaso existe) por tener sexo premarital, la mayoría de mis personas favoritas se reunirá ahí conmigo, así que no debería ser tan malo.

En segundo de secundaria, los mismos maestros de CDC nos enseñaron fotos gráficas de ITS para asustarnos de tener sexo al estilo de *Mean Girls*. En primer lugar, esto perpetúa un estigma dañino acerca de las ITS. Segundo, no funciona. Los adolescentes van a tener sexo, por más que intenten asustarlos con ITS. Y tercero, un enfoque apropiado sería una conversación sobre el sexo seguro para disminuir el riesgo de contraer una enfermedad o educarnos sobre cómo se pueden tratar. Estaba segura de que la clamidia mataría a una zorra y no que podía curarse con una sola pastilla. Cuando la mitad de mis amigas contrajeron clamidia en la universidad fue más fácil de tratar que cuando todas nos enfermamos de norovirus y pasamos una semana vomitando.

La segunda forma en que aprendí sobre sexo fue gracias al sistema de educación pública de Nueva Jersey que exigía cursos de educación sexual en las escuelas secundarias y preparatorias, y que de hecho fueron muy informativos en lo que se refería al uso de protección, el embarazo, la anatomía, los ciclos menstruales y las ITS. Estoy más que agradecida de haber recibido tan buena educación sobre el sexo desde un punto de vista biológico, porque sé que muchas personas no tienen los mismos privilegios. (Le expliqué el concepto mismo de ovulación a Luke a la madura edad de diecinueve años).

La tercera forma en que aprendí sobre sexo fue a través de mi mamá, que me leyó el tristemente célebre libro de American Girl, *The Care and Keeping of You* y *Where Do Babies Come From?*, cuando estaba en secundaria.

Lamenté informarle que mi amiga más precoz ya me había enseñado sobre sexo con chistes obscenos acerca de una serpiente y un jardín un día en que estábamos comiendo.

Me sentía muy bien instruida sobre el tema del sexo desde el punto de vista de la procreación gracias a esas fuentes, pero nunca se cubrieron unos cuantos puntos importantes: cómo hablar de sexo, cómo tener sexo por placer, cualquier información sobre el sexo cisgénero no heterosexual, cómo decir que no, cómo expresarte en la cama y cómo sería la cultura de los acostones en mi vida de joven adulta. Nadie me enseñó cómo disfrutar del sexo.

En cambio, la cultura y los medios estaban dándoles lecciones a mis compañeros sobre cómo disfrutar del sexo y ellos hablaban del tema, pero yo me quedé a oscuras.

Nadie me dijo que así es como se dice: "Por favor, hazme sexo oral más seguido". Nadie me enseñó que el sexo tiene que ver más con otra cosa que lograr que el hombre alcance el orgasmo. Nadie me enseñó que tenía permitido disfrutar del sexo y no sentirme apenada o avergonzada. Nadie me dijo que tenía permitido tener mi propia definición de la palabra *sexo*. Nadie me dijo que estaba en el asiento del conductor y que había cosas que me darían miedo, que habría partes que podría odiar y que no tenía que sentirme avergonzada de subir las nalgas para cosas que en realidad me encantaban.

No fue culpa de nadie que nunca aprendiera sobre esas cosas. Vivimos en una sociedad que ve la sexualidad desde una perspectiva heteronormativa, para lograr que el hombre tenga un orgasmo, no para que la mujer alcance el orgasmo o sienta placer, y no hay nada en absoluto para alguien más que no sean los individuos cisgénero y heterosexuales. Si nos remontamos a los tiempos de Daphne Bridgerton, las mujeres no podían tener relaciones sexuales antes del matrimonio y ni siquiera HABLAR del sexo antes de casarse, o se les consideraría sucias e impuras, y su padre tendría dificultades para transferirle su "propiedad" a un pretendiente que probablemente había tenido sexo con la mitad de las mujeres inmorales de su ciudad. En consecuencia, en muchas culturas y religiones, las mujeres no reciben educación sexual hasta el día de su boda, cuando se espera que cedan sus cuerpos a sus parejas con el propósito de la procreación.

Desde este punto de vista, el sexo es algo que provoca miedo, que es desconocido y que induce ansiedad.

Aunque recibí educación sobre el sexo desde una perspectiva biológica, nunca me enseñaron cómo podía formar mi propia relación con la intimidad. Nadie me entregó nunca un vibrador, me enseñó sobre el placer o me instruyó a sentir confianza en mi sexualidad.

Nadie me enseñó jamás cómo sentirme sexy. Nunca sentí que tuviera permiso.

Cuando llegué a la universidad y la primera vez que salí con mis compañeras de sororidad, todas mis nuevas hermanas estaban hablando del sexo que habían estado teniendo con hombres mayores y todas las locuras que hicieron en la semana de bienvenida. Nunca había tenido buen sexo y no estaba segura de que existiera. Pensé que todas fingíamos que era divertido y cachondo. El secreto mejor guardado del mundo. Apenas había besado en sótanos a chicos sudorosos y me di cuenta de lo atrasada que parecía estar en el mundo del sexo. Solo había tenido relaciones con Tony —el novio de bachillerato que ya mencioné— cinco veces en total. Ahora salía con Ezra, el alumno de segundo año en la universidad al que le dije que tenía que esperar a que pasara la semana de reclutamiento en las sororidades para tener sexo, porque me preocupaba que me pusieran en la lista negra por acostarme con un chico mayor. Eso era mentira, pero fue un buen modo para hacer tiempo. Estaba tan ansiosa sobre tener relaciones que mentí para salir del paso, creyendo que sería raro contarle lo que sentía. Desearía haberle dicho la verdad: que era inexperta, estaba nerviosa y ni siquiera me gustaba el sexo.

Cuando al fin sucedió en la cama de una litera en un dormitorio (qué romántico, ya sé) me sentí jodidamente aterrorizada. Recuerdo haberme sentado en mi cama mientras Ezra iba en camino, rociándome con un perfume de Bethany Hamilton de Billabong, tomando sorbitos de agua y haciendo respiraciones superficiales y controladas.

Se dio cuenta de que era muy inexperta. Usamos una marca de condones llamada Shabari y nunca olvidaré cómo olía ese tipo específico de látex. Sin embargo, fue lo suficientemente lindo conmigo durante el encuentro y después de unas cuantas veces más con él, me sentí más confiada. El sexo *sí* es como andar en bicicleta. Cuando le tomas el modo unas cuantas veces, puedes recorrer la calle como toda una profesional y nunca olvidarás esos movimientos.

Pero la confianza que sentí con él en la cama provenía de la forma en que se sentía darle placer. La confianza derivaba de su afirmación: las muchas veces que me dijo que era sexy, sus gemidos específicos y cuando me decía que lo estaba haciendo sentir bien. Estaba desesperada por complacerlo, por tener la afirmación que me dio para llenar mi tanque de gasolina. Mi combustible era Svedka azul de frambuesa y cereal, junto con su afirmación entre las sábanas.

Me sentía asquerosa o fea, a menos de que le diera placer a él. No me atreví a preguntarle cómo se sentía él de regresarme el favor. Hubiera preferido estallar en llamas. En ocasiones me preguntaba qué me gustaba o qué me hacía sentir bien, pero por más que buscaba cómo decirlo, no podía lograr que salieran las palabras o la voz para comunicarlo. Seguí convencida de que a las mujeres les gustaba el sexo por el breve subidón que obtenemos de la afirmación, lo cual nos sostiene hasta la próxima vez. Seguía confundida sobre cómo sería en realidad el sexo para alguien más que no fuera un hombre heterosexual y cisgénero.

❤

Hay muchas cosas de las que los hombres pueden hablar y hacerlas parecer cool, pero cuando las mujeres hablan de ellas, se les considera sucias o poco refinadas. Uno de los principales ejemplos sería el placer femenino en la cama, la masturbación y el sexo en general. No me resultaba normal ni cómodo hablar con mis amigas sobre el sexo, los orgasmos o la masturbación porque mi educación se basó en la falta de apertura de las mujeres que me rodeaban y que me decían que era vergonzoso. Si no podía hablar de ello con mis amigas, tampoco me resultaba cómodo hacerlo en la cama.

La primera vez que mis amigas sacaron a relucir los vibradores, estábamos sentadas en nuestro sillón viendo *Love Island* y tomando vino blanco corriente. Estaba en mi primer año de la universidad. Unas cuantas tenían, otras no. Nadie había usado uno durante el sexo, o siquiera consideró hacerlo. La mayoría era soltera, excepto yo, que estaba saliendo con Luke, a quien con frecuencia tenía que rogarle para que tuviéramos relaciones. Él me dijo que el sexo no le parecía especial si lo hacíamos más de una vez a la semana o cada diez días. Teníamos una libido muy diferente y me di cuenta de que cuando el sexo se podía usar para recibir validación, como me sucedía con Ezra, se convertía en una transacción que odiaba. Después de probar las aguas y meter un dedo en la alberca de los acostones casuales, me di cuenta de que esa cultura tampoco me funcionaba.

Parecía que a todos los veinteañeros que vivían en Michigan les *encantaba* el sexo casual. Parecía que también me tenía que gustar y, cuando no fue así, cuando me sentía vacía y molesta, supuse que debía haber algo mal conmigo. Pero la verdad es que, en la mayoría de los casos, todos sabemos que el sexo casual es una cosa muy diferente del sexo con una pareja amorosa o con alguien con quien tienes una relación. Y esa diferencia puede ser buena, pero también puede ser mala. De ti depende decidir qué te gusta y qué no; lo que te hace sentir bien y lo que no.

En la universidad, rodeada de gente que parecía gozar del sexo casual, me sentía un caso atípico. Me sentía rara, mal o diferente por estar en contra del sexo casual cuando parecía que a los demás les encantaba ese tipo de aventuras de una noche.

Para mí, en los ambientes de sexo casual, era difícil sentirme cómoda; la falta general de comunicación y transparencia me hacía sentir más fuera de control de lo que ya me sentía. Antes de que alguien literalmente meta su cuerpo en el mío, quiero saber quién es y qué busca, o por lo menos su apellido. Antes de quitarme los calzones, quiero saber si querrá acurrucarse conmigo o pedirme que me quede porque no quisiera hacer ninguna de las dos cosas. REGLA 1 Casi necesito que se redacte una constitución para el coito antes de siquiera considerar sentarme a su lado en su cama. Pero nunca sentí que podía expresarme del todo en voz alta como para decirlo. Nunca sentí que tuviera permiso de hablar. Sin embargo, por ensayo y error aprendí que, en mi caso, el sexo está relacionado de manera indivisible con la emoción. La intimidad es esencial para mí y cuando el sexo carece de intimidad, a menudo me quedo buscando el aspecto emocional después de que terminó; y cuando me doy cuenta de que no existe, me quedo con un sentimiento de vacío en lo profundo del vientre. Empezar a percatarme de lo que no quiero para nada me alentó a descubrir lo que sí quiero. Quiero aclarar que si el sexo casual es algo que te gusta a TI, está genial. Ningún fetiche, deseo o preferencia son superiores en ningún sentido a otros.

Con el tiempo, llegué a la conclusión de que no existe un guion sobre cómo tener sexo o cuándo hacerlo o por qué hacerlo. Puedo decidir la cantidad, la frecuencia en que lo hago y con quién. Solo porque a mi amiga le encante el sexo casual, y tenga la confianza de pedirle a un chico que acaba de conocer que le dé placer, eso no significa que también tenga que gustarme a mí.

A algunas personas les gusta la leche de almendras en su café, otras prefieren leche de avena. Todos tenemos nuestras preferencias y tienen el mismo valor.

No alcancé ningún tipo de satisfacción durante el sexo hasta los veinte años y, para ese momento, había tenido dos novios serios a largo plazo.

Con la edad y la madurez llega la conciencia de que no es masculino ni cool decir que es asqueroso hacerle sexo oral a una mujer o que el sexo no es divertido cuando es una transacción unilateral. Y en serio, dónde diablos está la publicación en LinkedIn que diga que me enorgullece admitir que tuve un orgasmo por primera vez en mi vida.

Sin embargo, me hubiera gustado sentirme cómoda pidiendo lo que quería por mí misma, en lugar de dejárselo a una pareja en la que confiaba. REGLA 2 Desearía haberme expresado verbalmente sin que alguien me preguntara qué me gustaba, qué se sentía bien o solo comunicarme para que el sexo pudiera ser mejor para los dos.

Quiero que encuentres la valentía y confianza por tu cuenta, y no se las confíes a otra persona. Sí quiero darle las gracias a Nate, la mano que me llevó a la entrada de la tierra prometida. Nate y yo planeamos la primera vez que tuvimos sexo. Nos habíamos estado sexteando por algún tiempo y yo era buena para hacerlo (sigo siéndolo) porque se me dan las palabras. Mi truco favorito es: pon el balón en su cancha y dile "Cuéntame a detalle todo lo que me vas a hacer la próxima vez que te vea" (siempre funciona).

Pero en persona no podía presentarme con ese nivel de cachondez. En lugar de ello, era tímida y coqueta. Evadía.

Cuando me preguntaban qué me gustaría o qué quería, decía: "No sé" o "¿Qué se te antoja a *ti*?".

Esto no se trata de la mirada masculina, sino de que te vuelvas visible en la cama, que obtengas lo que necesitas. Y yo no me hacía visible. Me presentaba dispuesta a darle a alguien más lo que creía que sería el mejor momento de su vida, sin pedir nada a cambio. Ni un recuerdo del viaje, ni un premio de consolación: nada.

Algunas personas en esta vida son avaras. Toman y toman y toman sin dar nada a cambio. Otras personas son desprendidas y tienden a olvidarse de sí mismas.

Las mejores son aquellas que logran el equilibrio perfecto.

Nate era una de esas personas.

La primera vez que tuvimos sexo fue en su recámara en Bushwick, justo debajo del traqueteo del tren J a mediados de junio.

Su cuarto estaba meticulosamente limpio y me burlé de él porque solo tenía en su librero ejemplares escritos por hombres; entonces me prometió que haría un mejor esfuerzo. Puso música suave tipo folk en una pequeña bocina que parecía una píldora. La habitación estaba muy calurosa y solo tenía un pequeño ventilador, sin aire acondicionado. Encendió una vela y apagó todas las luces.

—¿Qué quieres? —me dijo al oído y me quedé sin palabras. No solo nunca había dicho lo que quería, ni siquiera después de dos relaciones distintas, sino que jamás me lo habían preguntado antes de empezar.

Mi silencio fue agobiante y produjo un bajón.

—¿Qué quieres? —susurró de nuevo, esta vez con premura.

—Lo que tú quieras —respondí y lo besé, tratando de distraerlo, de desviar la atención, cualquier cosa para evitar responder la pregunta que volvió a decir al besarme.

—No —murmuró con gentileza, echándose hacia atrás—. ¿Qué quieres tú?

Para desviar de nuevo, contesté.

—Esto, esto me gusta.

Se dio cuenta de que no podría lograr que le respondiera en ese momento y cada vez que me hacía otra pregunta, yo ponía la mano en un nuevo lugar, intentando ser sexy para que se distrajera y no se percatara de mi falta de respuesta. Acabamos teniendo sexo y fue bueno. Escribí un poema al respecto. Fue así de bueno. Fue un poco pegajoso y sudoroso, lento y dulce.

Fue la primera vez que tuve relaciones satisfactorias en mi vida, pero no por lo que me dio, sino por cómo me vio: todo lo que soy bajo el resplandor de una vela que olía como el exterior.

Acostados juntos sobre el edredón cuando terminamos, admitió que yo era la segunda persona con la que había tenido relaciones en su vida. Me sorprendió porque Nate es el tipo de persona sobre la que la gente escribe libros.

—¿Qué tipo de cosas te gustan en el sexo? —dijo, cambiando la conversación.

—Para ser sincera, la verdad no sé —respondí y rogué que no pudiera distinguir mis mejillas sonrojadas en la tenue luz. Si lo hizo, no dijo nada.

—Entonces tendremos que averiguarlo —contestó y me besó.

Nate hizo su mejor esfuerzo por averiguarlo. Poco a poco me hizo abrirme, quizá solo lo suficiente como para meter una carta sellada por la puerta, pero no más. No se lo permitiría. Tenía demasiado miedo de mi propia energía sexual, sentía mucha vergüenza de la intimidad, la sexualidad y el placer. Sin importar con cuánta desesperación intentara que fuera sincera, apenas le di entrada.

La vergüenza tiene el propósito de coincidir con acciones que son incorrectas o impropias. El placer no es ni incorrecto ni impropio, pero seguí sumida en la vergüenza hasta que me permití explorar. La gente explora el placer de maneras diferentes. Todos tenemos nuestros métodos para encontrar nuestros fetiches o lo que nos gusta o lo que nos excitaría. El foco que se encendió primero en mi cuarto oscuro fue escuchar que las demás mujeres hablaban con libertad del sexo. Escuchar a Alex Cooper en *Call Her Daddy* cuando habló sin tapujos sobre su propia vida sexual —y recibió elogios por ello— me hizo darme cuenta de que tenía permitido hablar del tema. A partir de ahí, lo que más me ayudó fue oír y prestar atención a la conversación de otras mujeres sobre vaginas, placer, estimulación del clítoris y vibradores. Y también me sirvió muchísimo escuchar a una multitud de personas que se identificaban de maneras diferentes hablar de su conexión con la intimidad, el género, sus cuerpos y el sexo. Lo hice mediante los libros que leí bajo la luz de una lamparita, los pódcast que escuché con mis amigas mientras desayunábamos en la mañana en nuestro departamento del primer año, y por las influencias positivas: mujeres a las que consideraba intrépidas por sentirse lo suficientemente cómodas como para hablar de sexo.

Con el tiempo llegué a aprender que a muchos hombres cisgénero les gusta hacerle sexo oral a sus parejas y que los buenos también se centran en la comunicación en la recámara. Aunque me llevó cinco libros de autoayuda, terapia y un par de acostones borracha REGLA 3 al fin me di cuenta de que las mujeres pueden, y deberían, tener relaciones sexuales como los hombres.

Deberíamos pedir lo que queremos como lo hacen ellos. Deberíamos hacer modificaciones cuando algo no se siente bien o puede sentirse mejor. Deberíamos expresarnos cuando no estamos de ánimo o, por el contrario, cuando sí lo estamos. Todos podemos y deberíamos ser considerados iguales. Esta no es una transacción entre dos personas. Es una creación de energía. Una práctica compartida. Un momento en el tiempo. Lo que quieras.

A lo largo de mi vida había sido frecuente que sintiera que me robaban la voz o me silenciaban en nombre de los buenos modales, en tanto que a los hombres se les alienta a ser dominantes y verbalizar lo que quieren. Pero ¿qué pasaría si recuperaba el dominio y la capacidad de expresarme? ¿Qué pasaría si le pidiera que me hiciera sexo oral, que moviera su mano o que añadiera el uso de un vibrador con la misma facilidad que él hace sugerencias y recomendaciones durante el sexo?

REGLA 4 La comunicación es difícil, pero es normal, y es una necesidad absoluta. Si un hombre puede pedirme que intentemos una posición, que le haga sexo oral o que mueva la mano, yo puedo hacer lo mismo.

El primer paso nunca debería haber sido quedarme callada y ser cómplice. Debería haber sido averiguar lo que me resulta sexy. Cuáles son las cosas que me excitan en sentido sexual y no sexual. Cuál es mi narrativa sexual. Cómo complacerme sola.

El segundo paso debería haber sido percatarme de cuándo me sentía sexy. Encontrar maneras de afirmar mi naturaleza sexual. Llegar al centro y al corazón de lo que me hace sentir segura en términos sexuales.

Sin embargo, en lugar de ello di el primer paso equivocado: tener sexo para obtener validación y satisfacción masculina, y luego el paso dos: avergonzarme de hablar, o siquiera pensar, en el placer relacionado conmigo misma, así que lo ignoraba.

Ahora, cuando me preparo para tener intimidad con alguien, doy los pasos necesarios para sentirme bien al respecto. Pienso en ello de manera intencional: *¿quiero hacer esto o pienso que alguien más quiere que haga esto? ¿Estoy haciéndolo para obtener validación o trato de convencerme a mí misma o a alguien más sobre algo?*

Me pongo mi crema corporal favorita y me doy un regaderazo que me hace sentir sensual. Si creo que soy sexy, tengo la apertura para reconocer que merezco experimentar placer. REGLA 5 Me pongo una gotita de perfume detrás de las orejas y en las caderas. Comunico lo que necesito y también pregunto qué les gustaría. Ponemos música y atenuamos las luces, además de asegurarnos de que la situación se sienta muy segura, deliciosa y seductora.

REGLA 6 Me enfoco en los entornos y ambientes donde el sexo se siente más satisfactorio y seguro (porque eso es lo más importante), en el ambiente más empoderador y excitante —para mí, los cuartos de hotel me excitan de inmediato y siempre animan la situación—. REGLA 7 A veces es un regaderazo íntimo antes o después (no me refiero necesariamente a tener sexo en la regadera porque, en términos logísticos y, para ser sincera, en general es una pesadilla, sino solo un preámbulo o conclusión íntimos).

REGLA 8 Conozco las posiciones que me gustan. Mi favorita es una que me gusta llamar el "manipulador de hombres 9000", que es en esencia de perrito, pero la persona de abajo se recuesta boca abajo, en lugar de estar en cuatro patas. REGLA 9 Desde el inicio me gusta planear el resto de la noche antes de tener intimidad, de modo que tengamos un plan de ver algo, acurrucarnos o REGLA 10 pedir comida después (porque siempre deberían alimentarte). Sé que a veces hablar ha sido difícil, y expresarme en la cama también lo ha sido, pero la pareja correcta me hará sentir cómoda. Me empoderará hablar en voz alta, usar mi voz. Practico cómo se siente decir lo que necesito.

Y como tengo mis pequeños rituales, he llegado a un punto en que el sexo puede ser más espontáneo. Donde podemos estar viendo *Víctimas especiales* en cama, con nuestros hombros tocándose, y sentir algo que es como una luz verde en el semáforo y simplemente girarnos uno hacia el otro, mirándonos a los ojos.

Puede ser doce minutos antes de la hora de desocupar el cuarto, cuando terminamos de empacar nuestras maletas y nos damos cuenta de que tenemos unos minutos antes de llamar al Uber para que nos lleve al aeropuerto. Soy consciente de mis límites. De lo que me excita o no. Me comunico con mis parejas antes de tener relaciones y nos consultamos después o mientras desayunamos o cuando algo no se siente bien.

Puede ser en la regadera, en la alberca cuando estamos de vacaciones o en la mañana. No tiene que planearse en forma meticulosa, pero también puede serlo, y eso también es fantástico. Puede ser un poco de ambos; decirnos "hagamos el amor el viernes en la noche" y también dejar que nos arranquemos la ropa justo en ese preciso momento.

Estar en contacto con mi propio cuerpo y romper las puertas de hierro alrededor de mi placer, hacerme sentir muy sexy, abrió las compuertas… en sentido literal y figurativo.

No fue hasta que salí con Noah, quien propuso el uso de un vibrador en la cama, que yo pensé… *Ah, okey*. Literalmente pude haberlo pedido. La idea se me pudo haber ocurrido a mí y él hubiera dicho que sí. En caso de que dijera que no, entonces no querría estar con él para nada. No tenía que esperar a que me diera permiso, porque mi propio permiso vale lo mismo. Desearía haberlo sabido y, para ser franca, hubiera sido muy extraño pedir algo muy normal —placer y estimulación previa— y que él se negara.

Por supuesto, usar el vibrador fue incómodo al principio porque no estaba familiarizada con centrarme en mi placer. Pero si iba a centrarme con tanto cuidado en el placer masculino, era justo que también se centrara en el mío. Si tu pareja se siente amenazada de tener a un compañero de equipo para ayudarle a centrarse en tu placer, necesita una pequeña lección sobre la brecha del orgasmo, o quizá leer este capítulo.

REGLA 11 El uso del vibrador en la cama, y también tener parejas sexuales que consideran que mi placer tiene la misma importancia que el suyo, fue el momento en que de verdad empecé a disfrutar del sexo y a definirlo a mi propio modo.

Hay un montón de cosas que quisiera haber sabido cuando tenía veinte años. Necesitaba que alguien me dijera que REGLA 12 tenía permitido decir que no. Que la palabra *no* es poderosa. Que debería practicar decirlo en voz alta, despacio y con seguridad. A todo el mundo se le olvida mencionar que cuando alguien te pide sexo y tú no quieres, se vuelve muy difícil negarte, en especial si eres una mujer diciéndoselo a un hombre. Como mujeres, a menudo sentimos presión para acceder a situaciones porque pensamos que es más fácil. Porque nos da miedo decepcionar a alguien. O, peor aún, porque tememos la violencia y el maltrato físico si no les damos lo que nos piden. Tememos lo que puede suceder si decimos que no. Ahora, en ocasiones les enseñamos a las niñas cómo decir que no, pero luego no les enseñamos a los niños cómo pedir consentimiento, cómo reaccionar de manera respetuosa ante un no, cómo hacer sentir seguro a alguien. No tiene nada de malo no tener ganas en ese momento o nunca, y alguien que es normal y respetuoso (el estándar es tan bajo que está al nivel del infierno), te dirá "no te preocupes" cuando respondas que no. No existe nada peor que darte cuenta de que hiciste algo que no querías porque dar tu consentimiento fue de alguna manera más fácil que decir: "No quiero en este momento" —o solo "No"—. Desearía haber podido evitar esas situaciones. Recuerdo sentirme como un trapo sucio cada vez que dije que sí a una pareja o a un novio porque era más sencillo que decir un simple no. Recuerdo sentirme como si estuviera al fondo del canasto de la ropa sucia, olvidada cada vez que era día de lavado, cuando me obligaba a decir que sí cuando quería negarme, hacía cosas porque el "sí" parecía un poco más fácil que el "no", tuve sexo porque hubiera preferido terminar en eso que decepcionar a alguien. Cada vez sentí como si quisiera bañarme con agua hirviendo, lavar mis pecados, tirarlos por la tubería junto con mi perfume, olvidar la interacción, olvidar sus manos en mi cuerpo o el aroma de su pelo. Únicamente quería estar sola después de todo. El consentimiento es el componente más importante del sexo. *NO* es una palabra poderosa e importante.

Además, después me odiaba a mí misma, evitaba mi propia mirada en el espejo porque, a fin de cuentas, incluso si no lo quería, dije que sí en voz alta. Un sí coaccionado es un no. Nadie habló jamás de eso conmigo.

Cierro los ojos y recuerdo haber intentado superarlo lo más pronto posible y de alguna manera, cada vez que me sucedió, sentí que era mi maldita culpa. Había dicho que sí, pero nadie me informó que podía decir que no. Nadie me dijo que un sí coaccionado es un no. Nadie me dijo que negarme no causaría que un tipo perdiera de inmediato el interés en estar conmigo. Nadie me pidió que lo practicara en voz alta.

Y algo que es quizá más importante: NADIE me dijo de manera explícita que si un hombre decide que ya no está interesado solo porque una noche, cuando estábamos juntos, me negué, entonces no vale la pena desperdiciar mi tiempo.

El consentimiento es importantísimo. Mantén el contacto visual cuando lo pidas. Refuerza su decisión antes de seguir adelante. Asegúrate de ser gentil, de ser amable, de decir: "¿Estás seguro?". Dale oportunidad a la otra persona para decir que no, si eso es lo que quiere.

Podría parecer sencillo, pero a las mujeres se nos enseña a obtener validación y afirmación de los hombres, incluso cuando es a costa de nuestra dignidad, nuestros sentimientos y nuestro bienestar mental. Hay un montón de cosas que quisiera haber sabido y no es culpa de nadie que no las supiera. Buscamos la culpa en algo tangible porque es más fácil entenderlo. Pero no hay culpables tangibles cuando se trata de la vergüenza que las mujeres sentimos en torno al sexo, en particular con los hombres heterosexuales. Se nos ha condicionado inconscientemente a sentirla. Esto forma parte intrínseca de nuestro ser, es tan inherente que se requiere deconstruirlo para expresar lo que sentimos.

Durante demasiado tiempo acepté el mínimo indispensable. Pensé que sabía lo que era el sexo, pero mis conocimientos se limitaban solo a cómo complacer a un hombre. Ahora me doy cuenta de que, para mí, el sexo es algo que me llena de vigor, ya sea que lo haga o que hable de ello, y es algo que comparto con alguien muy importante para mí. El buen sexo significa que estamos haciendo todo lo que es correcto para nosotros. Hablamos de las relaciones sexuales que tenemos, comunicamos nuestras necesidades para que ambos nos sintamos seguros, intentamos nuevas cosas.

Uso mis simbólicas "reglas para manipular hombres", es decir, una pequeña lista de consejos sexuales que puedes incorporar en tu vida sexual para... manipular a un hombre. Lo digo medio en broma. Estas reglas se refieren a encontrar una manera divertida y fácil de expresarte más segura y dominante en la recámara para hacerte sentir bien y a tu pareja.

Estas reglas incluyen ponerte un poco de perfume en las caderas, REGLA 13 llevar lencería que te haga sentir sexy, ejecutar a la perfección la postura de vaquera, incluir un vibrador si quieres un poco de ayuda, REGLA 14 hacer una playlist divertida para tener sexo y decir las cosas correctas para volverlo loco o sentirte como una diosa sexual. Cuando te sientes bien contigo misma en la cama, le das permiso a la otra persona de hacerte sentir mejor.

"Alexa: toca 'Good in Bed' de Dua Lipa", porque en estos días me encanta el sexo y me siento empoderada, brutal y sexy cuando lo hago. Pero, por supuesto, no siempre fue así. Pasé años cubriéndome con los brazos las estrías en los senos durante el sexo. Pasé años sintiéndome avergonzada e incómoda. Pasé años temiendo la palabra *no*. El sexo para mí se refería a que el hombre se viniera. No se suponía que fuera rico para mí. No sabía que podía serlo.

El sexo es conexión e intimidad y es diferente de cualquier otro tipo de intimidad; no es superior a las conversaciones significativas, pero es otra pieza del rompecabezas. El sexo es acerca de ti, la persona que lo tiene. Es una exploración y una celebración de tu cuerpo. Encontrar tus propios impulsos, las cosas que te gustan, las cosas que te gustaría descubrir.

REGLA 15 El sexo también se trata de lo que sucede después de terminar. Ir a hacer pipí mientras la otra persona está acostada. Cómo me acaricia el pelo mientras nos quedamos acostados al terminar. Cómo, en ocasiones, me hace llorar —nunca pensé que el sexo pudiera hacerme llorar por sentir una cercanía tan abrumadora con la otra persona, solo sabía que me hacía llorar por desear que no hubiera ocurrido o porque la persona con la que tenía relaciones se recostaba sobre los codos al terminar para decirme: "Es que no tenemos ninguna química sexual… ninguna en absoluto" (esto de verdad me pasó)—. El sexo para mí es el programa que planeamos ver después o la manera en que me recuesto en su pecho mientras él nos pide helados. Se trata de volver al mundo para una caminata. Se trata de lo mucho que nos reímos cuando hay un ruido raro o un extraño tope en el camino o porque la posición que acabamos de intentar no nos funcionó.

Alguien envíeles una copia de esto a mis antiguos maestros del CDC porque quizá puedan incorporar este capítulo en su plan de estudios. No todas las lecciones se pueden aprender en el salón, o en el banco de la iglesia o en tu propia sala; algunas necesitan aprenderse en la recámara. Aprendí del sexo haciéndolo muchas veces. Y haciéndolo mal. Y por el montón de tiempo que pasé pensando en que mi cuerpo era un vehículo para que él se viniera, y no en que ambos lo hiciéramos o yo lo hiciera.

El meollo del sexo es que su propósito es compartirlo o disfrutarlo tú sola. No tiene el propósito de darse. Así que, en efecto, hablemos de sexo. Analicémoslo. Dejemos de mentirles a los niños acerca del tema y empecemos a leerlo en la biblia de Eli Rallo: coge hasta alcanzar el orgasmo o no lo hagas. Amén.

REGLAS PARA UNA RELACIÓN

1. Tienes que respetarte a ti misma antes de que alguien más lo haga.
2. Sé clara sobre tu comunicación.
3. Practica el juego de las treintaiséis preguntas para enamorarse.
4. Descubre su lenguaje del amor y muéstrale el tuyo.
5. La burbuja de la fase de la luna de miel se rompe: prepárate.
6. No olvides a tus amigos.
7. Hazte tú misma todas las preguntas importantes y difíciles.
8. Memoriza lo que pide (obligatorio).
9. Anunciarlo con todo vs. anunciarlo con discreción: haz lo que sea correcto para ti.
10. La terapia SIEMPRE es la respuesta… en general.
11. Reescribe la narrativa.
12. Acepta a todas tus almas gemelas.

Nuestras vidas existen en un ciclo, en una serie de desviaciones y cambios que nos llevan de la sala de espera del consultorio médico, del edificio de departamentos y de la tienda de bagels a lo que sigue. Nacimos. Aprendimos a caminar y a hablar. Crecimos sorteando los retos. Memorizamos números telefónicos, nos rompimos huesos y saltamos por las ventanas. Nos mudamos de la casa de nuestros padres a la nuestra. Con el tiempo, todo termina: todas las lágrimas de felicidad y los conos de helado. Los ascensos y las bodas. Las fiestas para celebrar los treinta y los funerales. El final es inevitable, igual que lo fue también el principio.

De la misma forma, las relaciones tienen un periodo de vida igual que nosotros. En cierto modo, una relación es una vida. La criamos y cuidamos, la nutrimos y la vemos crecer. Celebramos sus cumpleaños, a veces veinticinco, cincuenta o setenta y cinco veces. A veces mueren antes de tener una oportunidad real de vivir y por eso duele tanto sufrir una decepción o distanciarte de tu mejor amiga; estamos en proceso de duelo por la pérdida de una vida que construimos juntos y que ya no existe.

Tuve mi primer novio oficial cuando estaba en segundo de bachillerato. Fue mi droga de entrada al mundo de los novios y de las relaciones comprometidas, aunque me temo que me pidió que fuera su novia porque era muy mandona y asertiva, y él era increíblemente tímido e introvertido, por no mencionar que su mejor amigo estaba saliendo con mi mejor amiga. Es probable que lo haya obligado pero, de todos modos, fue mi primer "novio".

"Ese es mío", susurré y lo señalé, mientras él caminaba delante de nosotros por Fair Haven Road la primera vez que mi mejor amiga lo llevó a una fiesta. Traíamos bien aferradas en las manos unas botellas de agua llenas de vodka corriente y nos pusimos demasiado bronceador. Fue a inicios del otoño y no éramos tan cool como pensábamos.

Teníamos dieciséis y actuábamos como tales. Lo masturbé de manera inexperta en el clóset del sótano. Nos besamos en las fiestas en casa de alguien y nos mandábamos mensajes bajo el pupitre durante las clases. Ninguno de los dos sabía manejar y vernos requería que nos llevara alguno de nuestros papás. Subí a Instagram las rosas que me dio en San Valentín y dijimos: "Te amo", aunque no era cierto. Hicimos lo que pensábamos que se suponía que debíamos hacer en el bachillerato. Lo único que sabía de tener novio provenía de Blair Waldorf y Chuck Bass, Rory Gilmore y Logan Huntzberger, Jess Day y Nick Miller. Puse en práctica lo que aprendí de los programas de televisión que veía antes de dormir y sentí que era perfecto.

Con el paso del tiempo conocí a sus padres y me sentí culpable de hacerlo, porque tenía la suficiente conciencia de mí misma como para saber que en realidad no amaba a mi primer novio, solo me gustaba *tener* novio. Me sentía de mayor edad, no como una niña de dieciséis años. Me gustaba la expresión del amor porque nunca lo había sentido en realidad. Me gustaba tener a alguien que me tomara de la mano.

No solo no lo amaba, sino que me di cuenta de que era demasiado abusiva, demasiado gritona, demasiado voluble como para estar con alguien tan amable, dulce y dócil. Así que cuando no sentí ninguna conexión fogosa, apasionada y tóxica al estilo de Chuck y Blair, y él demostraba el mínimo esfuerzo para hacer planes una semana después, corté con él en un mensaje que escribí en el baño del restaurante de mi papá durante mi turno de hostess. Lloré dos minutos, me sequé los ojos y de verdad nunca volví a pensar en él.

Nuestra relación no fue nada notable; no fue mi primer amor ni mi primera decepción amorosa. Solo fue la primera vez que quise ser la novia de alguien.

Ezra era una de las personas más divertidas que había conocido. Era larguirucho y judío, usaba lentes y estudiaba matemáticas. Era un año mayor que yo, tauro y fumaba marihuana. Nunca te dabas cuenta de si era sarcástico o no, y esa era su intención. Empezó a coquetear conmigo después de que nos conocimos en la clase de Artes Dramáticas. Un mes después de entrar a mi primer año de la universidad, estaba en una fiesta de fraternidad y se ofreció a pasar por mí para llevarme a mi casa. Salí sudorosa y acalorada de un sótano en una fresca noche otoñal y me lo encontré parado en la banqueta con una enorme sonrisa bobalicona, riéndose y sosteniendo una sudadera para prestármela para el camino. Al principio, sentí como si le gustara más de lo que él me gustaba a mí, pero no pasó mucho para que estuviera completamente embelesada.

Caminamos por Washtenaw Avenue y luego por Hill Street, hacia la puerta trasera del edificio de mi dormitorio. Al día siguiente era un sábado, día de futbol americano. Nos quedamos en la puerta y mi corazón se aceleró cuando se me quedó viendo. Ninguno de los dos quiso desprenderse de la mirada del otro y tampoco queríamos ser el primero en despedirse.

Me besó por primera vez, se echó hacia atrás y luego yo le di el segundo beso.

"Buenas noches, Eli", dijo con un tono algo meloso.

Yo tenía dieciocho años y todavía no conocía a Sadie. No había entrado al periódico de la escuela o siquiera había tomado dos semanas de clase. No me había incorporado a una sororidad, no había encontrado mis cafeterías favoritas ni había hecho amigos, enemigos o conocidos. No había fumado marihuana, vomitado por emborracharme ni decidido que tenía el valor que se requería para convertirme en escritora (me refiero a una verdadera escritora). La manera en que dijo mi nombre, tan bajito y con tanta dulzura, lo hizo sonar como un secreto. Lo miré alejarse por la calle y más tarde me contó que regresó a su casa y le contó a todos que había besado a la chica bonita de la clase de Artes Dramáticas.

Algunos días desearía ser ella otra vez, la chica bonita de la clase de teatro, ingenua y ciega.

A la mañana siguiente me desperté con su sudadera puesta y los gritos festivos a las seis de la mañana afuera de mi ventana. Los sábados del otoño en Michigan son muy distractores, casi al grado de pecar de mágicos. Me alisté con mi ropa de fiesta de estacionamiento que ya tenía planeada. Vería a mi amiga para desayunar antes del partido, así que me levanté un poco antes que los demás, excepto por los chicos de la fraternidad.

Salí por la puerta trasera de mi edificio, la misma donde casi me había derretido la noche anterior. Cuando salí a la soleada pero fría mañana, ahí estaba de nuevo: lánguido y seductor.

"¿Eli?".

En dirección hacia mí, caminando por la banqueta, venía Ezra. Iba a recoger unas cervezas en la casa donde harían la fiesta y nos encontramos de casualidad cuando los demás seguían dormidos. En aquel entonces creía en las señales y sigo haciéndolo. Sin duda, esa era la señal por excelencia. Podría ser que fuera ingenua e inocente, o solo una adolescente estúpida, pero ese día me sentí encantada de tener dieciocho años.

A partir de entonces, nos la pasábamos juntos. Entre clases nos encontrábamos en la biblioteca para estudiar. Casi todas las noches terminábamos juntos. Vimos todas las películas de *American Pie*. Fui a la fiesta en el estacionamiento por el partido de futbol de su fraternidad y me paseaba por todas partes de su brazo como si fuera su posesión más preciada. Quería serlo. Toda mi vida había querido serlo para alguien y él me dio el puesto que sentí que ninguno de los dos había solicitado, pero que siempre supe que conseguiría. Hasta entonces no había sabido lo bien que se sentía que un hombre me validara; aunque Ezra me hizo trabajar tiempo extra para conseguir la validación que no podía darme a mí misma, de todos modos sí sabía cómo obtenerla de él. Además, conseguir la validación de alguien que parecía tan intocable, tan orgulloso, tan distante, da una gratificación instantánea de una manera que no consigues de alguien sincero y abierto.

En ese momento no me sentía lo suficientemente bonita como para recibir validación o afirmación de cualquier hombre y durante todo el bachillerato había visto a mis amigas más bonitas o más cool tomarse la afirmación como si fuera un té caliente. Ahora me pregunto qué es peor: recibir esa afirmación de los hombres o no recibirla en absoluto.

Adoraba lo especial y deseada que me sentía siendo suya. Nunca me había sentido así. Desearía haber sabido que esos pequeños instantes de dicha —cuando me decía que era sexy, actuaba con orgullo de estar conmigo o me rodeaba los hombros con su brazo en público— eran momentos que podía darme yo sola. Tenía que encontrar cómo ser esa persona —sexy, orgullosa y apoyada— por mis propios medios. No podía depender de alguien que solo me daba cosas buenas para que yo le diera algo a cambio. Hay tanto que decir acerca de la paz interior, de la felicidad interior, y yo no quería saber nada al respecto.

Entonces, el clima se volvió frío.

La noche en que Donald Trump fue elegido presidente, estábamos tomando en la casa de la fraternidad de Ezra y esperando el triunfo de Hillary Clinton que nunca llegó. Por accidente, me salpicó los ojos con un trago de vodka. Me acompañó a mi casa como siempre hacía y, de pronto, me empezó a hablar en un tono enojado, frustrado y vengativo. Desarrolló la afición por decirme cosas solo para lastimarme: “No eres como mi exnovia”,

"He estado enamorado de ella desde siempre y nunca serás como ella", "¿Te puedes quedar en tu casa hoy en la noche? Cuando estás cerca, no puedo salir con mis amigas mujeres". Pasaba un día sin mandarme mensajes, lo cual me dejaba con la duda de si volvería a saber de él. Inventaba excusas y mis inseguridades se elevaban hasta la luna, junto con mi necesidad de que me validara. Me decía lo que hacía mal y me exigía remediarlo. Era una droga y yo necesitaba mi dosis. Ese es el origen de mi estilo de apego ansioso en cuanto a las parejas amorosas; cuanto más se alejaba, más aliviada me sentía cuando regresaba. Sin él no tenía gran cosa, ni una vida social boyante ni ningún tipo de autoestima y, en lugar de salir a buscar lo que sí podía tener, me pescaba de él con todas mis fuerzas.

Dedicamos tanto tiempo preguntándole a la persona que fue manipulada por qué se quedó, por qué no tuvo dignidad, por qué no lo terminó; en cambio, no dedicamos el tiempo suficiente preguntándole al manipulador qué estaba haciendo para obligar al otro a quedarse. Cuando alguien te dice en una época en que ya de por sí eres ingenua e insegura, que cada defecto o problema en la relación es tu culpa —que puedes arreglar esas cosas y que si lo haces todo será maravilloso— podrías creerle. Quizá hagas lo necesario para sentirte segura.

Así que hubo momentos en que me equivoqué, pero también hubo otros de una evidente dinámica de poder, toxicidad y manipulación: una telaraña pegajosa en la que estaba atrapada.

La mayor parte de nuestra relación la vivimos después de que terminó. Estaba decidida a recuperarlo, mientras que él estaba decidido a utilizar mi cuerpo y nada más. Pasamos todo un semestre cortando y regresando, y él pasó días diciendo que funcionaría y luego rompiendo esa promesa como un mago que hace un truco invisible. Pasamos el verano bloqueándonos de nuestros teléfonos y entonces yo revisaba mi Instagram para ver si él había visto mis historias. Me manipuló hasta llevarme al peor de mis estados. Dedicaba mi tiempo a desear ser lo suficientemente buena y culpándome. Me preguntaba qué pensaría él si fuera más delgada, más hermosa, más interesante o más segura de mí misma. Intenté cubrir mi necesidad de validación con un aire de confianza fingida y cada pedacito de superación personal que me proponía era para recuperarlo. Cuando regresamos en el otoño de mi primer año, nos vimos para tomar café y nos sentamos afuera. Me contó que comió hongos alucinógenos y que subió una montaña, y yo le di una carta que le escribí en la que decía todo lo que no tenía el valor de decirle a la cara.

Nos tomó dos meses, pero empezamos a salir otra vez en noviembre. Pensé que teníamos una oportunidad. Quizás en otro mundo la teníamos. La última vez que nos vimos en febrero, me contagió de influenza. Al fin decidí darme por vencida en tratar de recuperar a alguien que no quería estar conmigo. Decidí hacer el intento de conocerme a mí misma y, por fin, le dije que dejara de comunicarse conmigo. Finalmente, los dos seguimos con nuestras vidas y, con el tiempo, maduramos.

Nunca nos dijimos que nos amábamos. Me dijo que justo antes de que terminara conmigo me iba a decir que me amaba, pero que no pudo. Me dijo que cuando lo miré a los ojos, empezó a enamorarse de mí, así que yo no debería hacerlo.

Es una enorme carga odiar el color de tus ojos porque alguien te dijo alguna vez que le dolía verlos.

Hubiera hecho cualquier cosa para no enamorarse de mí y creo que, cuando superamos los problemas, los dos nos enamoramos, pero nunca lo dijimos. Discutimos y peleamos tanto que terminamos derrumbándonos como una casa envuelta en llamas. Creo que, a fin de cuentas, sabe que lo amé con todo mi corazón y también creo que ahora sabe que una parte de él también me amó.

Incluso después de todo lo que me hizo pasar, no lo lamento ni un instante. Todo el abuso, toda la manipulación. Nuestra relación fue un estira y afloja. Una interminable lucha entre una chica de dieciocho años de Nueva Jersey, que estaba perdida, y un "comediante" carismático y narcisista de Texas. Fue el infierno y me arrastró en el lodo como nunca lo habían hecho. Levantarme y encontrar un interruptor de luz fue un avance muy hermoso.

Había tantas cosas que quisiera haber sabido.

Solo dejé de ver a Ezra cuando conocí a Luke, de quien me enamoré de forma tan real y profunda que me di cuenta de por qué se dice que *caes* rendida a los pies de alguien. No pude detenerlo, ni tampoco anticiparlo. La gravedad hizo lo suyo y, de pronto, caí de bruces, preguntándome con qué me había tropezado y cuándo dejé de poner atención.

Luke fue el regalo de llegar a los diecinueve años. Su existencia demostró que podía amar de nuevo, luego de pasar un año llenando mi cuaderno con notas melodramáticas en las que afirmaba que no solo nunca volvería a amar, sino también que no quería hacerlo. No podía soportarlo. Pensar en cualquier otra persona antes de Ezra me enfermaba de esa sensación de que me faltaba algo.

Me emocionaba sentir algo por Luke e incluso me sentía más llena de alegría por tener la capacidad de sentir el doble que antes Amé escuchar de sus labios que me amaba. Como sirenas que suenan en la calle o el tintineo del camión de helados que se acerca, era una sensación de necesidad y urgencia. Me amaba, me amaba, me amaba. Y yo lo amaba también. Se sentía sólido y seguro, concreto.

Amaba su suavidad. Su sensibilidad. Amaba todas las cosas que él tenía y de las que Ezra carecía. Era estricto y puntual, quería ser periodista y se ponía camisas planchadas. Se tomaba la escuela en serio, conservaba el tan ansiado promedio general de diez y me hacía tener el deseo de sentarme en primera fila en clase y poner atención. Usaba palabras elegantes y era muy ambicioso, y su motivación era magnética. Éramos polos opuestos, pero cuando se involucra el corazón, todo lo demás se va a la mierda, incluyendo tus habilidades motrices, tu capacidad de toma de decisiones y tu intuición.

Pasamos el verano separados solo dos meses después de que empezamos a salir. Me visitó en Nueva Jersey y conoció a mi familia, y los dos fuimos un día a Nueva York. Por un tiempo, esa ocasión estuvo en mi memoria como el mejor día de mi vida. El clima fue perfecto —los primeros días del verano en West Village casi siempre lo son—. Comimos afuera, bebimos café exprés, nos tomamos de la mano y compartimos anécdotas felices. Al fin el amor que había deseado era mío y hubiera hecho lo que fuera por mantener esos sentimientos intactos.

Poco sabía entonces que, en cualquier circunstancia y en cualquier vida, yo siempre estaría en segundo lugar, y a veces en tercero, en la lista de prioridades de Luke. Siempre me recordaba que su carrera y la escuela eran lo más importante para él. Yo estaba demasiado enamorada de él, y demasiado atemorizada como para admitir que sus palabras me dolían, porque aunque supiera que no duraríamos, seguía sin tener el valor suficiente para soltarlo. No tenía la suficiente valentía como para hablar en voz alta cuando me sentía menospreciada o decirle que me hacía sentir poca cosa.

Desearía haber sabido que a veces el amor no basta. Se nos dice que sí y que el amor lo conquista todo. Que nos pone en el lugar en el que pertenecemos. Estoy muy a favor de tener esperanzas y ser romántica, pero una relación es una vida y una vida requiere más que amor. Necesita comunicación, solución sana de problemas, prioridades que la acompañen, suficiente agua y dos personas con dos corrientes de pensamiento semejantes.

Luke me dijo que era vulgar cuando le conté que quería ganarme la vida escribiendo sobre sexo y citas amorosas. Muchas veces me dijo que no me tomaba las cosas en serio. Teníamos posturas políticas distintas y lanzaba palabras rimbombantes que me hacían sentir poca cosa y que, al final, contrarresté terminando la relación.

El amor es una droga potente que nos cegará por completo. Te derribará. El bajón es brutal, pero el regreso es la dicha. Sigues regresando aunque lo único que te quede sea tu nombre y cuando al fin te das cuenta, cuando al fin se disipa la niebla y todo se presenta justo como es —cuando al fin sales a la superficie— palideces. Te das cuenta de que lo perdiste todo por alguien más y entonces desperdicias los minutos culpándote, cuando nunca fue tu culpa ser lo suficientemente valiente para sentir lo correcto por la persona equivocada.

No era que no lo amara, porque, diablos, lo amaba. Lo amaba con todo mi ser. Quería reparar a alguien roto que no quería cambiar. Era ingenua por creer que podía y me da vergüenza pensar en esa niña que, en esas primeras noches de otoño metida en la cama de Luke en Ann Arbor, pensaba que siempre estaría ahí. Pero el amor no bastaba. Nunca sería suficiente. Nunca lo lograríamos.

Tener que alejarme de alguien a quien amaba tanto porque no éramos la persona correcta para el otro fue la experiencia más desgarradora mi vida y, cuando lo hice, vi con mucha más claridad quién era en realidad. A medida que pasaron los años de nuestra relación de 2018 a 2020, y cada vez más lejos, su identidad se volvió más evidente. Fue la decisión correcta y una de las más fáciles que he tomado, pero las consecuencias fueron muy dolorosas.

El término *rebound* o relación por despecho siempre me ha molestado un poco porque parece que en el instante en que alguien supera una relación y se involucra con alguien nuevo, es un *rebound*, aunque esa no haya sido la intención.

Sé que la gente pensó que mi relación con Nate, que comenzó solo dos meses después de que terminé con Luke, fue por despecho. Admito que al principio fue una distracción, pero también admitiré que, en otro momento y en otro plano, pudimos haber estado juntos.

Nate también era el chico del que le dije a Luke que no debía preocuparse. La ironía es que Luke empezó a salir con la chica de la que se suponía no debía preocuparme: una chica hermosa con fotos bien retocadas con VSCO en su feed. Nate y yo éramos amigos, nos conocimos en una clase. Cuando nos conocimos, los dos estábamos en una relación seria. Teníamos los mismos intereses: poesía, lectura, artes creativas y la buena comida. Nos reíamos del mismo tipo de chistes. Él era una persona gentil y amable, y todo entre nosotros siempre había sido platónico. Así que cuando Luke sacó a relucir su desagrado e inseguridad porque tenía un amigo hombre, le juré que no era nada y estaba siendo sincera. Tal vez de vez en cuando había un poco de coqueteo en nuestra amistad, pero ni en un millón de años hubiera pensado que podía haber algo entre Nate y yo que fuera más allá de una amistad.

Cuando todo reventó con Luke, me reconfortó charlar en línea con Nate sobre libros y música. Nunca salimos solo los dos y nos veíamos en los ensayos, en fiestas del teatro o en clase. Respondíamos a las historias que cada quien publicaba en Instagram de libros y poesías, pero de nuevo, las apuestas eran muy bajas.

Hicimos planes para la tercera noche después de que regresé de la Costa Este. Salimos en una primera cita y veinte por ciento del tiempo lo pasamos conversando, y el ochenta besándonos. Fue mi gran historia de amor en Nueva York. Esa que parece una película, pero que no termina como tal. Yo tenía veinte años y pensaba que tenía veinticinco. Todo el tiempo fue como un sueño.

Besarnos en la lluvia. Hacer el desayuno juntos. Pasarnos lo que escribíamos y tener sexo en el piso; las flores que compró y me dejó en la cama una vez que me estaba bañando y él se quedó solo en mi departamento. Era tan frecuente que le viera el lado amable a las cosas que era casi molesto.

Nate venía de Michigan. Le encantan tanto John Mayer como Taylor Swift. Una vez me llevó a un concierto de Avett Brothers. Era un borracho bobalicón que a veces se quedaba dormido en el metro y que tenía una relación especial con las palomitas de maíz. Me contó que le gustaba llevar un presupuesto, pero que nunca se recriminaba si gastaba dinero en libros.

Era alguien del que tenía muchas ganas de enamorarme.

Nunca nos peleamos porque nunca hubo nada de qué pelear. Pasó junio, y luego julio y luego agosto. Me dijo que me amaba en el estacionamiento de un 7-Eleven mientras comíamos Cheetos de una bolsa familiar y nos besábamos a la espera de que llegara el Uber.

Le dije que yo también porque los dos necesitábamos creer que era cierto. Él tenía que creer que podía amar a alguien más que a su hermosa exnovia y yo tenía que creer que podía aceptar amor de alguien como él.

Le conté a una terapeuta que nunca entendí por qué lo alejé a propósito. Por qué estaba tan amargada y era tan mala con él deliberadamente. Ella me contestó que se debía a que no toleraba terminar con una buena persona. Era casi como si quisiera que él lo hiciera por mí.

La odié por tener tanta razón.

REGLA 1 No es necesario que tengas que amarte antes para amar a alguien más, pero sí tienes que respetarte antes de aceptar el amor de otra persona. Creo que las relaciones y las historias de amor más hermosas suceden entre dos individuos cuando ambos están un poco perdidos, buscan algo de luz y están un poco hambrientos de algo nuevo.

Nadie dice que tienes que amarte antes de tener amigos. Entonces, ¿por qué nos exigimos un estándar diferente cuando buscamos una pareja? Es casi como si dijéramos "todos los demás pueden vernos en nuestro peor momento, en nuestro periodo más difícil, pero debemos amarnos para tener una pareja sentimental". Para mí, es una estupidez.

El amor propio total, y estoy hablando de siete días a la semana y veinticuatro horas al día, un amor activo por nosotras mismas, es poco realista. Todos los días me esfuerzo por aceptarme. Aceptar mi cuerpo como es y por todos sus milagros. Aceptar mi trabajo, mi energía, mi estado de ánimo, hacer leves alteraciones para desafiarme y crecer. Sí me amo, pero no es ese amor persistente, palpitante y constante. Mi relación conmigo misma es la más importante y desafiar esta relación para que sea perfecta cada día me partiría por la mitad.

Así que, en lugar de eso, el desafío es respetarme todos los días. En mi relación con Ezra, dependí de él para que me validara y afirmara, ya que no sabía cómo darme eso a mí misma y ni siquiera había detectado con precisión por qué era un problema obtener la validación de los hombres. En todo caso, pensé que era lo correcto.

Cuando se fue, me quedé sin nada. Sin una fuerte externa ni interna de validación o afirmación, no tenía forma de medir mis éxitos y mis fracasos. Me invadió el vacío y mis días se confundían unos con otros. Sabía que la siguiente relación —y la que viniera después de esa— no tenía que sentirse así. Llegar ahí me llevó mucho más tiempo del que pensé.

No podía soportar que perder a alguien se convirtiera en perderlo todo. Pensé que me llevaba consigo cuando salía por la puerta, pero en realidad nunca me conoció desde un principio.

Quería entrar de manera intencionada en mi siguiente relación. Quería creer que bastaba sentirme orgullosa de mí misma. Era suficiente sentirme segura por cómo me vestía y en qué ocupaba mi tiempo y lo que le devolvía al mundo. Quería creer que la persona correcta me vería al cien por ciento por ser quien soy y se enamoraría del potencial de conocerme, incluso de amarme.

Depender de Ezra para obtener validación se convirtió en su resentimiento hacia mí. De igual manera que nunca confiaría al cien por ciento en un solo amigo para recibir el apoyo emocional que necesito, tampoco podía depender de él para obtenerlo. Primero tenía que venir de mí misma y luego todos los demás lo complementarían, poco a poco.

Los seres humanos somos como imanes y gravitamos hacia la buena energía que emitimos. Cuando hacemos nuestro mayor esfuerzo, nos respetamos y estamos abiertos y listos para las cosas buenas que sabemos merecer, eso es lo que atraemos.

El estira y afloja en mi relación con Ezra provocó que mis inseguridades llegaran al máximo. He trabajado esto en terapia y todos los días hago un esfuerzo activo para resolverlo, pero es importante que mis parejas sepan que me siento segura de validarme y afirmarme sola, pero que llevo una carga que requiere que mis parejas afirmen nuestra seguridad.

Quisiera poder confiar por completo, pero es un camino muy difícil para mí y un montón de personas. Quiero creer que la fantástica persona que me trata de maravilla y que no me da motivos para preocuparme no va a ponerse de pronto en mi contra y terminar conmigo, pero después de lo que me ha pasado, es difícil. REGLA 2 Comunicarle a alguien que lo necesito para enfatizar la seguridad entre nosotros, o alentarlo a compartir conmigo de manera consistente cómo se siente, es una práctica habitual cuando entramos en cualquier tipo de relación que puede volverse seria.

En el caso de Noah, quería que nos fuera bien porque en mi interior me sentía cómoda desde un inicio. Quería poner las cartas sobre la mesa, pero no quería excederme. Quería que fuéramos como las parejas que idolatraba, aunque sabía que, a puertas cerradas, ellas también tenían sus propios problemas. Es mucho más fácil fingir que hay una manera de hacerlo todo bien. Supongo que aceptar que nunca lo harás y que toda relación tendrá algún defecto es el primer paso real.

REGLA 3 En 2015, *The New York Times* publicó un texto titulado "The 36 Questions That Lead to Love". El artículo analizó un conjunto de treintaiséis preguntas que desarrolló el psicólogo Arthur Aron para lograr que dos desconocidos se enamoraran en su laboratorio.

Las preguntas son cada vez más personales e íntimas, y después de leer el estudio y las preguntas, quedé fascinada con ellas. Aunque no estoy segura de respaldar por completo la capacidad de las preguntas para conseguir que dos desconocidos se enamoren, sí creo que sin duda son la mejor manera de facilitar una conversación profunda dentro de ciertos parámetros y pautas. Ayudan a que la profundidad, la dificultad y la vulnerabilidad se vuelvan un poco más fáciles, un poco más sistematizadas.

Una noche al principio de la relación con Noah en que lo invité a tomar margaritas y comer el tristemente célebre dip de aguacate con feta que hacía mi exsuegra (y que me apropié), decidí proponerle que jugáramos el juego de "Las treintaiséis preguntas que conducen al amor". Él accedió.

Todavía no teníamos relaciones sexuales ni conocíamos nuestros antecedentes familiares ni estilos de vida. Sabía cuántos hermanos tenía él, a qué universidad había ido y en qué trabajaba. Sabía algunas de las cosas que le gustaban y conocí a algunos de sus amigos. Sin embargo, a un nivel más profundo, la verdadera conexión no puede fabricarse ni cocinarse de la noche a la mañana.

Tendríamos que trabajar en ella, y repasar estas preguntas, yendo y viniendo de las notas al pie a las historias, nos ayudó a sentirnos cómodos al comunicar nuestras necesidades, temores, deseos y ansiedades.

Abrirte con alguien es valiente. La vulnerabilidad es muestra inherente de valentía. Se necesita fortaleza y disposición de ambas partes: de uno que da y el otro que recibe. He jugado a "Las treintaiséis preguntas" con mis amigos más cercanos y con toda mi familia.

En una relación, en especial una que dure, siempre aprendes nuevas cosas sobre tu pareja a medida que la situación se amolda, cambia y prospera, y conforme entran en nuevas fases y etapas de la vida. Establecer el precedente de una comunicación sana en el principio los beneficiará a largo plazo. Es difícil interrumpir una fase de luna de miel con un nivel de seriedad, pero sirve de preparación para la fase posterior a la luna de miel a fin de que sea igual de dichosa de forma completamente diferente. REGLA 4 Aprende el lenguaje del amor de la persona: pregúntale cómo le gusta recibir y dar amor. Encuentra las formas de apoyarla y amarla del modo en que lo necesita. Pídele que haga lo mismo por ti.

Una fase de luna de miel, que dura de tres a cuatro meses dentro de una relación, es una borrachera de felicidad: estás con la mirada perdida y cautivada, emocionada por cada cosita que hace, absorta en la persona, desesperada por pasar todo el tiempo juntos, pero, como ocurre con las vacaciones, la fase de luna de miel terminará.

Durante esa fase, la relación existe dentro de una burbuja y se siente como si fueran las únicas dos personas sobre la Tierra. Están protegidos de todas las cosas terribles que existen afuera, como los celos, la tristeza, las penas. REGLA 5 Y cuando estalla la burbuja, podrías sentir un pequeño choque al principio, pero eso ocurre cuando construyes algo especial. Algo en lo que vale la pena quedarte y, si puedes superar ese punto de concientización de la realidad, algunos días se sentirán de nuevo como una luna de miel.

Algunos días serán como un paseo por el parque y algunos deberían serlo. Otros días van a ser un poco más difíciles y requerirán esfuerzo. Terminará valiendo la pena si los paseos por el parque significan más que el esfuerzo.

Cuando empiezas una nueva relación, puede ser difícil recordar todos los sucesos importantes fuera de ella, en especial durante la fase de luna de miel. Por supuesto, tendrás menos tiempo para dedicarlo a todo lo demás porque acabas de decidir darle tu tiempo y energía a la nueva relación, pero no deberías permitirte ausentarte de tus demás relaciones, tus pasiones o tu vida. Tus amigos son las personas que, a fin de cuentas, siempre te van a contestar cuando les hables por teléfono. REGLA 6 Tus amigos son tus compañeros del alma, tus anclas y tus salvavidas. Que no se te olvide.

Y si notas que una amiga que tiene una nueva relación se va distanciando —atrapada en la resaca de la fase de luna de miel— échale una mano. Recuérdale con amabilidad que estás feliz por ella, pero que la extrañas y que te encantaría verla pronto. Si no toman tu mano para salir del agua, o si se niegan a hacerlo, entonces tienes que ser paciente hasta que esa amiga se dé cuenta sola de que descuidó tu amistad. Considera si aceptarías una disculpa.

He estado en ambos lados y ocurre de la misma forma, aunque se puede evitar. Envuelta en mi fase de luna de miel con Luke, no consideré la rápida transición de pasar el cien por ciento de mi tiempo con mis amigas a dividirlo entre él y ellas. Cuando empezamos una relación, es nuestra responsabilidad poner a aquellos con los que estuvimos antes en el mismo pedestal, o en uno más alto, que a nuestra relación amorosa. Las primerísimas semanas de una

> nueva relación van a ser emocionantes y te llenarán de energía, pero no puedes olvidar a la gente con la que has construido una vida tan hermosa, esos mismos que conocemos mejor que a la nueva persona a la que llamamos nuestra pareja, novio o novia.

Por ser una persona crédula, siempre he querido confiar en que me estoy relacionando con personas buenas, con quienes sabía que funcionaría. A fin de cuentas, no conoces bien a alguien a quien apenas empezaste a tratar hace unos meses o semanas. Es importante mantenerte alerta ante cualquier cosa de esa persona que no se ajuste a la idea que tienes en la cabeza de una pareja seria.

Por ejemplo, quizá descubras que a tu nueva pareja le gusta quedarse durmiendo hasta tarde y que a ti te gusta despertar más temprano. Es probable que esto se pueda negociar, pueden llegar a un acuerdo.

Pero tal vez descubras que tu nueva pareja tiene el plan de mudarse a un país o estado en el que nunca te verías, y ambos están cien por ciento seguros de que no cederás en tus planes futuros de dónde te gustaría vivir. Esto no es algo que se pueda negociar y podría terminar convirtiéndose en un motivo para terminar.

Todos queremos confiar en la persona maravillosa que acabamos de empezar a considerar nuestra, y deberíamos hacerlo, pero tampoco podemos seguir como si supiéramos todo sobre ella desde un inicio: cada detalle, cada elemento específico. REGLA 7 Cada que puedas, detente a pensar de forma consciente para hacerte las preguntas importantes sobre esa persona.

¿Tiene tendencias políticas o valores contrarios a los tuyos? ¿Tiene algún pasatiempo o intereses que son importantes para él (o ella) y que tú consideras que no coinciden con los tuyos? ¿Tiene estilos de vida y objetivos contrarios a los tuyos?

No tenemos que pensar en términos absolutos o de que es para siempre, pero todos merecen que se respete su tiempo y su energía. Asegúrate de que estás asignando los tuyos a algo en lo que crees. A veces no queremos ver los factores no negociables porque queremos que nuestra relación esté a un paso de funcionar. Sin embargo, créeme, preferirías saber desde el principio y sentirte decepcionada que quedar desconsolada a los seis meses o incluso años.

Se sabe que tengo problemas al principio de una relación ya que de inmediato me siento lista para lanzarme de cabeza y enamorarme a una velocidad increíble, cegándome sin querer ante las *red flags*. Soy una persona confiada a la que le gusta creer que todo el mundo es bueno y eso me enorgullece. Me da satisfacción cómo me conduzco y cómo amo, pero, al mismo tiempo, obsesionarme con mi futura boda, los hijos y la felicidad para siempre con alguien con quien he salido un mes no es la práctica más sana. Primera razón: pone una presión innecesaria en la relación para que prospere y vaya en cierta dirección. Segunda razón: la meta final de toda relación no es durar para siempre. La meta final de la MAYORÍA de las relaciones no es durar para siempre.

Nada va a funcionar hasta que algo funcione.
Si sales con diez personas, solo una va a ser para siempre.

Este concepto redefinió por completo mi mentalidad en lo que se refiere a las relaciones. Cualquier vínculo tiene permitido sentirse muy bien al principio y no sentirse igual en cinco semanas o meses o años. Cualquier vínculo tiene permitido sentirse como si al principio tuviera el potencial y florecer hasta convertirse en mucho más. Solo porque una relación termine o no funcione, eso no significa que fuera un fracaso o un desperdicio de tiempo. Sigue siendo una lección. Es parte de un viaje.

La meta final nunca debería ser para siempre. En lugar de eso, siempre deberíamos albergar la esperanza de aprender algo de nosotros mismos y los demás, de que cada vínculo con otra persona nos acerque a todo lo bueno que merecemos. Nuestra actitud debería ser reconocer que somos afortunados de querer a alguien, aunque sea brevemente, aunque el sentimiento cambie, aunque dure solo un instante e, incluso, cuando duele que termine.

En cierto modo, cada persona con la que me he relacionado me ha enseñado algo. Gracias a Ezra me conocí a mí misma. Luke me enseñó lo que significa sentir cariño real y profundo por alguien más, pero también a poner límites y tener el suficiente valor para desmoronarme de modo que pudiera reconstruirme de nuevo. Nate me enseñó cómo me gusta que me traten. El respeto y la amabilidad que me dio, su bondad y consideración, esa fue la lección y el regalo correctos. Era la persona adecuada para dármelos, pero no lo era para seguir adelante cuando se nos acabó la cuerda a los dos.

Creo que cuando estás tan involucrado, no te sientes como si fueran las únicas dos personas que existen, sino que todos los demás existen, pero nadie más ha sentido algo tan sensacional, tan cálido, anaranjado y brillante. REGLA 8 Conocer a alguien a nivel tan íntimo es una maravilla del mundo. No por los detalles importantes y complejos, sino por los detalles cotidianos: cómo te gusta tu café y si te gusta que tu pan tostado esté quemado o dorado. Tu restaurante favorito de comida rápida y a qué temperatura te gusta que esté cocinada tu hamburguesa. Visitar por primera vez su pueblo natal y reaprender sobre esa persona a través de la mirada de su infancia, los pisos alfombrados de su abuela, los álbumes de fotos y la colcha de su cama.

Poco a poco decidirán resurgir al mundo —salir de debajo de las cobijas y decir "estamos juntos"— y entonces se volverá un poco más real. Primero con tus amigos, quizá después con tu familia y otras personas importantes y, por último, como lo hace la mayoría, en alguna plataforma de redes sociales.

REGLA 9 En redes sociales hay dos maneras de anunciar una relación: *1)* con todo: cuando una persona sube por primera vez una foto con su nueva pareja sin haber insinuado en absoluto su nueva relación en línea, es una sorpresa para un familiar lejano, un compañero de la secundaria y tu hermana de la sororidad que sabes que no tiene nada en común contigo; *2)* con discreción: cuando has estado insinuando una relación o una pareja en historias en Instagram o TikTok sugerentes, salpicando los detalles de una nueva relación antes de anunciarlo por primera vez en un post que no deja dudas.

No creo que uno sea mejor que el otro y creo que si tu relación puede sorprender a un montón de personas (regresaste con tu ex, estás saliendo con el mejor amigo de tu ex, sales con alguien a quien conociste en otro capítulo de tu vida) anunciarlo con todo puede ser dramático, pero me encanta el drama. Sin embargo, en última instancia, no importa cómo gestiones tu relación en las redes sociales.

En todo caso, creo que muchas veces la gente, en particular las parejas de celebridades, amplían la cobertura en redes sociales de cada uno justo antes de anunciar una ruptura súbita. Por desgracia, nosotros, como sociedad, consideramos las redes sociales como una confirmación de nuestra relación; una validación de que existe, que es superespecial, que es perfecta. En última instancia, las redes sociales no tienen nada que ver con tu relación ni tampoco con ninguna opinión que no hayas pedido.

Cuando te emociona estar con alguien, y te apasiona una nueva relación, hay cierto entusiasmo por subirlo a las redes sociales, pero cuando reflexiono sobre mi comportamiento en esos medios en mis relaciones pasadas, desearía haber permanecido más en privado. La cantidad de cosas que subí en el Instagram de alguien o en el mío no tuvo ni tiene nada que ver con nuestra relación: ni con su longevidad y salud, ni con nuestra felicidad. Era una manera que tenía para obtener la validación de los demás para la existencia de un "nosotros" con el que no tenían nada que ver. Era casi un grito de ayuda.

Las redes sociales son uno de los vicios más increíbles y más tóxicos de nuestra vida. Son un recurso sorprendente que, al mismo tiempo, puede ser increíblemente nocivo. Alguna vez me divertí mucho subiendo cosas sobre mi relación e incluyendo a mi pareja en mi contenido, pero al final, a los desconocidos en línea les pareció apropiado comentar sobre mi pareja, ser crueles con él u hostigarlo, hacer suposiciones sobre mi relación o desearnos el mal. Después de que enfrenté la dura realidad de ser una persona pública y mostrar mi relación en línea, deseé nunca haber publicado nada al respecto. Puedo gestionar el odio dirigido a mi persona, pero cuando un ser querido que no tiene una presencia pública en redes sociales recibe mensajes de odio o amenazas, eso cruza el límite y entonces me corresponde protegerlo.

Desde mi punto de vista, hay una delgada línea en lo que se relaciona con las redes sociales y las relaciones amorosas, y cada quien, al igual que cada pareja, la atravesará de modo diferente. Desearía haber sabido que cuando anhelaba tener novio o una conexión romántica, y veía que otras personas en línea tenían justo lo que yo quería, todo ese contenido está seleccionado y que no es sano tener envidia ni celos de la felicidad de alguien más, deseando que no la tuvieran o que tú la tuvieras en lugar de ellos. Por cada hermosa foto de dos personas frente a la Torre Eiffel, había una pelea o un presentimiento raro o un problema que no se pueden ver. También hubiera querido saber que mi relación no era menos válida o real si se mantenía privada. Desearía haberlo sabido porque en la relación entre mi pareja y yo, somos los únicos participantes, y que los comentarios en Instagram y los "me gusta" en TikTok no importan. Se trata solo de nosotros dos.

Cuando superas la fase de la luna de miel, sobrepasas el estruendo de la realidad y al fin te adaptas a convivir con alguien, una relación empieza a tomar forma realmente. Ves a tu pareja como una persona normal, un ser humano, no como su versión superficial y exagerada de cuando lo conociste. Y ellos te ven del mismo modo. Entonces decidimos si podemos elegir amarnos como seres humanos, en nuestra versión más real y cruda.

Es frecuente que al inicio exageremos o idealicemos en exceso a una persona: la ponemos sobre un pedestal y nos parece perfecta, y cuando se nos caen los lentes color de rosa y nos damos cuenta de que son seres humanos maravillosos, pero normales, y no el príncipe o princesa, o algún miembro de la realeza, o vemos que tiene defectos y errores, entramos en pánico y salimos corriendo. No te sugiero transigir tu integridad o bajar tus estándares, pero sí creo que es importante ver al otro como un ser humano desde el principio; reconocer que tendrá defectos y podría no ajustarse a cada una de tus exigencias. No obstante, la persona correcta si se ajustará a tus exigencias más importantes.

Nadie es perfecto, ni siquiera tú. Ni siquiera yo (sorprendente, lo sé). Y nunca querremos que alguien más nos ponga en un pedestal y entre en pánico cuando se dé cuenta de que cargamos con un pasado o hemos vivido varias cosas o tenemos un hábito que hemos intentado quitarnos sin lograrlo.

Tu persona perfecta, tu persona para siempre, podría comerse las uñas, odiar lavar la ropa o no tener estilo, pero es posible que te haga sentir como la persona más importante del planeta, amarte sin condiciones y estar presente de un modo que nadie más lo hace.

Acéptala como es. Acepta todo lo que es, porque las partes desagradables de nosotros mismos, las difíciles, las pruebas y adversidades nos hacen únicos. El amor es la disposición a dar y recibir alegría a pesar de lo malo —a través de lo malo—, amar a alguien como un ser completo, aunque lo sintamos poco entusiasta o inmaduro.

Mis padres llevan veinticinco años de casados. Comprometerse con una persona tantos años a pesar de que al hacerlo solo llevaban dos años de conocerse no es fácil. Si algo he aprendido tras observar cómo se ha sostenido el matrimonio de mis padres a lo largo de décadas, y al mismo tiempo, ver la relación de mis abuelos, cuando empezaron a salir a los trece y nunca se separaron en más de sesenta años desde entonces, es que las relaciones exigen esfuerzo.

El amor exige esfuerzo, pero cuando ambos se esfuerzan, eligen hacerlo y se comprometen a ello todos los días... funciona.

No estoy sugiriendo que las relaciones tengan que ser difíciles o que deberían sentirse así. *Son* difíciles. Ese es el punto de partida. Esa es la razón por la que son tan especiales, por la que son tan valiosas, por la que se sienten tan bien. Y la relación correcta, con la persona apropiada, se sentirá fácil aunque sea difícil.

REGLA 10 Siempre he sido defensora de ir a terapia, como individuos o incluso como pareja si lo necesitan, porque nos ayuda a comprendernos más y, en consecuencia, a ser más empáticos. A lo largo de mi relación con Ezra, creo que me hubiera caído bien la terapia, pero en ese momento no creía necesitarla. Estar ahora en terapia, durante mi relación con Noah, al fin ha cambiado de manera irrevocable la forma en que muestro empatía, lo acepto tal como es y en el momento de su vida en que está y me esfuerzo por ser una mejor persona para poder ser una mejor pareja.

Nadie está tan bien que no necesite un poco de terapia.

Aunque ahora soy muy feliz y mi relación con Noah es la mejor que he tenido (y pienso que será la mejor que lleguaré a tener), sigue habiendo retos. Aún tenemos días buenos y malos. Los buenos superan a los malos y la energía que obtengo de estar con él es mucho mayor que la que gasto manteniendo viva la llama.

Sin embargo, hubo un tiempo en el que me di cuenta de que nunca tendría esa paz. Pensé que después de terminar con Nate no merecía amor, porque si no era capaz de enamorarme de alguien que parecía ser tan bueno, que era tan amable y gentil, ¿por qué el universo me daría otra oportunidad? A los veintiún años acepté que jamás tendría un gran amor, que había perdido mis posibilidades de encontrar a alguien.

La historia que me conté fue algo que estaba por completo bajo mi control. Pasé un año creando una narrativa muy concisa de que había perdido mi oportunidad de amar. Que nunca me enamoraría, nunca encontraría a alguien, y sería mi culpa. Me inventé una narrativa en la que no era digna de amor ni deseable, un cuerpo sin una mente florida ni alma relevante. Deje de creer que había algo dentro de mí que alguien más consideraría valioso o que le hiciera querer estar conmigo.

Pero esa fue una historia que me inventé. Yo tenía la pluma y la tinta. Era mi mente la que estaba teniendo esos pensamientos que me convencían de que no merecía amor. Así que también podía agarrar el corrector líquido. Podía tomar el borrador y empezar con la página en blanco. REGLA 11 Podía reescribir la historia.

Qué pasaría si borraba el desprecio hacia mí, la historia de una chica triste sin potencial, sin oportunidad, sin la capacidad para ver que, si quería amor, siempre podía tenerlo. Estaría en los lugares menos esperados y en todos los momentos que no sabía que más lo necesitaba. Podía escribir una historia en la que fuera resiliente. Feliz de estar sola. Donde me fuera a acostar sola y me sintiera en paz. Podía escribir una historia donde no temiera no encontrar el amor, sino desperdiciar mi potencial. Podía escribir una historia donde no me preocupara morir sola, sino morir insatisfecha. Podía escribir una historia en la que estuviera dispuesta y lista para lo que me esperara a la vuelta a la esquina, en donde me considerara bella, valiente y amable. En la que mereciera cosas buenas y pudiera reconocer todas las cosas buenas que ya estaban en mi vida, y no solo la ausencia de ellas.

Siempre tienes la capacidad de empezar a reescribir. De crear otro final diferente. Eso es algo que solo puedes hacer tú.

REGLA 12 No creo en la existencia de un alma gemela. Creo en almas gemelas, en plural. Muchas de ellas. Potencialmente un número infinito que deambula por la Tierra, intentando darle sentido a la vida. Pongámosle una cifra y digamos que tenemos quinientas potenciales almas gemelas.

Piensa en tu alma gemela como si fuera un abrigo de invierno. Compras uno y te mantiene calientita durante unos cuantos inviernos; a veces será el abrigo perfecto y lo conservas diez, veinte, treinta años. Otras veces ya no te quedará, lo perderás, te darás cuenta de que ya no es tu estilo, se le caerán algunos botones o simplemente no podrás encontrarlo cuando llegue la temporada de frío. Cuando eso sucede, vas a la tienda y te compras un nuevo abrigo de invierno. Existen miles y miles de opciones: abrigos que te queden, que te encanten, que puedas llevar unos meses o unos años, o incluso para siempre.

Siempre hay un abrigo listo para mantenerte calientita y, como nuestra meta final no es para siempre, cuando ya no nos queda, seguimos teniendo bonitos recuerdos del invierno en que nos mantuvo abrigados. Seguirá sirviendo un propósito para nosotros. Tenemos fotos, los recuerdos de haberlo llevado el día en que nevó tanto que no podíamos distinguir las caras de las demás personas de camino a casa.

Tienes un número infinito de oportunidades de encontrar un alma gemela, de encontrar a alguien que te mantenga abrigada. Es posible que tengas la suerte de conocer a varias y que pasen juntos los inviernos. Estoy segura de haberlas tenido.

Quizá desees vivir en Florida y nunca necesites un abrigo en absoluto. Todos encontramos nuestro propio lugar soleado.

También creo en las almas gemelas infinitas porque pienso que se presentan de formas diversas y no solo son las parejas románticas. Pueden ser nuestros amigos, nuestras mamás, nuestros hermanos. La gente que ata nuestras velas cuando en apariencia no podemos dominar el viento. La gente que nos lleva al otro lado de la línea de meta y celebra nuestras victorias. Nuestras almas gemelas pueden ser arte o artistas, nuestros referentes, nuestras lecturas, la música con la que nos quedamos dormidos.

Desearía haber sabido que no hay solo una. Que soy una persona con una vida abundante, al igual que con múltiples oportunidades de vivir. Hay abrigos de invierno que se venden cada vez que llega esa temporada y encontraré uno que quiera ponerme en casa, todo el año, e incluso a veces para ir a dormir.

Desearía haber sabido que no debería tener una relación solo para tenerla. Nunca deberíamos conformarnos con una pareja porque preferimos tener a alguien que estar solos. Siempre es mejor estar solo que en una relación espantosa, una relación que nos parece incorrecta o una relación que no nos funciona. Estar solo no significa soledad, nada más estás solo.

Cuando estás en una relación a largo plazo, la gente siempre te pregunta si crees que es "la persona elegida" y nunca sé cómo responder, porque no creo que la pregunta sea muy clara.

Cualquier persona con la que elijo salir es alguien con quien me veo en el futuro; puedo imaginar que pasaremos la vida juntos, las experiencias que podamos tener juntos y el potencial que tenemos como pareja. Si no lo hiciera, no estaría con ella. Pero, al final, no puedo predecir el futuro, y tú tampoco. Así le quito la presión.

Por el momento, Noah es el elegido. Durante esta semana y la siguiente. Tenemos reservados boletos de avión para un próximo viaje y planes para la siguiente ronda de fiestas decembrinas. Será el elegido para todo eso y espero con toda mi alma que lo seguirá siendo por diez o veinte fiestas decembrinas y viajes futuros. Sabe que es el elegido por ahora y también que espero que lo sea todos los días en que esté conmigo. Me dice que él siente lo mismo y me besa en la nariz.

Intento ser realista, porque nuestro realismo es sano. Nos mantiene flotando juntos entre el suelo y las nubes, pero en realidad nadie sabe nada, solo suponemos y comprobamos. Suponer y comprobar. Hubo una época en la que pensé que Ezra, Luke e incluso algunos días Nate, eran los elegidos. No solo deseaba que Ezra lo fuera; estaba convencida de que lo era. Pero si no hubiera perdido a Ezra, no tendría a Noah.

Por ahora estamos enamorados, por ahora somos lo mejor en las vidas de ambos y aunque no sepamos qué vendrá, lo que sí sé es que siempre amaré a Noah porque el tiempo que compartimos ha sido demasiado especial y hermoso como para olvidarlo. Por primera vez siento la libertad en el amor. Es posible reescribir tu narrativa, reaprenderte a ti misma y desaprender a alguien más solo para conocer, por primera vez, a alguien nuevo. Lo único que quería en todas mis relaciones, en todo el dolor y en todas las noches hermosas, era estar conmigo. Todo ese tiempo, la conexión más importante era la que tenía conmigo y esa afinidad por mí que fue creciendo como bola de nieve que me llevó hasta Noah, a los dos contra la ventana fría, a sus lentes en la mesita de noche y a sus cálidos brazos alrededor de mi cintura. La llave para nosotros era mía en cuanto abrí todo lo que había enterrado, todo lo que no quería admitir y todo lo que siempre quise aceptar, pero no podía. Tú, en solitario y solo tú, eres la única ruta que puedes tomar para encontrar un nosotros.

Me gusta contar cómo manifesté a Noah. En el posgrado conocí a una mujer llamada Terry, una bruja y médium psíquica de las celebridades —incluso de un par de presidentes de Estados Unidos— y que ahora es reconocida por ayudar a las mujeres a librarse del peligro en las calles y el metro de Nueva York, al advertirles que hay un hombre cerca de ellas que planea agredirlas con violencia.

Su departamento estaba en el séptimo piso de un edificio sin elevador y tenía una escalera serpenteante de hierro forjado. El edificio fue renovado desde que Terry se mudó , pero me contó que solicitó que no remodelaran su departamento.

Su estufa era una Chambers antigua y su comedor era de madera suave y oscura. Los muros estaban llenos de chucherías y libros, sobres y postales que había coleccionado. Olía a suavizante de ropa y madera de chimenea, y me recordaba el lugar donde Jack y Jill fueron a sacar agua en la canción de cuna. La luz fría atravesaba las cortinas de encaje y en la cocina había una bañera con patas de garra. Podía decirte de dónde venía cada recuerdo. Dónde estaba cuando leyó cada libro. Cómo hizo su primera varita mágica y su primera escoba, que colgaban en las paredes.

Le dije a Terry que me sentía bloqueada. Insegura. Poco clara. Sentía que mientras todos los demás podían pisar el acelerador y seguir adelante, yo estaba atrapada interminablemente en un coche estacionado. No se trataba de falta de motivación, sino más bien de no estar segura de a dónde se suponía que debía dirigir mi energía.

Estaba estudiando un posgrado, era niñera cuatro veces a la semana, estaba soltera y un poco extraviada. Me estaba matando en la Escuela de Periodismo, pero algo estaba mal porque sentía que me esforzaba tres veces más en mis clases, pero mi desempeño era tres veces inferior. En otras palabras, no estaba segura de ser una buena periodista de noticias. En mis clases, durante los talleres, leía con mucha atención el trabajo de mis compañeros y me preguntaba por qué mi cerebro no podía entender del mismo modo lo que estábamos aprendiendo.

Me preocupaba nunca llegar a trabajar en periodismo o que, si llegaba a hacerlo, no lo haría muy bien. Sin embargo, seguía esforzándome día tras día, matándome; impulsándome con demasiada fuerza y con un pequeño cúmulo de ansiedad enterrado en alguna parte entre mis costillas.

—Tienes que quedarte quieta y esperar.

—¿Qué? —repliqué.

—Quédate quieta y espera. Algo llegará. De hecho, llegarán muchas cosas —se rio—. No quieres saber. Créeme. Quieres que te sorprendan.

—¿Eso quiero?

—Sí.

Y eso fue todo. Guardé mis cosas y bajé por la escalera de caracol hacia la calle, sintiéndome igual. Crucé la calle y me metí a la alegre pastelería donde sonaba música navideña y olía a mantequilla y limón.

Quédate quieta y espera.

No sabía lo que significaba, pero solo eran cuatro palabras. Pedí un cupcake sin gluten y me senté a tratar de desenmarañar las palabras en mi mente. Me conformé con dejar que significaran exactamente lo que debían: dejar de presionar tanto para encontrar lo correcto. Dejar de presionar tanto para averiguar a dónde se supone que dirigiría mi energía o a quién. Ahí fue cuando empecé a manifestar y a llevar un diario. Empecé a poner por escrito las cosas que quería de la vida. Empecé a creer que podían llegar. Llené las páginas de mi cuaderno con cuentos de amor, aspiraciones de carrera y metas por las que me había esforzado. Lo más importante, cambié mi mentalidad. Empecé a creer que mi yo futuro tendría al amor de su vida, el contrato de un libro, los hitos de mi carrera. La yo actual solo tuvo que esforzarse en lograrlos y creer que se volverían realidad.

Solo disfruta del viaje, haz tu mejor esfuerzo y trabaja mucho. Deja que el universo se ocupe del resto.

TERCERA PARTE

REGLAS PARA LA DECEPCIÓN AMOROSA

1. EL-TIEMPO-SANA-TODAS-LAS-HERIDAS.
2. Regodéate en el dolor. Tienes que sentirlo todo, en especial las cosas difíciles.
3. Dulces, helado y papas fritas sabor crema ácida con cebolla. Come hasta desfallecer. Disfruta de la comodidad.
4. Ponle FECHA FINAL a la autocompasión: dos semanas, tres semanas, fin de mes. Depende de cada quien.
5. La decepción amorosa es un momento de renovación total. Pero hazlo por TI, no por ellos.
6. Primero bésate con alguien más, luego ten una primera cita, después considera acostarte con alguien nuevo.
7. Si al principio no lo logras, no cojas con tu ex.
8. Bloquea, elimina, desamígate. Tira sus cosas.
9. Películas, libros y música con contenido positivo y al estilo *girl boss*, como Elle Woods.
10. La meta de una relación no siempre será para toda la vida.
11. La regla del interruptor: cuando esa persona entre en tu mente, apaga ese pensamiento con otro positivo.
12. No lo extrañas, lo que extrañas es cómo te hacía sentir.

Mayo en Ann Arbor es el mejor mayo que he vivido. Está a unos siete grados Celsius en la mañana, veintidós en la tarde. Cuando el sol se esconde tras las nubes, el cielo parece contener la respiración. Adquiere un tono púrpura fosforescente. Solíamos vestirnos como si fuera verano solo porque ya no estábamos a diez bajo cero.

Fue mi primer mayo ahí y estaba empacando mis cosas para mudarme de mi dormitorio. Sentada con las piernas cruzadas entre las dos camas, doblé mi ropa, alguna para guardarla en cajas de cartón que se quedarían en la unidad de almacenamiento durante el verano y otra para la enorme maleta negra que estaba al borde de la cama.

La noche anterior Ezra me visitó. No nos habíamos visto desde marzo, lo cual fue una idea suya que obedecí sin ganas después de una noche en que mi invitó solo para que yo tuviera que subir por la escalera de escape hasta el segundo piso, tener sexo y luego sacarme casi a patadas.

—Ni siquiera quería que vinieras —me dijo esa noche mientras mi cuerpo semidesnudo estaba envuelto entre sus sábanas. Habíamos estado acostados una hora cuando se paró de la cama, decidió que ya no me quería ver nunca más en su vida y con rudeza me lo hizo saber.

—No es mi culpa —prosiguió con un asomo de circunspección para mostrarme que lo decía en serio— que nunca hayas experimentado dificultades antes y que no puedas superar que terminamos.

—¿Por qué estás haciendo esto? —le pregunté casi en un susurro, que fue lo más sonoro que pude expresar.

No tuvo respuesta. Solo me aventó mis jeans y apenas pude atraparlos. Me dijo que me vistiera.

—Lárgate —gritaba una y otra vez, como si no hubiera sido él quien me había invitado a ir. Como si no hubiera pasado la última hora rozando un dedo contra la piel erizada que cubría mis brazos y hombros, como si no me hubiera dado un beso en la frente.

No fue su "lárgate" lo que me dolió, sino cómo me miró y cómo lo dijo, era la única persona en la escuela que sabía cómo me había ido el día de Acción de Gracias cuando regresé a casa de mis padres y, para mi sorpresa, mi mamá no tenía la fuerza suficiente para levantarse de la cama.

Me vestí rapidísimo y me dirigió una mirada furiosa cuando me detuve en el marco de la puerta. Eran las dos de la mañana y hacían menos doce grados afuera. No traía chamarra y me temblaba el cuerpo mientras trataba de subirme el cierre del pantalón, intentando entender por qué me quería hacer tanto daño.

—Vete —fue lo único que dijo al mismo tiempo que yo lo miraba temblando como un animal aterrorizado y no como una chica de dieciocho años.

—¿Por qué haces esto? —le susurré. Solo volteó para darme la oportunidad de escurrirme por la puerta. Sabía que no tenía permitido bajar por las escaleras junto a sus hermanos de la fraternidad y sus amigos para salir por la puerta principal. De modo que caminé hacia la escalera de escape y me ardieron los dedos cuando agarré el barandal de hierro. No sentía el frío porque todo en mí se sentía como si fuera líquido. Temía que las piernas me fallaran cuando bajé al piso de concreto. Pude ver mi aliento y dejé que el aire helado me aguijoneara los brazos desnudos. Quería sentir algo más que el dolor. Lloré de camino a la banqueta, con la mirada en el piso. No estaba molesta por que me dijera esas cosas. No estaba molesta por que me hubiera asustado o que me hubiera aventado mi ropa o que hubiera dicho "lárgate". Estaba hecha pedazos porque, sin importar lo que hiciera, él seguía sin amarme. Estaba hecha pedazos porque después de semanas de un interminable ir y venir y de jueguitos, no pude recuperarlo. Había estado tan cerca —la mayoría de las semanas me decía que me lo había ganado de nuevo, solo para decidir días más tarde que ya no quería estar conmigo—, me había dado una lista de las cosas que yo había hecho mal, una lista de razones por las que no era lo suficientemente buena y entonces entraba en un mundo de salvaje frenesí para tratar de probarle que estaba equivocado. Casi siempre lo hacía. Desearía haber sabido que nunca se trató de mí y que nunca hubo nada que pudiera haber hecho. El ritual era sádico y manipulador, pero el único error que cometí fue creer que no era lo suficientemente buena para él, ni para nadie más.

Me preguntan mucho por qué regresé y me esfuerzo por encontrar la explicación. Creo que debemos dejar de preguntarles a las personas manipuladas por qué regresan, por qué no tienen dignidad y empezar a responsabilizar a quienes los manipulan; lo que hacen para obligar a alguien a quedarse o cómo logran que una persona se sienta tan despreciable.

En los meses en que estuvimos separados, luché por sanar. Todos me decían que nuestra ruptura era lo mejor que me pudo pasar. Todos me decían que, después de esa noche, no había posibilidad de que regresara con él. Pero a la gente se le olvida que cuando estás en una relación emocionalmente tóxica o abusiva, es común que no puedas ver con claridad lo que sucede. La gente está muy dispuesta a juzgar o culpar, pero no podía evitar cómo me sentía, e incluso cuando él me lastimó o me arrastró más bajo de lo que nunca me habían arrastrado, estaba tan involucrada que me cegué: no podía dejar de amarlo. Tanto él como mi propia voz interior me decían que esto era todo lo que tenía. Una diminuta parte de mí sabía que, si él llamaba, le respondería. Me avergonzaba, me daba asco y me deprimía, pero no podía evitarlo. Sentía como si él fuera lo que merecía. Intenté obtener afirmación de cualquier otra fuente, desde correr medios maratones, mis clases o los chicos rubios de las fraternidades que tenían sonrisas amables, pero no funcionó.

Luego, meses después de nuestra ruptura, estaba destrozada, desconsolada, sentada en el piso y pensando en la noche anterior, cuando le permití que fuera a mi cuarto con la misma sonrisa avergonzada, los mismos chistes estúpidos, el mismo hechizo que tenía sobre mí. Nos sentamos de cara a la pared, con nuestras piernas rozándose, los pies al borde de la cama. Fue casi cósmico que no nos hubiéramos visto desde esa noche de marzo y que, cuando pidió verme, ni lo dudé. Sentí como si algo despertara dentro de mí luego de semanas de oscuridad. No quería decir o hacer algo equivocado, así que lo dejé tomar el control de la situación. Había una fuerza cinética entre nosotros, un nivel innegable de química. No quería que nadie supiera que estaba ahí, porque admitirlo hubiera sido reconocer que era débil. Que no tenía posibilidad de ser una feminista fuerte o valiente si tenía este horrible vicio que me incapacitaba. Desearía haber sabido que no debería haberlo dejado entrar, pero también que me había manipulado en un nivel emocional muy profundo, al grado de que estar a su voluntad se sentía natural. Ambas cosas podían ser ciertas al mismo tiempo. No era débil ni fracasada. No me había perdido. Yo estaba perdida y no entendería a esa chica hasta que me encontrara.

Me besó y me dijo que no había nadie como yo, que nada se sentía como nos sentíamos juntos. Acostados ahí después de tener sexo y pensando en que al fin podía recuperarlo, sacudió mi optimismo y me contó que había estado saliendo con alguien, una dulce estudiante de enfermería con un collar con una cruz de diamantes y versos de la Biblia en su biografía de Instagram.

En el suelo, empacando mi ropa, me sentía vacía. Me deshizo. Se llevó todo y siguió tratando de llevarse más, y luego se fue con todo lo que yo era como si no fuera nada. Doblé un suéter que olía a la noche que pasamos en Detroit. Los dos en el coche, escuchando música country mientras yo me peleaba con los botones de la blusa bajo la tenue luz del estacionamiento, y quitándonos la ropa cuando nos pasamos al asiento de atrás. Ahora empaqué los jeans con manchas de amor en las rodillas por ponérmelos una y otra vez; con esa frecuencia habían pasado la noche en el piso alfombrado de su habitación. Consideré la posibilidad de donar montones de camisetas sin mangas con bordes de encaje o listones que me puse cuando me pareció que todo el mundo encajaba, menos yo. Quizá había perdido el tiempo en los lugares incorrectos, llevando ropa que parecía un disfraz que me ponía porque estaba representando un personaje en una película sobre mi propia vida. Sentí una mordedura en el cuello, un punto enrojecido que me dolía cuando lo rozaba con el dedo: un recordatorio de que ni siquiera me pertenecía a mí misma. Tiré las velas a medio consumir que compré en un Homegoods a las afueras del campus. Tuve un ataque de pánico cuando las estaba comprando, parada en un mar de aromas florales y cera, porque me había acusado de ser la que provocaba todas nuestras peleas y me dijo que todo era mi culpa. Una cosa era estar afligida y otra era estarlo sin ningún control.

A lo largo de dos meses regresamos a ser unos desconocidos y luego le di la bienvenida en el instante en que me lo pidió, sin ninguna duda, así de fácil, con la sencillez de quien le sopla a una llama. Me pregunté cómo se sentiría decirle que no alguna vez. Ahora estaba perdida, varada en el océano, y el bote salvavidas que él capitaneaba se acercaba a mí, pero nunca me salvaba. Cada vez que trataba de subir a bordo, me empujaba por el borde y se me quedaba viendo mientras me estaba ahogando.

Es difícil discernir un sentimiento que nunca has tenido antes, pero solo existe un número limitado de explicaciones para una emoción que te provoca el deseo de arrastrarte a un rincón y desaparecer.

Era una decepción amorosa desconsoladora y catastrófica.

—Quiero estar con un chica que sea judía de verdad, no que solo tenga un papá judío con un nombre que suena judío.

Eran las diez de la mañana y estábamos en el estacionamiento de una iglesia católica cuando yo tenía apenas dieciocho.

Para ser sincera, debo decir en defensa de Ezra que querer estar con alguien que comparte las mismas creencias religiosas es válido y lo comprendo. Lo entiendo. Si me hubieran criado como judía, tal vez querría estar con alguien que también tuviera esa religión. Era su derecho, su preferencia religiosa y es algo que siempre respetaría.

Pero lo que más me dolió fue lo que siguió a ese primer comentario.

—Siempre me dije que haría una excepción si la persona y la relación fueran absolutamente excepcionales… pero tú no lo eres. —Me miró como si fuera nieve sucia bajo su bota. Ann Arbor estaba gris y vacío. Todos se estaban preparando para ir a sus casas para Navidad y pronto se encontrarían con una cacofonía de preguntas: ¿Te gusta la universidad? ¿Es fantástica? ¿Cómo te fue en el primer semestre?

Lo que era cierto es que el semestre estaba terminando con una explosión.

—Siempre lo supe, así que quizá debería habértelo dicho antes. —Se mecía sobre los pies e intenté fijar la vista en otra parte. El fondo de toda esta farsa era la iglesia católica a un lado y la casa de su fraternidad al otro. Qué alegría.

"Pero tú no lo eres". Las palabras resonaron en mi cabeza como las campanas de la iglesia. Ni siquiera podía escuchar lo que decía. Solo veía cómo movía la boca.

En ese momento empezó a sollozar, como si le doliera tanto romperme el corazón con un tráiler de veinte toneladas. Como si le doliera insultarme. Como si fuera un buen tipo, un tipo agradable, un chico que quería que estuviera bien. Recuerdo haberme preguntado qué me diría mi mamá que hiciera: *¿Me diría que le devolviera el golpe? ¿Que fuera sincera? ¿Que le llorara? No podía pensar.*

—Ya. —Fue lo único que pude decir. Luego me volteé desafiante y me regresé justo por donde había llegado, por un callejón que a menudo recorría para ir de mi cuarto en el dormitorio a las fiestas en su casa. Caminé rápido, intentando recuperar el aliento y recordar cómo se le había torcido la cara cuando dijo "y tú no lo eres". Esperé hasta estar fuera de su línea de visión antes de llorar como una histérica. Recuerdo haber pensado que fue malvado y cool de mi parte dejarlo llorando en el estacionamiento como un imbécil patético, pero no me mantuve impasible mucho más tiempo. Sentí que el mundo se derrumbaba alrededor; la casa de ladrillo en la que me había sentido tan cómoda quedó hecha pedazos sobre el piso en cuestión de treinta segundos. Dijo que habíamos terminado, pero sabía que no era cierto. Debería haberlo sido, pero durante el siguiente año ninguno de los dos fue capaz de soltar al otro.

Es decir, a fin de cuentas, esa fue mi primera decepción amorosa. A los dieciocho años tenía cara de niña, el pelo largo y castaño con las puntas abiertas y me encantaban los suéteres estampados. Parecía un ciervo que estuviera aprendiendo a caminar. Me ponía tops que revelaban mi piel de manera intencional y me reía a carcajadas para que la gente me notara. Mentí durante todo el proceso de selección a las sororidades porque temía no ser lo suficientemente interesante o cool para tener amigos si alguien averiguaba que me gustaba pasar las noches de sábado leyendo, que estuve en el club de artes dramáticas en el bachillerato. Pensé que tenía lo que quería: las hermanas de mi sororidad, mi agenda social estaba llenísima, tenía la atención de un desgarbado chico más grande que yo, pero lo único que no tenía, y ni siquiera sabía que me faltaba, era a mí misma. Perderlo implicaba perder la mayoría de lo que tenía, sin que me quedara siquiera una idea de quién era yo.

Suena dramático, pero cuando tienes dieciocho años y te rompen el corazón por primera vez, tu mundo se desmorona. Porque muchas veces tu mundo es las cinco veces que él te dijo que te veías muy bonita y cómo se sentía ir colgada de su brazo en el sótano de su fraternidad. No seré condescendiente con mi yo del pasado: su mundo se acabó de un modo en que no se acabaría el mío ahora, pero ese era su mundo entonces.

No me di cuenta de que el amor podía expirar y luego evaporarse. Pensé en mis papás, que se conocieron cuando mi mamá tenía veintiún años. Pensé en mis abuelos, que se conocieron cuando tenían trece. Me sentí atacada por sorpresa y en negación, como si no pudiera aceptar que hubiéramos caminado de la mano a clases un jueves y todo entre nosotros se hubiera cancelado cuarenta y ocho horas después. No entendía por qué se enamoró de mí, por qué quiso estar conmigo si todo ese tiempo supo que yo no era la indicada.

Sin embargo, en el fondo de mi mente, aún lo suficientemente pequeña para que la acallara, una voz me sugería que podía volverme excepcional del modo que él quería. Esa parecía la solución más fácil.

¿A dónde se va el amor cuando todo está dicho?, me pregunté mientras caminaba despacio a un Starbucks, con la nieve enlodada sobre la punta de mis botas Ugg. Me convencí de que no podía irse a cualquier parte, de que si hubo algo entre nosotros, permanecería ahí. De ese modo, seguía habiendo un rastro de esperanza, pero nunca se me ocurrió que tan solo podía terminarse. Me dolía demasiado enfrentar eso, así que no lo hice. Así que mejor decidí que el dolor sería temporal y aminoraría cuando los dos pensáramos con claridad y nos centráramos en qué había salido mal. Quería que la misma persona que había prendido el motor le metiera reversa.

Me sentía con resaca. Recuerdo haberle preguntado a Sadie qué debía hacer. Acabábamos de conocernos hacía dos meses y empezamos a ser amigas cerca de la misma época en que lo conocí a él. Los amaba y confiaba en ellos por igual, hasta que ella se adelantó. Me acompañó aunque la ruptura me convirtió en una persona insufrible y también me acompañó a lo largo de todo lo que vino después.

Esperé horas para contarle, porque decirlo en voz alta hacía que todo se sintiera real. Al final le envié un mensaje y me dijo que fuera a visitarla. Su dormitorio estaba a kilómetro y medio de distancia y el viaje incluía pasar junto a la casa de Ezra. El cielo estaba negro y se había soltado una tormenta de nieve, pero ya no podía quedarme sentada en mi cuarto, así que caminé hasta su dormitorio y nos sentamos en el sillón de la sala común luego de pedirnos unas pizzas. No había comido en todo el día y todo me sabía a cartón. Le dije que sentía como si tuviera un elefante sentado en el pecho. Se sentía cruel, pesado y angustiante. Ni Sadie ni yo podíamos saber todavía lo que estaba por venir para ambas. Apenas nos conocíamos y yo apenas me conocía a mí misma. Durante el resto de ese año nos sentábamos en mi cama de litera, tomábamos bebidas a sorbitos y fingíamos estar felices. A lo largo de todo eso, siempre nos tuvimos la una a la otra. Desearía no haberme olvidado del amor que sí tenía y no el amor que había perdido.

REGLA 1 "Me vas a matar, pero lo único que ayuda es el tiempo", exclamó, levantó la vista de su laptop y asentí, pero me dije a mí misma que me dedicaría a convencerla de que estaba equivocada. En mi cerebro, me imaginé que las chicas hermosas y audaces dirían que "el tiempo lo cura todo", pero las cosas les resultaban más fáciles, de modo que debía probarse que su consejo era falso. Aunque, por supuesto, ella era la más sabia de las dos y yo, muy ingenua, de todos modos decidí demostrarle que estaba equivocada.

Cuando regresé a la escuela en 2017 quería vengarme y, según yo, me sentía empoderada. Hice parecer que me iba bien: me inscribí en todos los clubes a los que había pospuesto unirme cuando estaba atrapada en las fiestas de las fraternidades y en tener un novio. Empecé a escribir de nuevo, aunque la mayoría de mis escritos eran empalagosos y tristes.

Salí todas las noches. Los chicos me tocaban la cintura, derramaban cerveza en mis jeans y me soplaban humo en la cara. Quizá tendría sexo con ellos. Quizá me volvería amiga de las chicas que bailaban cerca del DJ. Quizá me iría a mi casa. Fingí que esa norma vivía en mis huesos. Una y otra vez me dije: *Estás bien. Esto no te duele*. Hice a un lado el dolor porque enfrentarlo, enfrentar la aflicción, implicaba aceptar que habíamos terminado. Pero sin importar lo que hiciera, a dónde fuera, buscaba a Ezra en los rincones llenos de gente en todos los bares universitarios.

En Instagram —hacia el exterior— hice un buen trabajo para convencer a todos (y a mí misma) de que estaba bien y así evitar la verdad, pero tras las puertas de mi habitación del dormitorio, no era tan fácil. Me costaba mucho trabajo, acostada en la cama y obsesionada, comiendo kilos de dulces y escuchando la versión extendida de Bruno Mars, en especial "Versace on the Floor" por la razón que fuera, hasta que al fin me levantaba y me mentía de manera retadora diciéndome que me sentiría mejor. No me permitiría sentir por mucho tiempo, o frente a nadie más, porque sentir era aceptar las crueles verdades de la realidad.

Hay tantas cosas que desearía haber sabido entonces. Quisiera haberlo sentido todo, en especial las cosas difíciles. Hice a un lado esos malos sentimientos y los envié tan lejos que cuando al final estuve lista para verlos de frente, tuve que escarbar para extraerlos de debajo de todo lo que les había puesto encima. Me aguanté tantas lágrimas, tantas crisis y tantas emociones porque no quería que esas emociones vivieran en mí, en el mundo. Supuse que si me impedía sentirlas, con el tiempo se cansarían de mí y se irían.

REGLA 2 Pero la verdad es que tienes que aceptar tu dolor, tienes que llegar a un acuerdo con los sentimientos difíciles, las emociones de desolación, tienes que conocerlos para decir: "Estoy harta de ti y ahora te puedes ir".

Tienes que retener algo antes de poder soltarlo.

REGLA 3 Date unos días, o semanas, o por lo menos un fin de semana para ver tus comedias románticas favoritas, comer helado y solo sentir autocompasión. Esa es una parte integral de proceso para sanar y REGLA 4 luego ponte una fecha para que se acabe la obsesión: báñate, limpia tu espacio, sal a dar una pequeña caminata y pon un pie frente al otro.

Ahora saldría a hacer cosas que mitigan un poco el dolor y no lo empeoran, pero en aquel entonces no sabía que el sexo casual aleatorio y las resacas agravaban lo que ya estaba sufriendo.

Hoy me recuerdo que no existe un límite de tiempo. No hay nada que debería estar haciendo. Ninguna manera correcta de gestionar una ruptura o una decepción. Está permitido sentirse fatal y, al mismo tiempo, sentir una extraña sensación de libertad. Está permitido sentirse devastada, incluso si fuiste tú la que terminó la relación. Saldría y haría algo para mí misma: cortarme el cabello, hacerme un flequillo (nada impulsivo), algunas luces nuevas. REGLA 5 Me haría sentir un poco renovada, en un periodo de novedad.

REGLA 6 Hoy daría un paso a la vez. Empezaría a salir hasta que estuviera lista para hacerlo. Tal vez me aventuraría a ir a la pista de baile, besar, luego salir con un desconocido en una primera cita y, en última instancia, tener sexo con alguien nuevo cuando el momento me pareciera correcto. En 2017 supuse que las citas, el sexo y las distracciones me curarían al final, vendarían una herida que no dejaba de dolerme. El corazón es un músculo y cuando te distiendes un músculo, el médico te dice que te tomes un tiempo libre, que no hagas nada que te lastime, que descanses cuando te duela.

Es lo mismo con el corazón. No hagas nada que te lastime y, cuando te duela, detente y descansa.

Una noche antes de terminar, él tuvo una función de improvisación. Aunque su grupo de improvisación era un conjunto muy sobrevalorado y cool de perdedores, era la compañía que ansiaba. Era diciembre. Me alisé el cabello sin protector térmico y me senté en la segunda fila. Estaba aturdida y orgullosa. A veces, por alguna razón me avergonzaba verlo actuar, pero era divertido. Con frecuencia él me decía que yo no era nada chistosa. Es interesante, porque mi papá no estaría de acuerdo con él, pero me estoy desviando del tema.

Después de la presentación, subí al escenario para darle un abrazo y me preguntó si estaba demasiado cansada como para asistir al *after*, a lo que respondí que por supuesto que no. Fue estúpido de mi parte olvidar que el día anterior me regresó una bolsa con mis cosas porque, según él, sus roomies le pidieron que "arreglara" su cuarto. Ningún roomie de un hombre le ha pedido alguna vez que "arregle" su cuarto, así que si tu novio te dice eso, asegúrate de confrontarlo por decir esa estupidez.

Lo extraño de tener el corazón roto por primera vez fue darme cuenta de cuán singularmente dolorosa se siente una decepción amorosa. No se manifiesta como cualquier otro tipo de tristeza. Solo cuando piensas que entendiste el rango de emociones que son capaces de sentir los humanos, te llena un nuevo sentimiento de empatía y te derrumba un nuevo tipo de dolor. Es un hecho especial y misterioso. Después de que cortamos, lloraba en el autobús que me llevaba a clase, me cubría los ojos con Ray-Bans y actuaba como si estuviera cruda y fuera cool. Me negué a permitirme regodearme en mi dolor porque me parecía patético estar tan triste por alguien que me cortó en el estacionamiento de una iglesia luego de decir que no era lo suficientemente judía para él y que le avergonzaba estar conmigo.

Lo que quisiera haber sabido es lo siguiente: la decepción amorosa duele tanto porque el amor se siente maravilloso. Como un péndulo, el rango de las emociones humanas se expande hasta el infinito y reflexionar en cualquiera de los dos extremos resulta vertiginoso. Solo tenemos la capacidad de amar porque tenemos la capacidad de sufrir.

No sé si creo en eso de "superar" las cosas, porque superar algo da a entender que alguna vez eso te dominó. Nunca lo superé, tan solo maduré. Maduré a una versión diferente de mí misma luego de desperdiciar un año intentando conocer a otras personas. Finalmente me di por vencida y decidí convertirme en mí misma. Pero la chica que había encajado con él siempre lo haría, y el chico que había encajado con ella siempre lo haría. Tenía que dejarla atrás. La dejé a ella y a su necesidad de ser una perdedora sobrevalorada que aspiraba a las migajas en la residencia de estudiantes East Quad.

Después de mucho tiempo acabó disculpándose, pero no importó. Estábamos tan alejados de esa época, y de lo que implicó, que su disculpa y sus palabras de "Siempre tuviste razón, nunca fue tu culpa" no significaron nada para mí. Solo me hicieron reír.

Si ahora tengo un consejo para la decepción amorosa es que remes entre las aguas hasta llegar a la costa, porque la costa siempre está ahí y tus brazos tienen la suficiente fuerza. Baja la cabeza y, maldita sea, rema. A veces solo te dejarás llevar sin rumbo, en otras encontrarás un remanso para descansar, pero sé que puedes llegar al otro lado porque en todo el mundo, y todos los días, la gente lo hace. Todos estamos desconsolados o enamorados, o en algún punto intermedio. Cuando estás atrapada en la marea, dicen que primero tienes que dejar que te lleve. Se supone que guardes la calma. No puedes luchar contra el agua, solo deja que te lleve hacia el mar y luego pide ayuda, empieza a nadar paralelo a la costa. Casi te darás por vencida quince veces antes de percatarte de que la vida es demasiado valiosa como para dejar de nadar. Cuando llegues a ese momento, sentirás como si hubieras ido al infierno y regresado, y te sentirás orgullosa de ti misma por tener los pies bien puestos sobre la tierra.

Cuando pienso en Ezra, y en las consecuencias y efectos colaterales, sé que mi mayor error no fue que no lo sintiera todo, ni que no pudiera aceptarlo, como tampoco que no pudiera ver mi propio valor. Fue que pensé que podía y debería recuperarlo.

Hice todo eso porque me daba miedo lo que implicaba perderlo: tener que encontrarme a mí misma.

Pero esta es la verdad: no podemos convencer a nadie de que quiera estar con nosotras y, lo que es más, no deberíamos rogarle que nos acompañe, cuando quizá haya alguien más que está esperando y que nos busca y dice "Qué diablos, claro que sí". REGLA 7 No deberíamos rogarle a nadie que esté con nosotras. Así que ve a donde sí te quieran. Es simple pero, a fin de cuentas, es la clave para no arrastrarte de regreso a los brazos de un exnovio que nunca te querrá como tú lo quieres.

REGLA 8 Bloqueé a Ezra en todas partes —incluyendo GroupMe, por si las dudas— excepto, en apariencia, en mi correo electrónico. Me envió una carta como documento de Google diciendo algo que nunca olvidaré. **Temo que nunca tendré sexo así de bueno** (solo para aclarar, esto es textual): **Eli Rallo: 1, todas las demás chicas: -100.**

También, si alguna vez has hecho una lista de "pros/contras" en las notas de tu iPhone intentando decidir si quieres terminar algo o no: ya decidiste. Termínalo. Deja de quedarte hambrienta para que el otro se alimente. A lo largo de nuestras relaciones, todos cambiamos. A veces la persona con la que estás dejará de parecerse a aquella de la que te enamoraste. A veces es solo un presentimiento. Hazle caso.

Pregúntate, si nada hubiera ocurrido entre nosotros, ¿hoy elegiría de nuevo a esa persona?

Con mucha frecuencia nos da miedo terminar porque puede ser un caos y una experiencia muy desagradable, y vamos a acabar caminando entre la nieve con nuestras botas Ugg, solas, y rumbo a comernos un frasco de Nutella a cucharadas. Olvidamos quiénes somos por unas semanas hasta que empezamos a recordar. Tememos el final porque lo único que viene después es un comienzo desconocido. Nos aferramos a la comodidad y la familiaridad porque es más fácil que conocer a alguien más o, incluso más aterrador, conocernos a nosotros mismos. Sin embargo, eso no hace que retroceder sea correcto.

Pasaron los años, estaba empacando en otro cuarto, otra vez con el corazón roto. Era la primavera de 2019 y mi departamento estaba en la misma calle que el dormitorio de mi primer año, pero esta vez pude precisar con exactitud lo que estaba sintiendo. Estaba desconsolada, pero ahora se sentía muchísimo peor.

Quienes tienen una larga historia de relaciones saben que lo que alguna vez fue amor, con el tiempo termina por doler profundamente. Es casi como una ley de la gravedad. Gracias por eso, Isaac Newton Aunque termines estando con alguien hasta el final, hay un final, y el amor siempre termina doliendo. Es un tanto hermoso que continuemos persiguiéndolo con la fuerza y la intensidad con la que lo hacemos, aunque sepamos todo lo que podemos perder.

El asunto con las decepciones amorosas es que, en general, duele más en proporción a cuánto amaste y fuiste amada. Que te rompan el corazón se parece mucho a estar enamorado. Los considero más como sentimientos gemelos que como contrarios. La decepción amorosa es un torrente devorador de inevitable devastación emocional, pero no existe sin la presencia del amor, lo cual lo convierte, de alguna manera retorcida, en un regalo.

Terminé una relación con la segunda persona a la que amé, Luke, quien fue la primera persona con la que imaginé que pasaría el resto de mi vida. Tener planes futuros hace que la disolución sea un trago más amargo. Teníamos una lista no terminada de pendientes en las notas de mi teléfono. Días que nunca pasaríamos juntos. Terminé con él en mayo y pasé el siguiente verano asándome de calor, sola y herida, preguntándome si había tomado la decisión correcta, llené mis días con otra persona que deseaba que me distrajera, aunque era injusto de mi parte. Esta vez yo fui la que estuvo en el otro extremo de la ruptura.

Luke y yo habíamos estado saliendo cerca de seis meses cuando las cosas se fueron enturbiando. Estábamos enamorados y éramos lo suficientemente ingenuos como para pensar que eso nos llevaría hasta el otro lado. Sin embargo, nuestras prioridades no eran las mismas; de hecho, me dijo a la cara que yo siempre estaría en segundo lugar con respecto al resto de su vida (por lo menos fue sincero).

Pasé el tiempo rogándole que me diera un trozo del pastel que conformaba su vida: una salida ocasional por la noche, el esfuerzo de ir a una obra que estaba produciendo o que sintiera deseo por mí, pero apenas me daba una migaja. A medida que pasó el tiempo, quedé hambrienta y pude entender la realidad: así era como siempre sería entre nosotros. Así era como siempre sería con él.

Quería que fuera diferente porque nunca me había sentido así. Mi amor por él era tan profundo que hubiera hecho lo que fuera por luchar por nosotros, por luchar por nuestro final feliz. Intenté ceder. Le pedí con amabilidad que se esforzara un poco más en una cosa u otra; le pedí que me hiciera sentir más deseada.

También me pregunté si esto sería lo mejor que podría llegar a ser. No me estaba manipulando emocionalmente como Ezra, pero también había una evidente falta de esfuerzo por parte de Luke. Terminé la relación en mayo, sin embargo, lo habría hecho antes cuando me di cuenta de que nuestras prioridades no eran las mismas, ni tampoco el esfuerzo que poníamos en la relación, pero tenía miedo, estaba aterrorizada de que esto sería lo mejor que conseguiría.

Desearía que alguien me hubiera dicho que sería preferible estar sola, ser soltera, vivir mi vida por mí, que en una relación que no me funcionaba. La última vez que lo vi, fui a su casa, marqué el código de la puerta y nos sentamos en su cama. En ese entonces llevaba en el bolsillo una de esas diademas que siempre me ponía en el pelo, rociado con mi perfume y le llevé una carta en la que le decía que lo amaba, pero que ya no podía continuar así.

Lloró con el rostro pegado a mi sudadera y nos tomamos de la mano. Intenté preguntarme si esta era la última vez en que lo vería mientras era mío, pero no pude encontrar respuestas a mis propias preguntas. Nos sentamos así durante horas, solo abrazados. Al final me acompañó abajo. El primer piso del edificio era el cuarto de lavado. El clima era ventoso en invierno y tranquilo en la primavera. Me empujó contra una lavadora y me besó por última vez, y ahora ambos estábamos llorando. Le entregué la diadema y la carta doblada, lo cual lo hizo llorar todavía más.

No sabía qué hacer, así que lo besé y me fui.

Esa fue la última vez que hablamos en persona.

Unas semanas más tarde le pregunté si quería que nos viéramos y me dijo que no estaba seguro. Me contó que quería "concentrarse en su pasantía" y que "vería qué pasaba después". Le dije que yo no quería ser un "tal vez", en especial después de todo lo que habíamos pasado. Que tenía que elegir, porque no era justo para ninguno de los dos quedarnos de manera interminable en un espacio gris.

Entonces me dijo que no deberíamos volver a vernos. Eso me partió a la mitad, pero fue lo correcto. Aunque yo terminé la relación, pasé cada día cuestionándome si había sido la decisión correcta y preguntándome si algún día el amor sería mejor que esto, que ni siquiera había sido tan bueno.

Desearía haber sabido que no tenía que conformarme con el mínimo indispensable. Que no tenía que estar con cualquiera. Que podía estar sola, feliz y contenta. Que podía reservar un poco de energía para mí. Que no eres un "tal vez" y que yo tampoco lo soy.

Nunca nos pondríamos de acuerdo y yo esperaba cambiar mis prioridades para ver si alguna vez coincidiríamos.

Me convencí de que no podía regodearme en mi dolor y que no podía tener ningún duelo porque *yo* había sido quien terminó con él. Me creía débil y patética. A medida que pasó el tiempo, reincidí. Quería llegar a una playa conocida, cálida y arenosa, pero en lugar de eso, me fui a la deriva hacia un mar desconocido. Mareada, angustiada y preguntándome si alguna vez dejaría de remar y me dejaría ahogar. Sin embargo, si decidía ahogarme, nunca amaría de nuevo. Así que seguí remando. Tienes que seguir remando.

Recuerdo que una vez Luke me preguntó cuál había sido el mejor día de mi vida mientras estábamos sentados de frente en Soho, comiendo huevos estrellados. Era junio y me encantaba cómo se sentía mi cuerpo al estar sentada en la banqueta, bebiendo café de una taza de porcelana. Llevaba unos pantalones que se me veían increíbles. El sol iluminaba mi cabello de la manera correcta y, tiempo después de que terminamos, no me di cuenta de que podía comer huevos con otras personas y sentirme especial también.

“Hoy estoy tan feliz”, le dije. Acostumbraba a mentir mucho.

Y seguí repitiéndolo, como si estuviera desesperada por creerlo yo misma. *Estoy tan feliz. Estoy tan feliz. Estoy tan feliz. Estoy tan feliz.*

REGLA 9 Al mes siguiente asumiría mi papel de pasante en un teatro de St. Louis y estaría sola, conociéndome por vez primera. El verano me lanzaría de cabeza desde las alturas y me diría: húndete o nada. Sería una hermosa transformación. Dejaría atrás el verano sabiendo quién era, pero sin que Luke siguiera siendo parte de mi vida. El mejor día de mi vida se disolvería, de ser una declaración falsa de romance almibarado a correr dieciséis kilómetros en el ardiente calor de Missouri, leer en la banca del parque yo sola, pararme tras bambalinas con lágrimas que rodaban por mis mejillas a medida que el teatro musical en vivo corría por mi sangre como un medicamento muy necesario, comer tacos en la cocina de mi departamento, sentarme junto al ventanal de piso a techo, ir en bicicleta yo sola a comprar helado. Él no habría encajado en esos días, pero no podía aceptarlo. Lo amaba. Lo amaba y pensé que eso bastaba.

Pero no era así. Por supuesto que no. Luego no me di cuenta de que, a veces, REGLA 10 el resultado final de una relación no era estar juntos siempre. De hecho, la mayoría de las veces, el resultado no será para siempre. A veces es una lección de vida, un recuerdo cariñoso de él con unos crocs dos tallas más grandes que la suya, sentado frente a su chimenea en Nueva Inglaterra, en la ciudad donde vive, que es famosa por sus resorts de esquí. Todos deberíamos hacer las paces con las fechas de vencimiento.

Cuando extrañaba a Luke, me distraía con Nate y lloraba en la bicicleta de spin en el gimnasio.

La parte más confusa y desconcertante de todo fue que sí quería a Nate. Y sí nos divertíamos juntos. Y a veces la época que pasamos juntos fue amor, tal vez no un amor profundo, pero me enseñó algo valioso. Desearía haber sabido que siempre tenía permitido sentir dolor y algo bueno al mismo tiempo. Desearía haber sido franca al respecto con Nate, en lugar de rechazarlo cuando nuestro romance inocuo se convirtió en algo más.

A medida que terminaba el verano y el otoño se aproximaba en nuestros calendarios y en el aire, Nate y yo decidimos que queríamos tomarnos en serio. No había hablado con Luke desde julio y ahora estábamos a finales de agosto. Nate era increíble. Era amable y considerado, era fácil estar con él. Nos amábamos como amamos a los amigos que conocemos desde la infancia; como algo más que solo la amistad, pero menos que el amor romántico profundo. Quería dejar de sentirme desconsolada por Luke para estar presente de verdad con Nate, así que hice a un lado los sentimientos de angustia, la costumbre de regodearme en mi dolor, e ignoré las cuerdas que me punzaban en el corazón. En lugar de ello, nos lanzamos de cabeza y decidimos estar juntos.

Regresé a la escuela, a Michigan, a cuarenta y cinco minutos de distancia de donde vivían sus papás. Él se quedó en Nueva York e hizo muy sencilla la relación a larga distancia. Aunque en el campus me topaba a diestra y siniestra con Luke y su nueva y bonita novia, fue raro sentirme bien porque podía llamar a Nate al final del día. Nate me envió flores el primer día de clases. Vino a visitarme para los juegos de futbol americano.

A finales de octubre, justo antes de Halloween, Nate me visitó en Michigan. Me recogió y fuimos a casa de su familia, a donde había ido una vez. Me encantaba su familia, en especial su mamá. Todavía pienso mucho en ella.

Fuimos a correr por los caminos sinuosos y otoñales de Michigan y cocinamos en la cocina de sus papás. Dormí con sus camisetas puestas y él me tocó la guitarra. La última noche que estuvimos ahí hicimos el amor en su habitación de infancia. La casa estaba decorada como un leve homenaje a los años setenta que se ajustaba a la perfección con ellos. Se levantó para ir a dormir en el sillón, porque sus papás no nos dejaron dormir en el mismo cuarto. Yo no podía dormir porque algo se sentía fuera de lugar, así que en silencio me deslicé hacia la sala, donde él estaba despierto y mirando al techo. Me senté a su lado y me puse a llorar. Me abrazó y no dijo nada. Solo me acarició el pelo. Pienso que la razón fue porque ambos sabíamos que, incluso aunque deseáramos tanto que funcionara, era probable que nunca lo hiciera.

A la mañana siguiente nos levantamos temprano porque yo tenía que ir a trabajar. Era mesera. Fuimos al restaurante y nos sentamos en el estacionamiento cuando llegamos. Empecé a llorar de nuevo. Supe que sería la última vez que lo vería y que estaríamos juntos. No sé cómo lo supe, o qué fue lo que lo reveló. Me besó por lo que parecieron ser un millón de veces.

—Está bien. Te amo —me dijo.

—Lo sé, yo también te amo —respondí y creo que esa fue la única vez que lo dije en serio.

Antes de darme cuenta, viviría las etapas del duelo y serían dolorosas. Lo serían por partida doble, porque estaba viviendo la ruptura con Nate y la pena residual y no resuelta que nunca enfrenté con Luke. Me llevaría una eternidad resolver esos sentimientos. Darían vueltas a mi alrededor. Me mantendrían despierta en las noches.

A menudo describo la sensación de decepción amorosa como si alguien te pusiera ladrillos en el pecho. Siguen apilándose hasta que encuentras una forma de convertirte en una excavadora y los derribas. A veces te toma un año la conversión. A veces se necesita más tiempo. Nadie más puede ser tu excavadora y, en realidad, yo nunca lo había sido para mí misma.

En el otoño de 2019, mi último año, no era una excavadora. Me sentía enferma todo el tiempo. Mal del estómago, enferma de que me doliera, enferma de sentir que había perdido el último amor que creía merecer. Escribí todo hasta que no me quedó nada más que escribir, salí con estudiantes de odontología y de administración de empresas, y me puse un disfraz de alegre coqueteo. Subí una historia privada en Snapchat con UN SEGUIDOR, que era Luke. Quería que supiera que estaba feliz, aunque no lo estuviera. Intenté besar a nuevas personas, tener primeras citas, encontrar a alguien digno de acostarme con él. Publiqué del tema en la historia privada antes mencionada, pero todo se sentía mal. En terapia pregunté qué hacer cuando veía a Luke con alguien más. Pregunté a quién llamar cuando quería decir algo que no le importaría a nadie más, cuando extrañaba con desesperación a Nate. Me aseguré de siempre oler bien. Corría largas distancias y si me desmoronaba lo suficientemente lejos del campus, me sentaba en la banqueta, ponía la cabeza entre las rodillas y lloraba hasta sentirme mejor. Me quedaba despierta toda la noche y escuchaba "My Favorite Things" de *La novicia rebelde*. De alguna manera, elaboré mal cada parte de sanar, porque todo se refería a cuánto deseaba recuperarlo y de no encontrarme al margen de ese vacío.

REGLA 11 Intenté manipular mis propios pensamientos —cuando un pensamiento sobre Luke me saltaba, lo cambiaba por algo positivo o emocionante— Los pensamientos conscientes se vuelven acciones inconscientes.

Había algo que al fin estaba haciendo bien; me dolía de manera tan constante y real que me enorgullecía. No estaba evitando las sensaciones de pérdida como lo hacía con el contacto visual en el bar. Enfrentaba todo, en especial las partes difíciles, porque ese es el primer paso para convertirte en excavadora. Ese es el primer paso para llegar a la costa. Tienes que conocer a tus demonios para poder decirles que se larguen AL DIABLO. La gente no cambia, a menos que quiera y yo quería. Quería cambiar por mí.

El consejo más sensato cuando terminas con alguien es tirar o regresarle de inmediato sus cosas y los regalos que te dio. Conservé las cosas de Luke bajo mi cama en una caja de zapatos Steve Madden durante los seis meses posteriores a nuestra ruptura. Aun durante mi relación con Nate, no quería pensar en separarme de ellas, pero un día, luego de que sentí una enormidad de sentimientos, saqué la caja y me puse una chamarra sobre la pijama. Eran las seis y media de la mañana y salí muy decidida por la puerta delantera, directo a mi destino: un basurero en el callejón más adelante en la calle. Había unos hombres que trabajaban cerca de los basureros y que me vieron parada ahí, sola, con los brazos colmados de objetos prestados. Estaban esperando que hiciera lo que todos sabíamos que necesitaba hacer. Pensé en regresar y devolver la caja de zapatos a su hogar debajo de la cama, cuando uno de ellos me gritó: "¡Hazlo, chica! ¡Tú puedes!", y con esa declaración, a toda velocidad lancé las cosas sobre el borde del basurero y miré, por medio segundo, cómo volaban por los aires y aterrizaban con un satisfactorio ruido sordo en medio de las latas semivacías de cerveza, los colchones desechados y el cartón. Por un momento no sentí que pasara nada más en el resto del mundo, como si todo se hubiera detenido y, después, el grupo de hombres al otro lado del estacionamiento de grava empezó a vitorear. Fue como si supieran. Me volteé con las manos vacías y regresé por el mismo camino por donde había llegado, solo que ahora me sentía un poco más ligera.

Más tarde me hice amiga de esa linda chica a la que vi con Luke. Había pasado mucho tiempo enfermándome de temor, recorriendo sus redes sociales, pasando por fotos de ellos en cenas, visitando librerías, viajando a conocer a sus mutuas familias y celebrando tontos eventos. Ella tenía lo que una vez fue mío y desde mi punto de vista en mi cuarto del ático, a ella le iba mejor. Después de que terminaron y nos hicimos amigas, me di cuenta de que me había inventado todo eso. Me contó que seguía haciendo el mínimo esfuerzo, que golpeaba las paredes cuando se enojaba: lo mismo de siempre. Solo me había inventado otra historia basada en lo que veía en la pantalla. En ese momento me parecía que, mientras yo lamentaba la pérdida de alguien que consideré mi pareja para toda la vida, ella había asumido mi puesto rapidísimo, eran más felices de lo que fuimos él y yo, él había cambiado por ella de modos que no lo había hecho por mí. Me dolía ver a mi exnovio celebrando cumpleaños, aniversarios y días de la Independencia con una bella chica a la que pensaba que entendía porque la había espiado en redes sociales. No la odiaba. No estaba resentida con ella. La envidiaba.

Ese es un error que muchos cometemos y que te insto a no hacerlo. Vemos que alguien vive una realidad que ansiamos o pensamos que ansiamos desde un punto de vista muy superfluo y nos destruimos por causa de ello. Ella no hizo nada malo y tampoco él. Eso no hace que duela menos, pero ellos dejan ser responsables del dolor; es más bien la naturaleza de cómo amamos, cómo salimos con la gente, cómo descubrimos a las personas y decimos: "Eres increíble, lindo e inteligente, y quiero quitarte la ropa y hablar contigo de las cosas que te dan miedo; aunque solo dure unas semanas o meses o años, habrá valido la pena". Ellos estaban haciendo la prueba. Yo también probé con él y no fue adecuado para mí. A la larga, tampoco fue adecuado para ella, pero los dos encontrarían al final a la persona correcta. Yo también. Y sería una bendición para mí verlos lograrlo. Todos experimentamos una pérdida única y todos experimentamos un amor único.

Al final el tiempo pasó, como suele hacerlo, y me dejé llevar a una versión de mí misma que ahora me gusta mucho. Extrañé a Luke y, a veces también a Nate, durante un año y medio después de que todo terminó, pero REGLA 12 me di cuenta de que no extrañaba a ninguno de los dos, lo que extrañaba era el *sentimiento* de amarlos, el sentimiento que experimenté cuando los amé, y eso fue algo que entendí que tendría de nuevo. Y aun si me reconectaba o reencendía la llama de mi relación con Luke o con Nate, nunca se sentiría exactamente igual que cuando los amé por primera vez.

Lo que estaba afligiéndome era un sentimiento que venía de mi interior y supe que tenía el poder de sentir otra vez.

He llegado a darme cuenta de que la decepción amorosa es hermosa y que no la odio. Es complicada e innata de una manera admirable. Nunca entendí la decepción amorosa hasta que me percaté de que el amor no existe sin ella, como las plantas no pueden crecer sin agua. Eso no hace que la pérdida duela menos, pero resistirse al desamor hace que duela más. Aceptarla como la otra mitad de la mejor ecuación que haya existido jamás aminorará el golpe que no puedes evitar.

♥

A veces se nos olvida lo afortunados que somos de sentir siquiera. La gente dice que el amor se siente como si fueran las únicas dos personas que existen, pero no es así para mí. Se siente como si todo el mundo existiera en todas partes, todo alrededor de nosotros, tan brillante y tan vívido, decepcionado o enamorado, o en algún punto intermedio y, a pesar de todo, de alguna manera nuestra llama es más resplandeciente. Si solo hace un año me hubieras dicho que el amor llegaría y me encontraría otra vez, te habría contestado que estabas en un error. Pero el amor siempre llega otra vez. A veces no es un amante, sino nosotros que vamos a nuestro encuentro. A veces es un amigo, una pasión o un momento en el tiempo. Imaginamos lo peor y obtenemos lo peor. Así que supón lo mejor. Supón que superarás las aflicciones de hoy, de mañana o del siguiente año. Es labor del universo confirmar tus conjeturas. Supón que tu corazón sanará. Supón que perdiste a la persona que no era correcta para ti. Supón que hay alguien mejor. Mejor para ti. Mejor para el amor que requieres.

No solo construyas un puente y lo cruces. Tómate tu tiempo. Come los dulces que te gusten y llora en tu cama. Regresa a las apps de citas y ten la cantidad de sexo que quieras y encuéntrate otra vez. No puedes construir un puente hasta que te conviertas en una excavadora. Recuerda lo fuerte que debes ser para sanar, así que construye un puente tan largo que puedas llegar a algún lugar nuevo cuando lo cruces. Camina con lentitud. El puente es tu corazón y merece fortaleza. Merece tiempo. Merece indulgencia. Puedo darte el manual de instrucciones, tu martillo y tus clavos, pero dependerá de ti ponerte a trabajar.

Entonces, sé la excavadora. Sé también el mejor sexo de su vida. Sé la chica en el estacionamiento de la iglesia y la que tira sus camisetas al bote de basura.

Tienes permitido ser todas nosotras y toda tú: triste, asustada y aliviada frente a una decepción. Siente todas estas cosas, en especial las difíciles.

Y luego mete la excavadora hasta quitar todo el peso muerto que está en tu camino.

REGLAS PARA CERRAR CICLOS Y CUANDO TE GHOSTEAN

1. Dale setenta y dos horas y luego sigue con tu vida.
2. No rogamos.
3. Bloquea a la persona en todas partes.
4. Tienes una hora para regodearte en tu dolor.
5. Comparte una botella de vino tinto con tu mejor amiga y pasa un rato EXCELENTE.
6. Ignora a la persona si se comunica, lo cual hará.
7. La venganza es que te vaya bien y guardar silencio. Punto.
8. NO seas esa chica, sé la chica.
9. Llena todos tus tanques de gasolina por separado.

En mi opinión el ghosteo debería ser un delito penado por la LEY. Es irrespetuoso, causa ansiedad, provoca confusión y en general te hace sentir mal contigo misma. Sin embargo, ghostearte tiene poco que ver contigo (la ghosteada) y *todo* que ver con ellos (el ghosteador). Pero, sin importar cómo lo aclaremos, cuantifiquemos o justifiquemos, el ghosteo duele. No importa cuántas veces te diga que hacerlo es una cobardía y que nunca quieres ser una persona que se rebaje a ese nivel; en términos realistas, es difícil dar un argumento convincente que lo haga sentir menos horrible.

Algunas cosas deberían dolerte. Lo tienes permitido.

Cuando al fin te das cuenta de que te ghostearon, el calor sube por tu pecho, te sientes irritable, enojada y en extrema necesidad de vengarte. Los cuidados después del ghosteo dependen de la situación, la duración de la añoranza y la intensidad de la relación, y pueden ir desde una limpieza sencilla hasta un estado completo de "mis amigos tuvieron que arrastrarme para sacarme de la cama y bañarme luego de setenta y dos horas, porque pensé que nunca podría recuperarme".

Cuando me mudé a Nueva York, salí con un exalumno de la universidad en Michigan. Tenía bonito pelo castaño, mirada respetuosa y una sonrisa tontuela. En la universidad era mucho más cool que yo, pero podría decir eso de la mayoría, así que ese tipo de detalles superfluos no me afectaban.

Nos sentamos en las mesas exteriores en Gramercy en un lugar que ya cerró. Sabía que nunca nos casaríamos, pero también que no éramos total y absolutamente inadecuados el uno para el otro. Solo éramos diferentes y no me importaba.

Después de cenar, cuando ambos estábamos lo suficientemente borrachos, nos besuqueamos en una banca del parque. Había una chispa de química y parecía una situación despreocupada y segura. Le dije que no tenía sexo en la primera cita y él respondió que de todos modos preferiría tomarse las cosas con calma, lo cual me indicó que quizás tendríamos una segunda cita.

Supuse que sería un ligue o *casi-algo* perfecto para mí: alguien confiable, amable y dulce que siempre podía estar presente cuando me sintiera un poco deprimida o solitaria. Podíamos ser la persona a la que ambos recurriríamos cuando nos topáramos en un bar o no nos sintiéramos con ganas de entrar a una app de citas. Pensé que él debía sentir lo mismo, porque unas noches después me invitó a tomar vino. "Perfecto", me imaginé, "él ve la situación igual que yo. Estamos en la misma sintonía".

La volvimos a pasar bien, la conversación fluía gracias al alcohol, y apenas pasaron unos treinta minutos antes de que nos besuqueáramos, halagándonos en los descansos. Después lo vi una sola vez para un encuentro semejante y, luego, nunca más. Nos enviamos mensajes un poco después de la tercera vez y yo estaba planeando primeras citas con otras personas aparte de verlo a él, así que cuando nunca respondió un mensaje que le envíe una mañana, no caí en cuenta hasta días después de que me había ghosteado.

Nunca respondió a ese mensaje y unos sábados más tarde, borracha de sidra, le envié un mensaje diciéndole "hola"; tampoco me respondió.

Podría haber pasado cualquier cosa; pudo haber conocido a otra persona, sacado lo que quería de mí y perdido el interés; por un breve instante pensé que podía estar muerto, pero esa era la opción menos probable y después de ver (con gran vergüenza) los obituarios, decidí que ese no era el caso. Aun así, la mayoría preferiríamos creer que la persona se murió y no que nos ghosteó. Todos nos podemos identificar con ese brevísimo momento de negación o de inventar excusas para justificar la conducta de alguien a quien apenas conocemos.

Pero vamos a arrancarnos el curita de un solo tirón: te acaban de ghostear. Es un asco y duele, pero es lo que es.

Antes de él, en realidad nunca me habían ghosteado, en parte porque me volví inghosteable. Si sentía que alguien me lo iba a hacer o se estaba alejando de manera sutil, lo expresaba, preguntaba o daba el paso antes de terminar confundida y molesta, o peor, culpándome por las acciones de alguien más.

Nuestra reacción cuando nos ghostean es suponer que hicimos algo para merecerlo, y no que esa persona nos lo hizo a nosotros, o en todo caso a cualquier otra persona, sin ninguna consideración. La verdad es que si estás saliendo con alguien y decide que no quiere verte más porque le preguntaste: "¿Todavía quieres ver a dónde nos llevan las cosas?" o "¿Cambiaste de opinión acerca de mí?", para empezar no querrías estar con él. No es la persona correcta. La persona correcta te haría sentir cómoda y a gusto. Es un acto de supervivencia tener el valor suficiente de confrontar al ghosteador antes de que cometa el acto y cuando alguien te hace sentir nerviosa todo el tiempo, o te induce a consultar un Snap Score o tus transacciones en Venmo, no es la persona adecuada para ti. Siempre deberías buscar la claridad antes de dejarte caer en una espiral.

Por supuesto, existe una escala del ghosteo: puede ocurrir cuando has estado saliendo en serio con alguien durante unas semanas o meses, pude hacértelo una pareja seria, una casi-algo, un acostón casual o la persona con la que saliste solo una vez. El ghosteo ocurre de manera más común luego de una a tres citas, o en un casi-algo o acostón casual, porque se ponen en menor riesgo y las apuestas siguen un poco bajas. Por desgracia, las personas a quienes menos les interesas suponen que no tienen que respetarte.

Como alguien que sabe cómo se siente ser la ghosteada, recomiendo que nunca te conviertas en ghosteadora. Por supuesto, podría parecerte más fácil y menos combativo nunca dar seguimiento a una persona después de una sola cita, porque es cierto que no le debes gran cosa a un desconocido, pero sí creo que todos, incluso los desconocidos, merecen cierto grado de respeto. Y es irrespetuoso nunca responder un mensaje que te envió alguien buena onda, aunque no veas ningún futuro con esa persona o nunca sigas en contacto, lo cual la deja con la única opción de googlear tu nombre, seguido de la palabra *obituario*, convencida de que sería preferible que te hubieras muerto a dejarla sin ninguna explicación.

Te doy luz verde de ghostear a alguien si sales en una cita o tienes una interacción con alguien grosero, irrespetuoso, prejuicioso, desagradable, o que te hizo sentir incómoda o en peligro. Entonces, ten la libertad de regresárselo con un ghosteo: se lo merece.

Si la cita no fue fabulosa, o no ves que la relación vaya a ninguna parte, toma diez segundos escribir: "¡Hola! Me caíste muy bien, pero no veo ningún futuro amoroso para nosotros. Te deseo lo mejor. :)". Cuando envíes un mensaje para comunicarle a alguien que no estás interesada, te recomiendo ser educada y breve, y en última instancia, no mientas. No necesitas añadir: "¡Sigamos siendo amigos!" si no te interesa o "Me la pasé muy bien" si no fue cierto. No quieres engañar a alguien o hacerle creer algo que no es. Te agradecerán más que seas sincera y les digas la verdad, que seas educada y amable, y que luego cada quien siga con su vida.

Pero como no todo el mundo será franco y directo, tenemos que saber cómo identificar el ghosteo antes de que ocurra, para que podamos tomar el control de la situación y proteger nuestra paz mental.

Después de la primera cita, o de unas cuantas, es muy fácil detectar a alguien en proceso de ghostearte. Me gusta pensar que he desarrollado un buen radar para el ghosteo; si se quiere, un ghostdar. Dependiendo de cómo se despidan en la cita las cosas serán diferentes, pero es habitual que cuando te vayas, hablen de volverse a ver. Quizá uno de los dos diga: "¡Escríbeme!" o "¡Avísame si llegaste bien a tu casa" o "¡Hay que repetirlo!". Según como vaya la conversación, puedes decidir si te comunicarás con él en cuanto llegues a casa o no.

Después de mi primera cita con Noah, no supe nada de él la mañana siguiente. Tampoco le mandé mensaje cuando llegué a mi casa, ni le di las gracias por ese medio, porque se las había dado en persona. Decidimos en persona que nos veríamos de nuevo en tres días, el plan era comer carnes frías y tomar vino en su departamento, así que me sentí muy cómoda de ser la primera en enviarle un mensaje. Teníamos planes concretos, y en mi mente no había ninguna duda de que seguían en pie. Además, sabía que él no cambiaría de opinión sobre mí con base en si me comunicaba o no. De hecho, si yo le gustaba, le encantaría saber de mí. En este caso, estaba confiada en que no desaparecería del mapa.

REGLA 1 Por el contrario, si te fuiste de la primera cita y no has sabido nada de esa persona en setenta y dos horas, eso para mí sería una luz preventiva. No significa necesariamente que te esté ghosteando, pero en definitiva sí quiere decir que no está interesado al cien por ciento. A menudo creo que nos apresuramos mucho a decidir de inmediato después de una primera cita que si no se comunican es que todo se fue al demonio, que es nuestra culpa, que a fin de cuentas no somos dignos de amor y que la otra persona nos ODIÓ. Sin embargo, después de una sola cita, seguimos siendo más o menos desconocidos. Todo lo que sabes es que la otra persona podría seguir en una relación con otros y que intenta averiguar qué pasa contigo, o que ha estado muy ocupado y fue incapaz de invertir su tiempo en alguien a quien solo trató una vez por unas cuantas horas. No supongas que te están ignorando si no recibiste un mensaje, pero tampoco entres en pánico todavía.

Si llegas a la marca de las setenta y dos horas y te sientes un poco ansiosa de que la persona podría estarte ghosteando, toma medidas preventivas y mándale un mensaje: **¡Hola! Espero que estés pasando bien la semana, y me encantaría que hiciéramos algo juntos si estás libre el fin de semana. :)**

No es, ni nunca ha sido, raro sugerir que te gustaría ver otra vez a alguien. Para la gran mayoría, esto resultará halagador y si le gustas a esa persona, se va a emocionar cuando le escribas. Si responden tu mensaje y parecen distantes o insulsos, yo dejaría el balón en su cancha, les respondería con ¡Avísame! Si no lo hacen, es momento de seguir con tu vida. Te juro que no olvidarán ponerse en contacto o hacer un plan si quieren hacer algo contigo; si quieren verte otra vez, te van a priorizar y te contestarán en las siguientes setenta y dos horas.

Siempre pregúntate: *Si quisiera ver a alguien, ¿se me olvidaría contactarlo? Si alguien me gustara, ¿dejaría de gustarme si me envía un mensaje? Si quisiera estar con alguien, ¿cuál sería la redacción exacta de su mensaje que me molestaría?*

La respuesta siempre será no. Piénsalo: no inventes excusas para alguien más cuando, si los papeles se invirtieran, tú estarías actuando de un modo muy diferente.

Cuando alguien no nos da señales activas u obvias de que le interesamos o que le gustaría volver a vernos, depende de nosotros ser realistas para no perder nuestro tiempo y podemos hacerlo con mucha gentileza. Habrá multitud de gente que no te demuestre su interés explícito desde el principio, pero con la que terminarás pasando mucho tiempo, con quien dejarás de salir o con quien incluso llegues a formar una relación seria. Una falta de interés explícita al principio no significa una falta absoluta de interés; la gente tiene diferentes estilos de iniciar una relación y comunicarse, y sería inusual que alguien decida que está enamorado por completo de ti después de una cita de tres horas. Cosas más raras han sucedido, pero es típico que todos necesitemos darnos un tiempo para saber qué sucede.

No estoy inventando pretextos para quienes se comunican mal. Solo te sugiero bajar tus expectativas y reescribir un poco la narrativa. Una primera cita significa que dos desconocidos se están conociendo sin ninguna expectativa; es normal no tener una respuesta decisiva sobre qué sientes acerca de un desconocido después de pasar juntos solo tres horas. Si conociste a alguien en una fiesta y consideras que pudieran volverse amigas, no la llamarías al día siguiente para decirle que ahora es tu mejor amiga y que quieres que sea tu dama de honor. Por alguna razón, en el caso de las citas, se nos enseña a ver las cosas de forma diferente. En los medios de comunicación y la cultura popular, vemos representaciones de primeras citas plagadas de lugares comunes como el amor a primera vista o la atracción y el compromiso emocional explícito de inmediato. La realidad es que a veces se necesita un poco más de tiempo para estar seguros de alguien, o para saber cómo te sientes, en especial cuando se acaban de conocer. Entonces, deja que todo el mundo se tome un segundo para respirar antes de decidir por impulso que te están ghosteando.

Mantente alerta del ghosteador, vigila y actúa con premeditación, pero no supongas que solo porque alguien no te haya declarado su amor de inmediato no le gustas.

Si no responde tu mensaje en el que le pediste que se volvieran a ver, supón que no le interesas; no inventes excusas para los desconocidos. Después emprende el plan posghosteo, que te dejará con una sensación tanto de superioridad como de renovación.

EL PLAN POSGHOSTEO

Cuando me ghostearon luego de tres interacciones con el tipo bobalicón con el que tenía poco en común, fue un golpe al ego y con toda certeza me dolió, pero mi yo futura agradeció salir de eso cuando lo hice. Las apuestas eran bajas, el golpe fue agudo, pero breve, y después me divertí rearmando los pedazos.

No te molestes en regañarlos por su falta de respeto; alguien con quien pasaste menos de doce horas no merece esa energía. Además, REGLA 2 no le rogamos a nadie que se quede con nosotros cuando no quiere. Mejor invierte tu energía en ti misma.

REGLA 3 Elimínalos de tus redes sociales, es momento de limpiar tu plantilla. Si por cualquier razón necesitan comunicarse alguna vez contigo, tienen tu teléfono. No necesitas tener abiertas las puertas de tres medios de comunicación para alguien que no tuvo la decencia de siquiera usar una para decirte que no le interesas.

REGLA 4 Permítete sentirte decepcionada, un poco triste. Escucha unas cuantas canciones tristes y disfruta la autocompasión, porque un estilo de diálogo de "pobrecita de mí", de un modo un poco retorcido, es divertido. Pero ponle un cronómetro a esto: tienes una hora.

Si tus amigos llegan a preguntarte por esa persona, que no te dé pena. Diles la verdad e invítalos a acompañarte a una salida frívola por la noche. REGLA 5 Cúbrete la herida con un poco de pinot noir, un poco de atención de cualquier hombre, una noche despreocupada con tus amigas, y ten la seguridad de que, de todos modos, esa persona no era correcta para ti y que estás mejor en compañía de tus amigos o sola.

REGLA 6 Si vuelves a saber de él luego de no responder durante unas semanas, no contestes. Para esto tienes a tu plantilla: para no sentirte desesperada.

Para empezar, con haberte ghosteado, esa persona ha sugerido de manera implícita que no le importan los sentimientos de los demás. No hay forma de que no sea así y lo mejor será que no te preocupes por ese tipo de energía. No es reflejo tuyo, sino que es una proyección de sí mismo y no tiene nada que ver contigo ni con tu persona, o con lo que supones que te falta. Más bien, es la falta de disponibilidad emocional o los defectos del ghosteador. No hiciste nada que justificara ese comportamiento. Esta es la conducta que habrían presentado todo el tiempo, sin importar qué sucediera.

No se trata de ti. Se trata de él.

REGLA 7 La mejor venganza es que te vaya bien y el silencio. Si quieres que alguien regrese a tu vida, si quieres reír al último o el consuelo de saber que sigue pensando en ti, lo único que tienes que hacer es no buscarlo, no comunicarte y no tratar de obtener su atención. Enfócate en ti misma y en tu éxito. Cuando alguien ve que pareces independiente, feliz y que prosperas, al mismo tiempo que no le pones ninguna atención, se sentirá cautivado por ti. En consecuencia, dedícate a ser exitosa, dedícate a ser increíble, dedícate a ser la versión más feliz y brillante de ti misma. Y no le cuentes nada a esa persona.

Cuando estaba en segundo año de la universidad, pasé un fin de semana erótico con un estudiante de último año de la especialidad en actuación a quien de inmediato clasifiqué como el amor de mi vida (que no lo fue). Estaba cautivada, embelesada con su apariencia y su confianza elegante, y estaba desesperada por estar con él. Por supuesto, este chico del último grado me vio como una aventura casual de una vez, o quizá dos, y no me dio ninguna indicación de lo contrario. Una semana después de la última vez que lo vi, entré a una fiesta y lo vi recargando en la pared detrás de su bellísima exnovia, con los rostros lo suficientemente cerca como para olerse el champú que habían usado. Después de veinte minutos de dar vueltas por la casa de dos pisos al borde del derrumbe, no pude soportar más estar cerca de ellos. Me emborraché, me tambaleé por la cocina y sentí el calor que emanaba de ellos como una llama en el cuello. Se besaron, él le retiró el cabello de la cara y juntos se veían como la pareja perfecta. Me sentí mortificada de que alguna vez hubiera pensado que él y yo podíamos estar juntos. Me sentí mortificada de que hubiera llegado a pensar que me elegiría.

Me levanté, agarré a una amiga, salimos de la fiesta, nos fuimos a Buffalo Wild Wings, nos tomamos un Red Bull con vodka y escribimos un ensayo de cinco párrafos delirantes y borrachos en las notas de mi iPhone en el que lo imprecábamos hasta hacerlo trizas, el cual le enviamos antes de que mis papas fritas llegaran a la mesa. Me respondió a las cuatro de la mañana con evidente confusión y me dijo que no estaba teniendo una aventura casual con ella, pero que, aunque así hubiera sido, ¿cuál era el problema? ¿Me había hecho creer que le interesaba estar conmigo?

Nunca respondí, porque a la mañana siguiente me sentí mortificada al ver su respuesta en mi teléfono. Deseé nunca haberle enviado ese mensaje. Por favor, aprende de mis errores: no oprimas enviar.

Por supuesto, mi consejo de comunicarte con alguien que te ghosteó difiere si por casualidad esa persona es alguien en quien invertiste un poco más. En cualquier relación —sea casual, de ligue o de otro tipo— que abarque más de un mes de citas regulares y una compenetración genuina entre los dos, el ghosteo se vuelve más irrespetuoso; es mucho más doloroso y mucho más difícil de soportar para la persona ghosteada. Si alguien te hizo creer que de verdad le interesabas, y luego un día deja de comunicarse después de semanas o meses de ser consistente, puede resultar muy dañino. Aunque nunca me lo ha hecho nadie a quien haya visto en forma regular, con quien haya salido o tenido una relación consistente, si me ocurriera, con toda certeza lo llamaría para aclararlo.

No lo haría buscando un cierre, sino más bien para pedirle una explicación y cierta claridad. Estoy convencida de que el asunto de obtener una conclusión en realidad y con toda franqueza solo viene de nosotros mismos, del interior y no de fuerzas externas.

Si ha pasado una semana sin que sepas de alguien con quien estás saliendo, hablas o lo ves seguido, yo le enviaría un mensaje que dijera: **Oye, ¿podemos hablar pronto? Si hay algo que cambió entre nosotros, sería muy útil que me lo hicieras saber. Odio sentirme confundida y me encantaría resolverlo por teléfono o en persona.** Sé directa y franca. Exige el respeto que mereces. Sé tu propio héroe y sálvate cuando nadie más puede hacerlo.

Si esa persona no está dispuesta a mostrar la decencia de hacer siquiera una llamada telefónica de cinco minutos para explicar lo que pasó, te juro que lo mejor es pasar página. Hay mejores orgasmos y mejor sexo por ahí con gente que te respete lo suficiente como para darte la comunicación que mereces. Mereces una rebanada del pastel; deja de rogar migajas.

Y recuerda, una vez que termines de confrontarlo, encontrarás el éxito y el silencio.

Te mentiría si dijera que no he estado tirada en mi cama, mirando al techo y escribiéndole un mensaje a alguien que no merecía que lo buscara, diciéndole algo así: **¿Podemos hablar? Solo necesito cerrar las cosas.** Cuando mis amigas me preguntaban por qué estaba concediéndole —de nuevo— mi tiempo a quien no lo merecía, decía que necesitaba un *cierre*, porque la palabra *cierre* siempre sirve para ocultar la verdad.

Pero ¿qué es la conclusión o cerrar ciclos y por qué nos obsesiona tanto? Cuando alguien nos corta de manera abrupta, es lógico que nuestro cerebro necesite un poco de tiempo para readaptarse y ponerse al día para procesarlo. Pero la persona que terminó la relación no puede ser responsable de abrir la puerta a tu siguiente capítulo, a tu siguiente habitación. Esa eres tú.

Por supuesto, era cierto que necesitaba una conclusión. Toda relación, toda situación vital que termina necesita cierto cierre, pero la desafortunada verdad es que nadie puede dárnoslo, ni siquiera la persona con quien estuvimos cinco años ni la mejor amiga que conoces desde siempre. No es su labor o su responsabilidad dar una conclusión. Es algo que tenemos que darnos nosotros mismos.

Lamento que esto te decepcione, pero te insto a bajar el teléfono y bloquear su número antes de pedirle que te dé un cierre. Pedirle a alguien eso tiene el efecto contrario: cuanto más lo busques y más contacto tengas con esa persona durante las secuelas, menos segura estarás de ti misma y de tus decisiones, y menos podrás encontrarle el sentido a todo lo que pasó.

Lo aprendí a la mala.

En mi segundo semestre del segundo año, Ezra y yo llevábamos un mes sin hablarnos. Un día me invitó a tomar un café y ponernos al tanto de nuestras vidas. Fue de la nada, azaroso, pero no importó. Habría tirado todo y a todos con tal de ir por ese *cierre*.

No obstante, si buscas el cierre en alguien más, nunca será el que buscas. Podemos convencernos de que es lo único que queremos, pero en verdad, y en el fondo del alma, cuando buscamos que alguien nos dé un cierre, de hecho estamos queriendo encontrar una esperanza. Buscamos que nos consuele diciendo que nos extraña. Que se siente solo. Que está peor sin nosotros. Buscamos una ventana a su interior. La manera en que sabes que superaste a alguien a nivel emocional es cuando no dirías que sí a una "cita para tomar café y cerrar ciclos", porque sabes que nada termina bien de ese modo.

Al día siguiente nos vimos para el café a las cuatro de la tarde. Eligió un lugar al que nunca había ido y yo llegué primero. Intenté parecer relajada, pero también lo suficientemente bonita como para que él pensara que me veía bien. Pedí un café negro y me senté en un cubículo, intentando parecer serena mientras lo esperaba. Cuando llegó, pidió lo que quería y se sentó frente a mí. A pesar de que lo había estado espiando en Instagram y Snapchat durante el último mes, hubo detalles que me contó y que yo no sabía. Ahora tenía un coche, que llevó a nuestra reunión, y me dijo que no encontraba estacionamiento y que esa fue la razón por la que había llegado tarde.

Me preguntó sobre mi familia, mis planes para el verano, mi horario de clases, y pareció interesarse en las respuestas. Nos hicimos unas cuantas bromas privadas y yo tenía la esperanza de que no notara que todo el tiempo me temblaban las manos. Nuestra conversación duró una hora y después me dijo que tenía que irse. Se quería preparar esa noche antes de ir a un bar donde iban estudiantes del último año. No me ofreció llevarme a mi casa.

Me sentí vacía e insultada cuando lo vi irse.

Yo fui buscando un cierre y salí de ahí histérica. Atravesé el centro del campus intentando aguantar las lágrimas. Mis roomies no estaban cuando regresé a la casa de la sororidad, por lo que subí a mi cuarto, me comí una barrita de Rice Krispies rancia y lloré hasta embarrar la cama con todo mi maquillaje.

Tres horas después, me envió un Snapchat desde el bar y me pidió que fuera. Me lavé la cara, me volví a maquillar, apagué mi ubicación y no le dije a nadie a dónde iba.

Perdí tanto tiempo buscando un cierre en fuerzas externas, fuera de mí, cuando el conseguirlo era algo que solo podía hacer yo sola. Además, tenía todas las herramientas, todas las habilidades. Cada vez que salí a buscar una conclusión, en lugar de eso me contagiaron una infección de transmisión sexual. Y eso fue cien por ciento mi culpa.

Quizá esto sea difícil de escuchar, pero presentarte en el departamento de tu exnovio a las diez de la noche de un jueves nunca te dará un cierre. No te estoy diciendo que no vayas a tomar café con tu ex o que no tengas sexo fenomenal con él para terminar, pero después de un ruptura, no hay conversación, sexo asombroso ni llamada que pueda remontar la montaña de lodo y dar vuelta al capítulo. Ni siquiera las palabras "tenías razón y lo siento" pueden darte un cierre. Entonces ten sexo de ruptura si quieres, pero no creo que eso vaya a cerrar la puerta para ti, porque, como dije, no podemos depender del otro para que nos dé lo que necesitamos encontrar solas.

No tomarías veneno si tuvieras sed. No te prenderías fuego si alguien más tuviera frío. No pagarías la renta de otra persona para que pudiera construirse una casa. La soledad es una sensación, no un estado del ser. No es permanente. Tú puedes con tu vida sola y ninguna cita para tomar café puede remediar lo que salió mal desde un principio.

Una vez que te des cuenta de que este es un asunto solo entre tú y el mundo, te sentirás libre de seguir con tu vida. Tienes que empezar tomando la decisión de sentarte y desempacar tus maletas; aceptar que terminar fue lo correcto, o una mierda, o triste o maravilloso. Y aceptar que nunca volverá a ser lo mismo. La única manera de experimentar el mejor día de tu vida, el siguiente gran amor, el siguiente mejor amigo y la siguiente experiencia maravillosa es dejar que esta relación descanse en paz. Todo lo bueno termina. Si no fuera así, habría una falta de diversidad en nuestras cosas buenas, una falta de color o de matiz. Después de que desempaques, verás que un paso al frente se transformará en un kilómetro, y luego un kilómetro se convertirá en diez. De todos modos, así es todo en la vida: poner un pie delante del otro. Pasado el tiempo, solo será una cadena de recuerdos entrañables que agradecerás que te hayan traído hasta el día de hoy.

Un error común al buscar un cierre es creer que debería suceder rápido; que debería surgir en una conversación. En una noche. No sucede de ese modo y está bien. A veces, el cierre es un camino largo e imperfecto que recorres sola. A veces tenemos tantas rupturas que nos parece que requeriríamos una eternidad. Toma agua suficiente, descansa cuando lo necesites y mira al frente, pero siempre recuerda lo que vino antes. Lo que vino primero.

En agosto de 2020 me mudé a Nueva York. Tenía la idea de que si podía enfocarme y disfrutar mi programa de posgrado en Columbia, tenía citas y trataba de ser la persona que había imaginado, olvidaría Michigan y todos los asuntos inconclusos; el capítulo se cerraría solo. No le quedaría otra opción si me convertía en alguien o algo completamente nuevo.

REGLA 8 Con frecuencia cometemos un error: decidimos convertirnos en una versión de nosotras que no es siquiera asequible, en lugar de darnos cuenta de que ya somos la chica que necesitamos ser. No existe "esa chica" inalcanzable en la que puedes convertirte. Ya eres tú. Ya estás completa. Lo que llegue a tu vida debería sumar.

No obstante, traté de transformarme a gran velocidad y parecía un poco tonta haciéndolo; ejercí tanta presión en tantas cosas equivocadas para llevarme a ese nuevo capítulo que corrí en la dirección opuesta. Regresar fue como un *déjà vu*.

Pero lo que sí aprendí en meses de no lograr nada más que sentirme ansiosa, es que no puedes depender de una sola cosa como fuente de felicidad o para tener un respiro. No puedes depender de una cosa que te dé lo que necesitas, ni una conclusión, ni dicha, ni amor, ni alegría.

REGLA 9 No hay una persona, profesión, pasatiempo, miembro de tu familia ni escuela de posgrado que algún día te lleve a conseguir el cien por ciento de alegría y felicidad. No se supone que sea así y no podemos depender de esas cosas o personas como si pudieran dárnoslas. Entonces, lo único que nos queda es la decepción.

Así que tenía que redefinir mi mentalidad. Me comportaba como si un novio pudiera hacerme sentir cien por ciento satisfecha, o que el posgrado arreglaría todos mis problemas, pero la verdad es que somos máquinas con montones de tanques de gasolina diferentes y específicos que necesitamos llenar. Uno de esos tanques es mi carrera, el otro es un compañero amoroso, otro es mi educación y el que sigue es mi salud mental. Estoy hecha de tanques de gasolina para mi vida familiar, mi vida social, mis pasatiempos. Algunos son de autoservicio, otros solo puede llenarlos alguien o algo más.

Si dependía de mi novio para que llenara mis diversos tanques, nunca sería capaz y, a su vez, nos desmoronaríamos. Si necesito que llene el tanque de gas de una pareja y me provea toda la oxitocina necesaria, lo hará si es la persona correcta para mí. Con confianza puedo decir que es la única persona con la que he salido que no escatima en la gasolina. La derrama y yo derramo la gasolina en su tanque reservado para mí. Esa es la razón de que funcionemos. Hasta este momento me ha dado suficiente. Puedo dársela cuando necesita un pequeño empujón o viceversa.

Lo mismo sucedió con el posgrado. La escuela de posgrado no existe para llenar todos los tanques, solo el que tenía el propósito de llenar. Cuando dejé de depender del posgrado para remediar la soledad y la ansiedad, o de un novio que le pusiera una venda a todo el maldito asunto, fue cuando empecé a vivir. Ahí fue cuando me di cuenta de que no se puede forzar el cierre de ciclos. Me sucedería como con todo lo demás. Tenía que ser paciente. Tenía que caminar hacia delante. Tenía que amar el vacío. Familiarizarme con la soledad. Honrar mi vida cada día. Con el tiempo, ya no me dolería tanto.

Tú eres la única persona que puede cerrar tu propia puerta. También eres la única que puede abrir la siguiente. Otras personas siempre nos van a decepcionar hasta decir basta. No podemos depender de ellas para que cierren con llave nuestras puertas o abran la siguiente. Por desgracia, no tienen las llaves correctas.

El momento en que terminas es tu decisión y de nadie más. Nadie más es capaz de reescribir tu historia, de componer todo lo que está detrás del escenario. Todo eso implica poder. Tienes suerte de tener una voz y un medio para apretar el acelerador e irte. El piloto automático solo puede llevarte hasta cierto punto y ¿qué estarías dispuesta a hacer, ver y conseguir si te dijera que, después de quince fracasos, al final tendrás éxito?

Bueno, en primer lugar, seguramente te urgiría fracasar. Te emocionaría que las cosas no salieran bien, porque sabes que a la vuelta de la esquina te espera algo que va a funcionar.

REGLAS PARA EL AMOR DE AMIGOS

1. Los amigos son nuestras almas gemelas.
2. Planea citas con tus amigos.
3. Instituye una cena los jueves en las casas de diferentes amigos y en la tuya.
4. La regla de la familia elegida.
5. Sé fiel a ti misma.
6. Las amistades de tres personas no tienen que ser un desastre si no las vuelves desastrosas.
7. Tienes que ser una amiga para tener un amigo.
8. El romance y la amistad 180: empieza a ver tus amistades como relaciones.
9. Las amistades requieren esfuerzo, pero cuando funcionan, lo hacen.
10. Calidad sobre cantidad, siempre.
11. La regla de la abuela para Facebook: ¡sácales ventaja a las redes sociales!

Tuve mucha suerte de vivir veintidós años sobre esta Tierra antes de recibir una llamada apresurada de mi casa para darme una noticia que nadie quiere dar ni nadie quiere recibir. Mi mamá me habló un lunes en la noche en enero, pero cuando contesté el teléfono, escuché la voz de mi papá al otro lado de la línea, lo cual me indicó que algo andaba mal.

La mejor amiga de mi mamá desde la primaria, a quien conocí en mi infancia no solo como la mejor amiga de mi mamá, sino también como mi tía, murió de manera repentina, según me explicó mi papá mientras mi mamá intentaba hablar en el fondo.

Era una mujer que había sido parte de mi vida desde que tenía memoria. Era una constante. Un pilar. Mi mamá hablaba con ella todos los días. Nunca vivieron a más de diez minutos de distancia en coche. La última vez que la vi, me dio a escondidas un billete de cien dólares y un cerdito de cerámica (el mismo regalo que me dio en mi tercer cumpleaños y que aún conservo con amor) por ayudar a su hijo con su ensayo para la universidad. Me guiñó el ojo y se llevó un dedo a los labios para indicarme que no se lo contara a nadie.

"Vas a hacer grandes cosas", concluyó y me apretó el hombro con dulzura. Nos dijimos que nos amábamos, porque era cierto y siempre lo sería.

Mi habitación en el Upper West Side se contrajo alrededor de mí y la sentí más pequeña que nunca. Me heló una sensación de entumecimiento que comenzó en los dedos de los pies. Busqué las palabras, pero no pude encontrar muchas. Lo que saliera serían las primeras palabras que emitiría en esta nueva realidad infernal.

"¿Qué?", fue lo único que se me ocurrió. No fue lo que quise decir, sino lo que necesitaba. Estaba confundida.

Con frecuencia, mi tía y mi mamá decían que eran almas gemelas: siempre lo habían sido y siempre lo serían. Se querían retirar en Nantucket para sentarse en mecedoras iguales, tomar vino y ver pasar a la gente. Esa era su idea del paraíso. Sentían que el vínculo entre ambas no podía recrearse o fabricarse dentro de los confines de una relación amorosa. Era algo más, algo magnético, indestructible y maravilloso. Era un vínculo con una compañera del alma y el poder de la amistad parecía irrompible entre ellas. Había una especie de vínculo científico, cinético, entre las dos, una electricidad resonante que nunca imaginé que sería algo sin lo que mi mamá podría vivir.

De manera egoísta, a medida que procesaba ese momento y todo volvía a adquirir claridad, pensé en Sadie. Mi mejor amiga. Mi alma gemela. Solía decirme que si algún día me pasaba algo, se iría de Michigan.

"No tiene caso estar aquí si no estoy contigo", me dijo y nos reímos de eso. Como si fuera una loca idea. Como si, siendo seres, fuéramos imborrables. Como si, Dios no lo quiera, una de nosotras no estuviera, con toda seguridad la otra no se quedaría en el lugar que nos unió. Sin embargo, nos reímos porque era una idea loca y remota. Nos reímos porque unas cuantas veces en mi carrera universitaria sentí que era mi única amiga. Nos reímos porque, en realidad, pensar que sucediera era muy doloroso.

Pero ahora había pasado, solo que no me había sucedido a mí.

Debajo de la broma había una verdad: ninguna de las dos querría seguir existiendo sin la otra. Mi mente volvió a Sadie y a cómo se sentiría recibir una llamada en la que me dijeran que se había ido. Se me cerró la garganta. El infierno en el que estaba mi mamá era del doble de eso. Tres veces eso. Me sentí al rojo vivo con una sensación que era mitad culpa y mitad ira.

Mi cerebro regresó de golpe al teléfono que tenía contra la mejilla, mi realidad presente, la conversación; estaba al otro lado del teléfono, sin palabras y preguntándome cómo sería posible que mi mamá pudiera seguir adelante.

Cuando colgamos, pensé en qué debería hacer. ¿Se suponía que me levantara, que siguiera viendo *The Bachelor*? ¿Se suponía que tomara el tren para ir a casa de mis papás? La única emoción discernible que sentí, aparte de una profunda tristeza, fue preocupación. Me preocupé por todos aquellos que estaban en su órbita, en todos los que tenían que tolerar esta pérdida, todos los que no tenían más opción que seguir adelante, el jueves, la mañana siguiente, cuando todo quedaría alterado irrevocablemente y en la más horrible de las maneras.

Abrí mi teléfono y les envié un mensaje a Daphne y a Sadie: mis mejores amigas. Les conté lo que había pasado y les dije cuánto significaban para mí. Les aclaré que lamentaba si alguna vez las había dado por hecho. Me mantenían a flote. Me mantenían viva. Las amaba.

También le mandé un mensaje a mi mejor amiga de la infancia. A finales de 2020 nos habíamos ido distanciando. Pasaron cosas y se cometieron errores. Todos los días cargaba el peso de nuestra amistad, junto con una extensa lista de "qué pasaría si", en la que intenté dejar de sobrepensar. La ruptura contrastaba de forma evidente con cómo crecimos: como uña y carne, nuestros nombres solían escucharse como una cancioncita cuando recorríamos los pasillos y en nuestras primeras fiestas y acontecimientos de vida.

No me importaba que no hubiéramos hablado mucho ni nos hubiéramos visto en fechas recientes. No me importó quién estaba enojada con quién o quién hizo qué. Solo quería que supiera que, en última instancia, haría lo que fuera por ella. Si necesitaba algo, nunca llegaría un momento en que no le respondiera el teléfono. Si alguna vez se preguntaba si yo la quería, deseaba que supiera la respuesta, que sin lugar a dudas siempre sería sí.

Detestaba —odiaba— que una pérdida así de inmensa fuera la forma en me diera cuenta de ello. Damos a nuestros amigos por sentado. Mientras nos preocupamos por si nuestra relación terminará o si una chica en el bar nos responderá el mensaje, operamos según la cándida suposición de que nuestros amigos siempre estarán ahí para consolarnos. Son tan parte nuestra como el café de la mañana. Excepto, por supuesto, por nuestros hermanos, que se convierten en amigos con los que compartes tu ADN. Pero más allá de esos dos, no hay otras parejas que esperemos tener para siempre. Los amigos son nuestro oro. ¿No es lo que nos dijeron en las girl scouts?

Nos olvidamos recordarles que los queremos o ponernos en contacto con ellos para preguntarles: "¿Cómo estás… de verdad?", de manera sincera, del modo que hacemos con las personas que son importantes para nosotros.

Mi mamá perdió a una persona que estuvo a su lado, junto a ella, experimentándola desde que tenían diez años —durante la preparatoria y luego la universidad, a lo largo de compromisos y bodas y cumpleaños—. Su amiga vio más de mi mamá que mi papá, o incluso de lo que mis abuelos vieron o verían algún día.

Entonces sentí que el calor aumentaba en mi pecho a medida que intentaba comprender toda esa situación. Como una piedra que se lanza al cristal de la ventana y crea un agujero astillado por el que puedes ver, algo hermoso tenía que romperse para obligarme a mirar más allá de lo que alguna vez creí que era verdad.

No existe un estado del ser que sea más indispensable, más concreto, que ser o tener un amigo.

Cada vez que le digo a la gente que nunca he tenido una relación a larga distancia, en cierto modo estoy mintiendo. Mi relación con Daphne es esas dos cosas, solo que es un amor platónico y es prueba de que, con la persona correcta, las relaciones a larga distancia pueden funcionar más que bien.

Se mudó a Londres cuando estaba en el último año de la universidad. De inicio se tomó un año sabático, pero se enamoró de la ciudad y aunque me entristeció cuando declaró que extendería su estadía para obtener un título en King's College, su felicidad, el brillo en sus ojos cuando me lo dijo, el tono de su voz familiar, reparó de inmediato lo que se rompió dentro de mí. Si esta mudanza iba a hacerla feliz, también me haría feliz. Eso ni siquiera estuvo en duda.

Sin importar la distancia, no cuestionaba lo que sucedería con las dos. Ambas haríamos lo que fuera necesario. Ha sido más una hermana que cualquier otra cosa, ya que ambas crecimos solo con hermanos.

Daphne es un genio en cierto modo. No exagero, es imposible ignorarlo. Sabe todo de todo; si querías saber qué llevó a la fama a Halsey o cuáles fueron las implicaciones del trasfondo mormón en la saga de *Crepúsculo* en la sociedad moderna, o sobre el matiz dramático en el último reality de competencia de cocineros en Netflix, le preguntabas a Daphne. También tomó la especialidad de matemáticas; así como lo oyes: MATEMÁTICAS, en la Universidad de Nueva York antes de cambiarse, y su conocimiento de la cultura popular, los medios de comunicación, la mercadotecnia y la música son igual de impresionantes que sus habilidades en ciencia y matemáticas. Es una lectora innata, culta, pero incluso tiene más conocimientos sobre la vida diaria. Da consejos como una terapeuta que ha vivido quinientos años y que es eterna, usa zapatos fantásticos y se pone costosos productos para el pelo. Prefiere enviar mensajes de voz en lugar de escritos, se inscribió en el club de artes dramáticas en el bachillerato sin tener ninguna razón aparente, come sushi seis veces por semana y sabe hacer pan de masa madre.

Seguido bromeamos de que su vida parece una película y nunca he estado más agradecida de ser un personaje secundario en ella.

Ella ha sido mi principal animadora en el mundo como nadie lo ha sido ni lo será jamás. No tiene novio, ni marido futuro, ni nadie más. No me gustaría ser alguno de ellos. Cuando escribí mi primera obra de teatro, que iba a ser producida en un estudio en Michigan, tomó un vuelo y dos viajes muy largos en coche para ir al pueblo y ser una de las pocas personas del público. Lloró todo el tiempo.

Una vez íbamos manejando por Ocean Avenue a lo largo de la costa de Jersey. Le estaba contando cómo a veces pensaba en regresar con Luke y al final me estacioné en un Dairy Queen y, entre lágrimas, le dije cosas que nunca le contaría a nadie más. No me juzgó ni un instante. Ni siquiera pensó en hacerlo. Me escuchó, me escuchó y me escuchó.

Me dijo que no importaban sus opiniones sobre Luke, aunque se las pidiera, porque era mi mejor amiga y me iba a apoyar, sin tomar en cuenta mi decisión, porque siempre me sería leal. Siempre estaría yo primero.

Incluso si estás en una relación, pero te provoca algún daño, ya sea físico o emocional, tendrás la lealtad de un verdadero amigo.

REGLA 1 En ese momento, con o sin Luke o cualquier otro, supe que mi alma gemela, mi otra mitad, estaba en el asiento del pasajero tomando un latte helado que compramos en Dunkin' Donuts, mientras las canciones de Taylor Swift se reproducían en las bocina de mi coche. Podía seguir adelante sin él, siempre y cuando Daphne estuviera ahí.

"Lili, somos tú y yo", me decía siempre con el apodo que me puso, y así era. A lo largo de leguas de corrientes y mares oscuros. *A pesar de las diferencias de husos horarios y de cualquier otra cosa, somos tú y yo, V. Somos tú y yo.*

Cada vez que estaba con ella, no me centraba en el amor que suponía que me faltaba, solo en el amor que tenía: el amor de una amiga, y ese amor era abundante y más que suficiente.

Aunque lamento haber participado en las selecciones para las sororidades y en el sistema de casas estudiantiles en Michigan, sin esa experiencia no tendría a Sadie. Y sin ella, la verdad no estoy segura de qué tendría.

Desde el día en que nos conocimos, no han pasado veinticuatro horas en que no hablemos. Es una tradición diaria, una meditación, un hecho de la vida. Siempre he sentido que nuestra relación se asemeja a una etapa de luna de miel en una relación amorosa, sin el sexo, pero igual de íntima en otros sentidos.

En la universidad, pasábamos la mayor parte de los días enviándonos mensajes, a menos que estuviéramos juntas. Muy pocas ocasiones nos hartábamos de estar juntas y discutíamos rara vez. Nos seguimos recordando cuánto nos queremos. Planeamos noches juntas solo para las dos. Somos brutalmente sinceras la una con la otra y, con Sadie, tengo la misma sensación que cuando me enamoro.

Es la personificación del amor de amigos. Un nivel de intimidad platónica que nunca puede replicarse en una relación amorosa. Un sentimiento que esperé encontrar a lo largo de dieciocho años. Con nuestras parejas hacemos planes de salir de noche, citarnos para aniversarios especiales y planear cenas de viernes en la noche con películas; no obstante, a menudo nos da flojera planear estos encuentros especiales cuando se trata de nuestros amigos. REGLA 2 Pero nuestras amistades también merecen que salgamos con ellas: cenas íntimas, cocinar juntos, maratones de película, noches de vino, caminatas de chicas sexys, clases de ejercicio seguidas de un café; estos tipos de citas mantienen vivas y a flote nuestras amistades. Ayudan a estimular la amistad al inicio; sirven para conocernos y refuerzan la amistad que hemos tenido desde hace cinco, diez, veinte años. No tienes sexo cuando sales con tus amigos. Por supuesto, salir con amigos también puede significar acostarse en la cama a charlar de cualquier cosa y ver TikTok durante horas. Lo que intento decir es que el esfuerzo es importante y la gente que amas, que te ama, se percatará de eso.

Céntrate en esas personas.

Empecé a salir más en serio con mis amigas —de manera intencional— cuando estaba en la universidad. Planeábamos cenas solo para nosotras, apartábamos horas para ver mil capítulos de *Love Island*, pedir comida a domicilio y comer dulces, planear almuerzos, largos viajes o reuniones de estudio.

Me alegro de haber empezado a salir con mis amigas en la universidad, porque nadie te prepara del todo para lo que sucede cuando las estructuras que antes gobernaban tu vida y sostienen tus amistades (clases, clubes, deportes en equipo, la vida de las sororidades) se desmoronan y tienes que mantenerlas tú sola. Está bien darte cuenta de que, sin esas estructuras o grupos, dejas de ver con tanta frecuencia a alguien que en una época fue cercano. Está bien darte cuenta de que preferirías asignarles a otras personas el tiempo que tienes para socializar y dedicarte a tus amigos, ahora que no hay prácticas semanales o reuniones que mantengan la amistad. Nos sucede a todos cuando tenemos entre veinte y treinta años y, sin embargo, no hablamos de ello.

En mi vida adulta, en especial en un lugar como Nueva York, es imposible mantenerte en contacto con nadie, a menos que *1*) vivas bajo el mismo techo, o *2*) tengas sexo con esa persona. Salir con amigos se ha vuelto más imperativo que nunca. Hacemos planes anticipados para ir a comer pasta, visitar el Museo de Arte Moderno o el Metropolitano, ver un concierto gratuito o caminar por Central Park. No todo plan o reunión con amigos tiene que premeditarse, pero en la locura de la vida adulta, a veces es importante hacer planes con dos semanas de anticipación para asegurarte de centrar la atención en tus amigos. Por supuesto que las cosas pueden ser espontáneas y fortuitas, pero es importante invertir un esfuerzo similar para nuestras citas platónicas que para las noches románticas. A veces, la única forma en que puedo ver a mis amigas —con las discrepancias en nuestros horarios y planes llenos de ocupaciones— es anotar una fecha en el calendario de Google con tres semanas de anticipación. Los que me quieren se adaptan a mis circunstancias y yo lo hago con ellos. Nuestros amigos merecen esto de nosotros y nosotros también lo merecemos de ellos. A veces, cuando estamos muy ocupados, el tiempo que pasamos con nuestras parejas se reduce a conversaciones en la cama y a la intimidad inherente a dormir juntos, lo cual, en una semana cualquiera llena de compromisos, puede bastar. Pero no necesariamente tenemos la misma intimidad con nuestros amigos más cercanos y si nos sentimos abrumados y ocupados, y como si los hubiéramos estado descuidando, solo tenemos que darnos un momento para comunicarnos y planear algo, aunque sea dentro de doce días.

Mis amigos del posgrado y yo tenemos vidas muy diferentes en Nueva York con horarios diversos. Algunos vivimos en East Village, otros en el Upper East Side, Hudson Yards, Midtown, Downtown y Brooklyn; algunos ya no viven en Nueva York, sino en Dallas, Vermont o Laguna Beach. Es útil planear reuniones por FaceTime, visitas, llamadas telefónicas y simplemente mensajearnos para saber cómo estamos.

Me alegra que no esperemos que nuestras amistades sean consistentes sin esfuerzo, que solo sucedan. Cuando éramos niños y veíamos a nuestros amigos todos los días en la escuela, la amistad era natural y fácil. Cuando pasamos de los veinte años, luego de la universidad, se requiere un poco más de esfuerzo, pero ese esfuerzo vuelve más valiosa una reunión para tirarse en el sillón con una copa de vino o al otro lado de una mesa para cenar.

REGLA 3 Cada dos semanas, mis amigos planean una cena y una noche de juegos. Vamos cambiando de lugar, pero siempre es en casa de alguien, llevamos postres caseros, botellas de vino, platillos hechos para nuestras restricciones alimentarias, flores y queso. Nos reímos, tomamos vino tinto y blanco, y a veces champaña; nos ponemos al día —todos nosotros— en el piso de la sala.

A lo largo de las semanas, entre nuestras pequeñas cenas de jueves en la noche, nos vemos de manera individual, o en grupos más pequeños. A veces vamos a cenar, a tomar un trago o a caminar. Nadie se siente amenazado por cómo fortalecemos nuestras relaciones individuales, porque sabemos que eso nos vuelve más fuertes como grupo.

Igual que sucede con las relaciones amorosas, la comunicación y la confianza son lo que nos conduce a no sentirnos amenazados por las amistades individuales de cada uno. En cualquier caso, me alegro cuando Jen me visita y me cuenta acerca de cómo le fue con Sophie en su noche de películas el mismo día en que yo podría haber ido de compras con nuestra amiga Macy; eso fortalece las ramas de nuestro roble colectivo y somos una fuerza cuando nos reunimos como si fuéramos una sola persona.

REGLA 4 La comunidad es lo que nos permite sobrevivir cuando estamos en nuestros veintitantos años. En especial en las grandes ciudades, la comunidad que formamos es equivalente a dejarte caer a ciegas sabiendo que alguien te va a sostener o algo semejante a una comida casera: es reconfortante y tranquilizador. Es imperativo que construyamos una comunidad y que tengamos una familia elegida (aunque tengamos la suerte de contar con una maravillosa familia biológica). Eso te mantendrá viva.

Creo que existe la idea de que, en cuanto nos graduamos de la universidad, nuestra época de "hacer amigos" terminó en un sentido práctico. Tenemos nuestro arsenal de amigos, nuestro grupo, y si todavía no tenemos amigos importantes o cercanos, se cerró nuestra ventana de oportunidad para conseguirlos.

En vista de que conocí a algunos de mis mejores amigos cuando tenía veintidós años y estaba en el posgrado de Periodismo, eso no podría estar más alejado de la realidad. Aunque la escuela facilita hacer amigos, estudié un posgrado virtual por Zoom en 2020 y teníamos clase una vez a la semana con otros siete estudiantes, con distancia social. Soy prueba viviente de que puedes conocer a tu mejor amiga cualquier día, en cualquier oportunidad, en cualquier momento de tu vida, siempre y cuando te mantengas abierta.

Conocí a Jen en el posgrado y aunque solo fue hace dos años, ahora no me siento completa si no hablo con ella a diario. Es la persona con mayor inteligencia emocional y segura de sí misma que tengo en mi vida. Jen sabe cómo enunciar sus emociones y experiencias de un modo que solo pueden hacerlo en realidad los escritores. Le encantan las tortugas, la pasta con salsa de limón hecha en casa, el vino tinto, ese pequeño muñeco de peluche que se sienta arriba de su cama bien tendida, organizar clósets, llamarle a su mamá y ablandar mocasines nuevos. Cuando te cuenta una historia, te da detalles que las personas normales no se acuerdan de incluir y te hace sentir como si estuvieras justo a su lado, en el coche estacionado en Sonic, en su casa del último año de la universidad o mientras estudiaba en Francia.

Jen le da mucha importancia a la amistad. Antes de ella nunca había conocido a nadie que le diera tanto peso a la amistad y eso me enseñó a hacer lo mismo. Me envía correos cuando estamos separadas y hornea pasteles para los cumpleaños de sus amigos. No es solo el tipo de amiga con la que es divertido ir a un bar o a bailar, aunque hacemos las dos cosas seguido. También es la clase de amiga con la que no haces nada durante días y sientes que han viajado juntas por el mundo entero, tuvieron la noche más salvaje de su vida y su dosis anual de adrenalina. No hacer nada con Jen es como hacer todo lo que he soñado hacer, pero sin salir de nuestra sala.

Cada vez que hacía amigos en la universidad, siempre lo hacía con precaución, ansiosa de que las personas que dejaba entrar en mi vida no me aceptaran por quien soy o no quisieran ser mis amigas siendo como yo era. Temía que ser yo misma ahuyentara a las nuevas amigas. Ser tú misma podría reducir las concursantes elegibles, pero también es garantía de que la calidad de esas amigas —y su deseo de formar parte de tu vida— será mucho más alta.

Nunca voy a olvidar cómo me hace sentir que Jen me ame y espero que nunca tenga que hacerlo, porque no muchas personas me han hecho sentir así: completa y totalmente digna de amor solo por ser quien soy y justo en ese momento.

Antes de Jen, era normal que conocer a nuevas personas implicara ponerme una máscara, una fachada, un juego de apariencias, donde me guardaba todo de mí misma, y era lo que pensaba que les gustaría a los demás. REGLA 5 Ahora sé que puedo presentarme como soy. Puedo expresar mis emociones. Nunca querría pasar por el bailecito de engañar a alguien para que sea amiga de una persona que no soy yo. Preferiría saber que quienes quieren ser mis amigas, de verdad quieren serlo cuando les muestro mi cara tal como es y no tengo nada más que mi nombre.

El tiempo que llevamos conociéndonos me alentó a intimar más con otras personas. Hemos llorado juntas por amantes que la otra no conoció, hablado sobre nuestras principales ansiedades y nuestras preocupaciones menores, y si me dijeran que puedo cenar con Jen todos los días del resto de mi vida, preguntaría quién llevará el vino.

REGLA 6 Mucha gente supone —o así lo aprende—, que grupos de tres amigas nunca funcionan, porque no hay manera de que tres individuos puedan ser mejores amigos sin dejar fuera a una persona.

Es posible que aquí te esté dando reglas, pero no las hay en lo que se refiere a la amistad, salvo que, a lo largo de mis relaciones, he aprendido la lección fundamental que a todos se les debe enseñar de una forma un poco más explícita: REGLA 7 tienes que ser amigo para tener un amigo. Gravitamos hacia la gente que nos hace sentir a gusto. Yo gravito hacia la gente que apaga las alarmas de ansiedad social que resuenan en mi cerebro.

El primer paso para un grupo exitoso de tres amigas es la transparencia y la confianza. Si confías en que a tus amigas les preocupan tus intereses y a ti los suyos —y siempre se comunican si algo está a la deriva— tienen una base muy sólida. Es natural que todos dentro de un grupo de tres personas tengan sus propias relaciones entre sí —sus propias bromas personales, sus propios temas de conversación, o los lugares y cosas que les ayudaron a vincularse—, pero, a fin de cuentas, cuando las tres están juntas, no hay dramas ni energía negativa.

Todo es simplemente genial.

No hay una sola receta que se ajuste a todo lo que significa ser un amigo. Tener un amigo. Salir a buscar amigos. Creo que esa es una regla en sí misma: los grupos de tres amigos no tienen que ser un desastre tóxico; las amistades tienen permitido fortalecerse y luego no estar a la altura y después fortalecerse de nuevo en el futuro. Tenemos permiso de cambiar y crecer con nuestros amigos, tenemos permitido marcarles límites, tenemos permitido comunicarles nuestras necesidades y distanciarnos, y tenemos permitido lamentarnos por ese crecimiento.

Las relaciones terminan por una variedad de razones, pero una de ellas es que ambas partes crecen y cambian, pero de un modo que ya no les permite complementarse. Vemos las amistades mucho más indestructibles que las relaciones amorosas y no les damos la libertad o voluntad de tener esas mismas transformaciones y transiciones, y con eso creamos una expectativa de que el cambio será muy malo para nuestra amistad.

REGLA 8 En realidad, las amistades no son muy diferentes a nuestras relaciones amorosas. A veces vamos a experimentar una decepción en una amistad. A veces vamos a distanciarnos de alguien. A veces, recuperaremos la relación. A veces nos vamos a sorprender con una nueva amiga que es tan diferente a nosotras... pero de alguna manera funcionamos juntas. A veces, cambiará la naturaleza de nuestra relación, la naturaleza de nuestras necesidades, la naturaleza de nosotras mismas, y eso puede dañar o fortalecer una amistad.

Distanciarte de los amigos, aunque a veces es triste, también es normal. Sin embargo, hay ocasiones en que no hemos visto a una amiga durante un tiempo o no hemos sabido de ella —porque las dos estamos ocupadas, estamos tratando de averiguar cómo resolver la vida o pasando por algo complicado— y entonces
REGLA 9 puede valer la pena que nos pongamos en contacto, que mandemos un mensaje, que toquemos base de vez en cuando. Cuando

tu vida se vuelva más sencilla, estarás agradecida de haber mantenido viva la llama con ellas.

Y cuando sufras la ruptura de una amistad, te imploro que lo trates como una ruptura amorosa. Las rupturas son horribles. Las penas son horribles. Perder a alguien es horrible. Si empezamos a tratar a nuestras amigas como tratamos a nuestros amantes (tenemos que construir algo juntas y luego debemos mantenerlo vivo o, en caso contrario, no será sostenible), no nos sentiremos tan fuera de control y perdidas cuando atravesemos la ruptura de una amistad. Nos sentiremos tristes o al borde de colapsarnos en sentido emocional, quizá un poco lastimadas, pero sabremos cómo resolver la pérdida de una amiga como lo hacemos con la pérdida de un amor. A veces duele más perder a un amigo, en especial si luchaste por esa persona y te esforzaste por que la relación funcionara.

Cuando sientas que un amigo se distancia, tienes permitido —y te aliento a— confrontarlo, aunque de manera amable. Preguntar: "Te extraño, ¿todo está bien? Últimamente te he sentido distante"; pon el balón en su cancha para que te cuente si tiene algo que decirte o que te entere de en qué ha estado ocupado.

Como sucede con las parejas amorosas, necesitamos aprender a respetar también los límites de nuestros amigos. Un buen amigo escucha para escuchar, no para responder, y respetará los límites que establezcas (de manera tranquila o, incluso, silenciosa). Cada vez que pongo un límite por mi salud mental o emocional, las personas más cercanas en mi vida han sabido que deben respetarlo, porque si yo mejoro, ellas también. Tus buenas amigas serán tus principales animadoras y tus alegrías serán suyas.

Desearía haber considerado a mis amistades como considero a mis relaciones amorosas. No son tan diferentes y, sin embargo, nos parecen opuestas.

Hacer amigos, en especial cuando empiezas de cero, puede ser intimidante. Si te soy franca, como prometí que sería, antes se me dificultaba mucho.

El temor a cómo se me percibía me consumía casi por completo, junto con la ansiedad social; vivía en constante temor de dejar entrar a nuevas personas en mi órbita. En muchos sentidos, también me daba miedo fallarles. Pero gracias a mucho trabajo interior, mi situación es diferente. La verdad es que soy una buena amiga y también una buena persona. Lo sé y he madurado para creerlo. Siempre me recuerdo lo que sé que es verdad, no lo que creo que otros PODRÍAN pensar.

La verdad es que, en los momentos en la universidad en los que solo tenía una amiga, eso me bastaba, porque ella era más que diez amigas de mierda combinadas en una persona. REGLA 10 La cifra de amigos que tengas o no tengas no dicta tu valía. La verdad es que me considero digna de amistad. La verdad es que tengo que suponer que a la gente le gustaría conocerme. La verdad es que confío demasiado y doy muchas segundas oportunidades, pero mi corazón es más grande que la luna y eso me enorgullece. La verdad es que he cometido errores con las amistades y he salido lastimada. He ganado amigas, perdido amigas y recuperado amigas. La verdad es que no siempre he sido la mejor amiga, pero cuando eso llega a ocurrir, hago cualquier cosa para arreglarlo.

Vivo para mis amigas —incluso cuando sean pocas—. Aunque no hayamos hablado en un tiempo o algo nos presiona de manera implacable. Vivo para los cafés en la mañana que tomamos una vez al mes, aunque ese sea el único día que tengamos para estar juntas. Vivo para reconectar con alguien después de meses de separación y sentir como si nunca camináramos en sentidos opuestos de la misma calle. Vivo para sus risas, su alegría, sus pequeñas excentricidades.

Antes las amistades me producían ansiedad, y luego, un día, me di cuenta de que las personas adecuadas, en los entornos correctos, no me harían sentir así. Debía entender que merecía tener a grandes personas que valieran la pena para mí. Sin embargo, antes de conseguir toda esa paz interior y de realizar todo ese trabajo dentro de uno mismo, necesitamos un grupo de gente que nos haga sentir muy bien de estar con ella con tanta frecuencia como queramos.

LA REGLA DE LA ABUELA PARA FACEBOOK

REGLA 11

Por suerte, como sociedad hemos encontrado mil formas para encontrar amigos. Está Geneva, un foro comunitario en línea desarrollado por creadores que tienen un grupo de seguidores muy fiel que buscan conocerse. Hay una página web llamada Meetup que tiene miles de clubes, grupos y oportunidades de conocerse, generados por la comunidad. También esta Bumble BFF, que, si vemos a las amistades como a las relaciones, es una manera completamente normal de socializar.

Y, si te pareces en algo a mí, están los grupos en Facebook que incluyen de todo, desde "Moms for Trader Joe's" hasta clubes de lectura y un grupo de Facebook que creé para mis seguidores, donde la gente tiene el espacio para conectar.

Hace poco una chica en el vestidor del gimnasio me contó que conoció a su roomie en mi grupo en Facebook. Sé de chicas que conocieron a sus mejores amigas en ese grupo y viajaron juntas a París. Claro, es poco convencional conocer a tu mejor amiga en un grupo de Facebook o en un foro en línea, pero en un mundo que se está convirtiendo por completo en comunicaciones en línea y distancia social, tenemos que arreglarnos con lo que tenemos.

Y encontrar a alguien maravilloso que no habrías conocido de otro modo sino en un grupo de Facebook suena obvio.

El peor escenario posible cuando te expones en esos grupos, es que sigas justo como estás ahora y el momento en que te encuentras es muy bueno. El mejor escenario posible es que cambies tu vida entera de la forma más estupenda.

En el bachillerato tenía un grupo muy grande de amigas. Para cuando llegué al último año había sumado un grupo de cerca de veintidós chicas y un grupo similar de chicos. Con regularidad era incestuoso y estas eran las personas con quienes pasaba la noche de Año Nuevo, iba a los juegos de futbol americano y con quienes salía los viernes en la noche.

Como sucede con los grupos enormes, a pesar de nuestras mejores intenciones formamos grupos más pequeños que tenían mayor cercanía con algunos individuos que con otros. Surgieron los problemas debido a la exclusión intencional; es decir, alguien del grupo hace una fiesta con hasta cincuenta invitados y a propósito deja fuera a ciertas personas de nuestro grupo de amigos. A veces, a mí era a la que excluían y a veces no. Aunque era el bachillerato, con su pasarela de mezquindad, exclusión y su interés desmedido en la actitud de los demás, eso siempre me molestó.

También me causaba problemas la naturaleza aislada del grupo. A medida que expandí mis opciones e hice amigos en el club de artes dramáticas, en el teatro comunitario al que iba después de la escuela o en las carreras a campo traviesa, me dejaron fuera de las salidas de mi grupo de amigas. Nunca quise quedarme en un lugar o una sola cosa, o juntarme solo con un tipo de persona. Me gustaba la variedad que diversos grupos y actividades aportaban a mi vida y parecía tonto que, a expensas de la variedad y el color, me excluyeran de las fiestas o de los amigos que siempre tuve.

Cuando entré a la universidad, renuncié la idea de tener un grupo de amigos porque temía que ocurriera lo mismo: que si tenía un grupo, me sentiría encerrada o impedida de explorar otras cosas. Y aunque con frecuencia me sentía "rara" por tener diferentes amigos en distintos lugares, cuando me di cuenta de que a nadie le importaba qué hiciera con mi vida o con quién pasaba mi tiempo, ya que no les afectaba, empecé a hacer justo lo que me hacía sentir bien. Así que nunca tuve un grupo de amigos. En lugar de ello, tuve a muchas personas en muchos lugares y todas ellas me satisfacían.

Desde mi punto de vista, es más frecuente que los grupos de amigos inhiban el desarrollo en muchas direcciones diferentes. Impiden que nuestro interés se dirija a los cuatro puntos cardinales y que toque múltiples partes del cielo. Siempre me ha gustado tener un pequeño grupo aquí o allá, pero tener amigos dispersos, lo cual es reflejo de mí, que soy alguien que siempre ha pensado que es un poco ecléctica, un poco original y un poco excéntrica.

Si hubiera insistido y aceptado la idea de un grupo de amigos, lleno de gente a la que en el fondo ni le caigo bien, y que en realidad tampoco me cae bien a *mí*, no habría hecho tantas de las amigas que tengo ahora. No hubiera intentado tantas cosas nuevas. No habría desarrollado un lazo tan profundo con Sadie que la mantiene unida a mí. No habría podido explorar tantas de mis pasiones o me habría sentido culpable por hacerlo y "separarme del grupo".

Después de un tiempo me di cuenta de que al final no importa, siempre y cuando la gente que tengo ahora en mi vida sepa que siempre responderé sus llamadas (duermo con el teléfono prendido), con tal de que mis amigos prometan lo mismo.

En la universidad tuve amigos de las clases, del *Michigan Daily*, de mis doce emprendimientos teatrales, de tres publicaciones que escribí en el campus, de mi sororidad y de amigos de amigos de amigos. Tuve amigas de exnovios y exligues. Hice amistades con chicas a las que solo conocí porque compartimos a un ex o, en algún momento, a un chico que nos gustaba a las dos.

Cuando dejé de obligarme a encajar en ciertos parámetros, dentro de grupos pequeños, empecé a expandirme y crecer, además de llenar mi vida con personas a las que no tendría de otro modo. No quepo dentro de parámetros limitados y tú tampoco. No te encierres ahí solo para ser normal, porque la normalidad no existe, solo la vida, y más nos valdría vivirla.

Si un grupo de amigos te funciona, me alegro, pero en mi vida adulta llegué a la conclusión de que eso no es práctico para mí. Desearía haberlo sabido cuando tenía dieciocho años. Quisiera haber sabido que es normal tener un pequeño círculo, o sentir que solo tienes una amiga. Cómo quisiera haber sabido que a nadie le importa un carajo con quién paso mi tiempo. Debería volcarme en lo que me hace feliz, no en lo que de manera arbitraria creo que "debería" hacerlo. Me hubiera ahorrado mucho tiempo que invertí en preocuparme por que era aburrida o poco interesante o fuera de la norma porque no tenía un grupo de amigos como creía que debía.

Hubo algunos momentos en la universidad, algunas semanas y meses, en que sentí que si Sadie fuera lo único que tenía, solo contaba con una persona en la que podía confiar de verdad. Sin duda tenía montones de conocidos y amigos superficiales repartidos por todas partes, pero solo tenía una verdadera amiga. Una amiga que supe que perduraría.

Lo veo de esta manera: si la marea te arrastrara al mar y estuvieras desesperada de que alguien te salvara, ¿preferirías tener a diez personas que podrían pensar en salvarte si les conviene o una o dos personas que, sin importar nada, sin tomar en cuenta quiénes sean o qué estén haciendo, se lanzaran al agua a rescatarte?

Siempre preferiría que Sadie viniera a salvarme porque cree que amerito ser salvada, ya que las dos casi nos ahogamos juntas. Porque nunca me dejaría abandonada en el mar y regresaría ella sola a la costa. Porque si la marea me arrastrara a las profundidades, no dudaría en ir a buscarme aunque estuviera totalmente vestida.

La calidad de nuestra amistad es diferente a muchas cosas que haya experimentado en mi vida. Es tan profunda, está tan arraigada al suelo bajo nuestros pies que se ha vuelto parte de mi naturaleza; es algo implícito. Es alguien que sé que, en tanto sigamos las dos aquí, siempre responderá mis llamadas.

En 2018 corrí el maratón en Detroit. Era el 7 de octubre y estábamos a menos seis grados Celsius cuando mi hermano Jack, Sadie, Luke y yo nos levantamos el día de la carrera. Era mi primer maratón y mi familia no pudo ir (excepto por Jack), pero contaba con mi equipo de animadores para que me ayudaran a lo largo de la carrera.

Sadie se metió a los treintaidós kilómetros y corrió los últimos diez kilómetros conmigo. Cuando me dolían los dedos de los pies, me contaba historias y hacía su mejor esfuerzo para mantenerme a flote. Ella y Luke se pelearon y fue culpa de él, así que me sentí un poco culpable cuando me di cuenta de que sacrificó un fin de semana para helarse el trasero con mi horrible novio y mi hermanito menor, pero me tranquilicé cuando recordé que así es el amor. Cuando empezó a correr conmigo, le pregunté si podía prometerme que el grupo que marcaba el ritmo en nueve minutos por milla no nos rebasaría. Quería correr una carrera de menos de nueve minutos y estaba dispuesta a lograrlo.

El final fue despiadado: había una colina poco inclinada que terminaba en una vuelta profunda a la derecha y, luego, una vuelta a la izquierda al final. Aproximadamente a 180 metros de esa vuelta a la izquierda estaba la línea de meta. Los pulmones me ardían, los pies me dolían, tenía los ojos encostrados de sudor y lágrimas, y mis pezones rozaban contra mi sostén deportivo morado.

Apresuré el paso con la vista fija en la meta. La carrera se había vuelto menos concurrida y no estábamos rodeadas de mucha gente o de mucho ruido. Los gritos y vivas de los espectadores estaban todavía a unos 122 metros. Todo lo demás estaba muy callado hasta que Sadie empezó a gritar: "¡MALDITA SEA, LO LOGRASTE! ¡CORRISTE UN MARATÓN! ¡CORRISTE UN PUTO MARATÓN! ¡CORRISTE UN PUTO MARATÓN!", me dio la mano y siguió gritando, y a medida que nos fuimos acercando, empecé a llorar.

Lo logré. Corrí un maratón. Y la persona que estuvo a mi lado, alentándome, estaba justo ahí conmigo. Pasamos por la meta y me entregaron una medalla y una capa plateada para aislar el poco calor que me quedaba. Me aferró y me dio un abrazo, y las dos saltamos, gritamos y celebramos.

No existe nadie más con quien preferiría atravesar una línea de meta.

❤

No es necesario contar con muchos amigos para tener un buen amigo, o para ser un buen amigo. No es necesario tener un novio, novia o pareja para encontrar a tu alma gemela o al amor de tu vida. No es necesario tener mil amigos para ser cool. De hecho, no tienes nada que demostrarle a nadie más que a ti.

Te ruego que te demuestres que mereces amor del bueno, el amor de amigos y que salgas y lo reclames. Puede venir de una persona, de tres o de diez. En realidad no importa y depende de ti.

No es necesario tener un chat grupal en modo "no molestar" con treinta miembros para tener una vida social atestada de compromisos, alegre y llena de amor.

En lo que se refiere a amigos verdaderos y hermosos, del tipo que te salvan la vida por teléfono y que te acompañan a correr hasta el final de la carrera, de ese tipo de amistades que dicen: "Él no me cae bien, pero te amo a ti y te voy a acompañar el tiempo que dure", solo se requiere uno.

De modo que trata a tus amigos como lo harías con el amor de tu vida, porque cuando regamos nuestras amistades y las vemos crecer es cuando nos damos cuenta del verdadero significado del amor y el verdadero significado de la vida.

REGLAS PARA HONRAR TU VIDA

1. Haz una lista de metas.
2. Olvídate del romance.
3. Hazte las preguntas difíciles.
4. Los hechos van antes que los sentimientos; siempre antepón los hechos de una situación.
5. TÚ ERES LA CEO. Toma una decisión ejecutiva.
6. No seas el platillo favorito de alguien, sé tu propio shot de tequila.
7. Escribe un diario: diez minutos en la mañana, diez en la noche.
8. Antes de que vayas a cualquier lado, recuerda: estás demasiado guapa como para estar triste.
9. La regla del fracaso es mejor que la autocomplacencia (¡es preferible que fracases!).
10. Siempre persigue la versión ideal de tu vida.

Mi primera palabra fue *wow.*

Tenía seis meses y estaba sentada en el regazo de mi abuelo, que estaba viendo un partido de básquet. Siempre me han dicho que tengo un alma vieja. Algo sucedió durante el juego, algo sorprendente, y mi abuelo dijo "wooow". Yo incliné la cabeza hacia él, lo miré y repetí:

"Wow".

Wow. Una palabra corta, casi tanto como mi nombre. Cómo es que una palabra tan pequeña transmite un sentimiento tan especial, si sabes a lo que me refiero. Un nombre tan chiquito para una personalidad grande. Es una expresión de emoción o adoración, un hecho sensacional.

Las palabras siempre han sido importantes para mí. Una trama, una cuerda salvavidas, un significado para darle sentido al mundo. Corren por mi sangre y me mantienen despierta en las noches, mirando el ventilador del techo. Duermen en libros bajo mi almohada, se amontonan en diarios y post-its apresurados. Y la primera, la que comenzó todo, fue por un éxito sensacional. Expresaba emoción o adoración. Para impresionar a alguien en gran medida.

¿Cómo demonios se supone que viva a la altura de eso?

Supongo que mi nombre me suscita lo mismo. *Eli,* en hebreo, por convención es un nombre de hombre. Significa "alto" o "elevado", pero también puede significar "mi Dios" cuando deriva de nombres bíblicos como Elías, Eleazar y Eliseo. Mis papás eligieron el nombre antes de que naciera. Cuando llegué el 22 de julio de 1998, cerca de las cuatro de la tarde y justo a tiempo para la hora feliz (como es natural), le dieron vueltas a opciones similares que, por tradición, son femeninas, como Mía, Ema, Lily.

Nada les pareció tan adecuado como Eli, así que a pesar del porcentaje tan pequeño de niñas llamadas así —que excluye casos donde se usa como apodo para Eliza o Elizabeth o Eleonora— mis papás pusieron Eli en mi acta de nacimiento y decidieron que lo único que necesitaba era vivir a la altura de ese nombre.

Cuando era niña, odiaba mi nombre. En todos los salones de clase a los que entré desde preescolar hasta el cuarto grado, la expectativa era que fuera niño. Cuando la mamá de una compañera le pidió a la maestra una lista de alumnos para invitar a todas las niñas a una fiesta de cumpleaños, nunca me llegó la invitación porque supuso que era niño. Quería ser femenina, ser bonita; quería ser Isabella o Elizabeth. Quería un nombre que se viera bonito cuando lo escribiera en cursivas. Quería que fuera más largo, más fino y bonito desde el primer día. Fíjate nada más. Mi nombre era plano, corto, regordete. Cuando escribí mi primer libro en segundo grado, fue una novela corta sobre unas gemelas llamadas Elizabeth e Isabella. Cuando cumplí dieciocho, les dije a mis papás que me cambiaría el hombre y que no tenían ni voz ni voto en ese asunto.

En algún momento cambié de opinión.

La niña llamada Eli sonaba bien. Nunca lo cambiaría. Eli me permitió ser memorable sin hacer el intento. Ser inesperada. Ser un tema de conversación antes de siquiera abrir la boca.

Ahora solo tenía que averiguar cómo vivir a la altura del nombre y, también, de mi primera palabra.

Wow.

Nunca creí en la idea de ver tu vida con idealismo, porque pienso que nos influye a crear falsas expectativas, falsas realidades, y nos deja con una sensación de indefensión y con un poco de desánimo.

Siempre digo que la culpa está reservada para cuando hacemos algo equivocado sin tener repercusiones, y con frecuencia creo que nos sentimos culpables cuando no alcanzamos nuestros escenarios arbitrarios y románticos, nuestras resoluciones de Año Nuevo y nuestras metas superfluas. Pasamos tanto tiempo con un bolígrafo rojo tachando nuestras imperfecciones y tan poco en reconocer lo irreal que fue pedirnos alcanzar lo inalcanzable.

La versión idealizada de mi vida se parece más a mi película favorita que a mi realidad, y la razón por la que es mi película favorita es porque el final siempre es feliz. Las emociones están controladas. Todo el mundo termina sintiéndose bien, siendo exitoso y ganando por derecho propio. Vemos películas porque son un escape de la vida real. Pueden ser al mismo tiempo un reflejo de la realidad, un reflejo de una extraña verdad o un mensaje tácito, pero nunca *serán* la realidad. No pueden serlo. No existen en el mismo ciclo de obstáculos, traumas y tristezas. Tienen un guion. Tienen un director. Tienen un plan que se sigue con precisión para provocar una emoción específica.

Por supuesto, tu vida también tiene un guion, pero lo vas escribiendo sobre la marcha. Nunca se termina, nunca es el último borrador. Creo que llegamos a esta tierra con un esbozo de cómo podrían ir las cosas y, mediante nuestras decisiones, opciones y nuestro libre albedrío, terminamos escribiendo el siguiente borrador. No tenemos pluma roja, ni goma de borrar; cada trama se escribe con tinta permanente y solo nuestra siguiente decisión puede cambiar nuestro destino con base en lo que ya escribimos. Eso vuelve la vida un poco diferente a una película. Nunca sabremos cuándo se nos obligará a bajar la pluma y levantar la vista.

Con las expectativas llega la presión, y con la presión llega la decepción. El meollo es que cuando vemos nuestra vida desde una perspectiva idealizada nunca alcanzaremos lo que queremos lograr. El pináculo de nuestras esperanzas fantasiosas —la última meta— es algo que, de hecho, nunca será real porque no estamos basando nuestras metas en la realidad, sino en un perfecto final feliz de película.

REGLA 1 Las metas concluyentes le ponen un límite —un techo— a nuestro potencial. Haz listas de lo que esperas lograr y te insto a que lo manifiestes (sabes que me encanta manifestar), pero recuerda que siempre hay algo más, algo nuevo que añadir a la lista. Quizá te sorprenderás, como estoy segura de que te sucederá.

Solo porque haya tenido que luchar con el concepto de idealizar la vida, no significa que no entienda por qué algunos eligen creer en el mensaje. Idealizar tu vida es una forma de encontrar la felicidad y la satisfacción en lo mundano, en los horarios de nueve a seis, en las reuniones familiares y las tareas de mierda que no queremos hacer. Pero al mismo tiempo, puede ser decepcionante, así que quiero que hagas a un lado las idealizaciones y que, en lugar de ellas, adoptes la frase "honra tu vida" porque sí creo en elegir la alegría. En que tus experiencias sean más brillantes y coloridas, aunque parezcan comunes y corrientes.

Para mí, honrar tu vida significa aceptar tu realidad actual justo como es y encontrar una manera de elevarla. Es mirar tu realidad actual y decir: "¿Cómo puedo tomar lo que tengo y convertirlo en algo muy hermoso? ¿Algo de verdad encantador? ¿Algo de lo que me sienta orgullosa? ¿Algo que me guste mucho?".

REGLA 2 Honrar tu vida implica reconocer que, si bien el cielo es el límite, no necesitamos alcanzar el cielo mañana. Podemos ir paso a paso. Movernos despacio. Podemos honrar nuestros jueves, nuestra semana o nuestro mes de un modo que nos parezca permisible. Eso se siente realista. Eso se siente tangible. No esperamos conocer al amor de nuestra vida cada vez que salimos con amigos. No esperamos convertir nuestro sueño en realidad o toparnos con un millón de dólares esta noche. Solo esperamos imponer una rutina que garantice que la pasemos de maravilla, que formemos recuerdos, que nos sintamos orgullosas de nosotras mismas. No esperamos que en la siguiente cita que salgamos nos encontremos con nuestro Príncipe Azul que vino a ***salvarnos.*** Empezamos a hacer el trabajo para que podamos averiguar cómo salvarnos nosotras mismas.

Con frecuencia, idealizar tu vida se funde en una sola historia. Una historia con una trama: una persona hermosa, una persona delgada que tiene a un príncipe encantador, una persona con riquezas, con opulencia y que tiene ropa muy costosa. Una persona con todo el éxito del mundo y que de alguna manera no tiene sentimientos negativos. Idealizar tu vida sugiere que todos coexistimos en vidas que parecen los créditos al final de una comedia romántica, pero para la mayoría eso no es verdad y nunca lo será.

Tenemos pelos encarnados, celulitis, días en que nuestra piel se ve horrible, peleas con nuestros papás, deberes cívicos. No sabemos cómo pagaremos la renta, nos manchamos el suéter blanco con café, no todos estamos en la posición más privilegiada y no podemos suponer que la vida será así. Nos ponen multas, atravesamos rupturas y sufrimos problemas estomacales. A veces nos emborrachamos y decimos algo que no iba en serio. Ya no nos quedan los pantalones y nos ponemos otros, cometemos errores en el trabajo y pensamos en renunciar. Nos refugiamos en nuestro vicio y luego pedimos ayuda. Casi nos ahogamos para llegar a la costa. Perdemos el aliento y tenemos el cabello adherido a las mejillas en pequeños mechones irregulares.

Todos podemos tener todo eso, ser todo eso y, aun así, respetar nuestra vida. Podemos ser imperfectos, un poco desastrosos, un poco inacabados o con indecisiones.

Asimismo, es posible que todavía no hayamos decidido cuál es nuestra ambición y, de todos modos, honrar nuestra vida. Esa es la razón por la que asumo el control de mi vida, porque es mi vida, no la versión que vi en un cuento infantil cuando era niña. Y algunos días puede ser un desastre total y, aun así, ser hermosa.

No existe una forma incorrecta de vivir tu vida al máximo; para que sea sensacional, en tus parámetros, en la medida de lo posible. No existe una sola historia para ninguna cosa. Para ninguna persona. Para ningún lugar.

Wow.

Siempre entorpecí mi capacidad de honrar mi vida por la distracción que me producía el modo en que los demás me veían. Pasé veintidós años enfocada en la percepción que otros PUDIERAN tener de mí, y esa posible percepción de los demás gobernó mi existencia. No me quedaba tiempo en el día o en la semana para vivir mi vida, para honrar mi vida, porque lo ocupaba todo en preocupaciones sobre lo que estaban pensando los demás. Mi preocupación no era: *¿estoy disfrutando este viaje? ¿Estoy esforzándome en alcanzar mis metas? ¿Estoy viviendo de una manera que sea sincera y buena para mí? ¿Soy una buena persona con metas realistas y sueños irreales?*

En lugar de ello se trataba de: *¿qué piensan todos de mis decisiones?, ¿de mi ropa?, ¿de mi cabello?, ¿de mi trabajo? ¿Cómo me veo cuando entro a un lugar lleno de gente?*

No estaba decidiendo de manera auténtica, solo tomaba las resoluciones que suponía que todos los demás querían que tomara. O las decisiones que pensé que me darían más oportunidades para que me quisieran o me amaran. En vista de que a esas personas no les preocupaban mis decisiones, era insatisfactorio cuando las tomaba y no le parecían buenas a nadie.

Supuse que si le daba al mundo lo que quería, me devolvería lo que yo deseaba.

De verdad, no lamento ni un minuto de mi pasado, pero ¡maldita sea!, fue agotador hacer un esfuerzo tan grande para que alguien más me dijera que era bonita.

Este es el asunto con el mundo. Al mundo no le importa un bledo lo que hagas con tu tiempo. Tienes una autonomía impactante. Puedes hacer lo que te dé la gana. Puedes ignorar algo hasta que te coma viva o puedes enfrentarlo. Solo tú puedes elegir.

Recuerdo haber estado sentada en mi recámara de la sororidad, decidiendo si quería ir al extranjero para el verano de 2018 o hacer una pasantía en Missouri. Pensé que todos querían que fuera al viaje, pero yo quería hacer la pasantía. Pensé que todos me juzgarían por elegir Missouri en lugar de Europa y eso me estaba llevando a tomar la decisión incorrecta.

REGLA 3 Sentada en mi escritorio mientras me mordía las uñas, me pregunté: *¿Qué tal si por fin tomo la decisión que quiero?*

Me senté ahí a meditarlo. Era una pregunta difícil, pero que valía la pena. *¿Qué sucedería si tomaba las decisiones que quería yo sola? ¿Qué pasaría si me permitiera ser la CEO de mi propia vida? En cualquier caso, yo lo pagaría —fuera mi verano en el extranjero o mi cuarto durante la pasantía y el vuelo a Missouri—. ¿Quién podría decirme de manera genuina que me estaba equivocando al buscar mi propia felicidad?*

> REGLA 4 Trato de simplificar las cosas lo más posible. Le doy preferencia a los hechos antes que a mis sentimientos, y luego decido cómo me siento cuando los tengo todos sobre la mesa. La verdad es que se trata de una decisión importante y hay ruido; voy a apagar el ruido porque yo tengo el control.

Tengo el control. Wow.

Intenté hacer lo siguiente: tomar las decisiones, asumir el control. De inicio, REGLA 5 tomé mis decisiones ejecutivas con cuidado, empezando desde aquellas que implicaban poco riesgo: cómo *quería* vestirme. Qué *quería* comer. A dónde *quería ir*. Qué *quería* hacer. Me hice las mismas preguntas que les he hecho a otras personas cuando me pidieron consejo: *¿cómo te hace sentir? ¿TÚ qué quieres hacer? Sé que me dijiste lo que creías que deberías hacer… pero ¿qué quieres hacer tú?*

Me deshice de los pequeños tops de moda que me ponía porque la gente decía que debería hacerlo, porque me dijeron que estaban en tendencia. Mi verdadero estilo era ecléctico, montones de cuellos de tortuga en los inviernos, suéteres estampados, jeans deslavados, tenis azules; no necesitaba que nadie más me dijera qué me debería poner. Quería presentarme en esta vida como soy. Si crees que mi ropa es horrible, de verdad me da pena los cinco segundos que desperdiciaste haciendo trizas a otra persona en tu mente. REGLA 6 A ver, no soy una cucharada de miel para todos, pero eso es porque en realidad soy un trago de tequila. Quería atraer a las personas a las que les gustaba la versión de mí que se levantó de un enredo de sábanas a las siete de la mañana, lista para hacer su mejor esfuerzo. No tengo que caerte bien, tengo la suficiente consciencia de mí misma para entender que no a todos les voy a agradar, pero deberías aspirar a que todos los que se aparecen en tu camino te respeten. Si no, es un desastre.

Perdí mucho cuando me gané a mí misma. Inhibiciones, amigos falsos, hombres que solían ponerme atención, pero en cierto sentido gané el mundo: *mi* mundo. Un mundo del que me siento orgullosa. Una vida que estaba construyendo día tras día. Gané el respeto de la gente que vio mi autonomía, asombrada y emocionada de que tuviera el valor de dejar de escuchar todo el ruido. Pero en mayor medida, gané el amor hacia mí misma. Cuando honré mi vida, cuando honré lo que tenía, el borrador que estoy escribiendo, la partida de naipes que me fue dada, lo único que cambió en verdad fue que, a la larga, todo se volvió un poco más brillante.

Unos meses después, estaba despierta la noche del 31 de diciembre dándome permiso de ser franca. Dejé que mi cerebro pensara en lo que quisiera. Me permití ponerlo por escrito, no descartarlo porque ya no lo creía, ni escondiéndome de ello porque temía decirme la verdad. Quería honrar mi vida y empecé con abrirme hacia mí misma, yo sola.

Era todo de mí. Intrascendente, sin procesar, en la página de un cuaderno bonito.

Escribí: "31 de diciembre de 2018" y miré a la pared. REGLA 7 Escribir un diario me hace llorar y escribo veinte minutos todos los días: diez en la mañana y diez en la noche.

Una arañita reptó con lentitud frente a mis ojos y subió hasta el techo. Solo estábamos las dos. Ninguna fiesta, ningún novio, ningún beso. No vi la hora, pero supe que era medianoche porque fuera de mi habitación, de la casa y de mí misma, pude escuchar los gritos de euforia y las exhibiciones borrachas de fuegos artificiales, y eso era la medianoche. Lo sentía en los huesos.

Empecé a escribir.

Le susurré "Feliz año nuevo" a la araña y luego estallé en llanto. Sentí una especie de electricidad que dormía a mi lado en la cama y supe que todo cambiaría en 2019.

El tiempo es como la música, excepto que no tienes posibilidad de saltarte las canciones ni la opción de poner el modo aleatorio, solo avanza a todo vapor. Tenemos sexo con perdedores, hacemos tratos con el diablo, comemos un pan con queso ricota, salimos a correr, llegamos al límite de nuestra tarjeta de crédito, lamentamos fumar cuando fuimos al extranjero y el mensaje que mandamos cuando no deberíamos haber dicho nada. Y el tiempo, nuestro dulce demonio, sigue viéndose al espejo y siendo una perra desgraciada, a pesar de que a veces necesitamos un segundo para respirar.

3, 2, 1… ¡Feliz Año Nuevo!

Todos los años nuevos que vinieron antes de ese hice lo que pensé que debía. Dejé que mi ansiedad capitaneara mi barco. Permití que las dudas que tenía sobre mí tomaran la presidencia de mi país. Tomé resoluciones que nunca conseguiría y que me mortificaron por nunca lograrlas: los dos kilos que nunca bajé, la membresía del gimnasio que nunca usé, los libros que no leí.

Quisiera haber sabido que cualquier día puede ser tu Año Nuevo. Estoy aquí escribiendo esto, y tú estás en tu propio mundo —en tu propia vida— con tu propia pluma. Levántate y ponte a escribir.

Pasé la mayoría de los minutos que llevaban a 2016 en un frío piso de concreto de un almacén en un sótano suburbano de Nueva Jersey, con mi centelleante vestido azul enredado en las piernas. Fue la versión para menores de edad de una demostración torpe de besos a los diecisiete años, pero me sentí como Afrodita. Sentirse deseada era la moneda de cambio en aquel entonces y me hizo sentir como millonaria.

Pasé los minutos que llevaron a 2017 recordando el año anterior: el piso de concreto, el televisor, el vino espumoso. Ahora en la universidad, todos nos mirábamos como si hubiéramos aprendido tanto. Como si fuéramos maduros y estuviéramos hastiados. Lo único que había aprendido es que la gente te rogará que la dejes entrar y luego se irá sin decir adiós. La frase *te amo* no significaba nada para mí y terminé la noche sentada en el pasto, dejando que se enfriara la parte posterior de las piernas desnudas, mientras mi prima vomitaba champaña junto a mí.

Un año después, llevaba el pelo más corto y me sentía peor. Tomé una botella de moscatel y evité el contacto visual en la fiesta a la que fui. Quería actuar como si estuviera distraída para que nadie me preguntara cómo me sentía. Le mandé un mensaje a Ezra y le pedí que tuviéramos una relación casual en 2018. Respondió que sí y me sentí como campeona por cinco minutos, hasta que me volvió a doler mucho.

2018 fue un año que no volvería a vivir, pero que tampoco dejaría de vivir. Me enseñó lo que era el amor. Me sugirió que tal vez era una escritora bastante decente. No querría detener el tiempo, pero sí desearía que avanzara a velocidad 5x, porque me estaba divirtiendo. Porque todo se sentía bien. Descubrí la verdad acerca de ser atractiva, de estar buena, de la cachondez que había ansiado tanto. Todo tenía que ver con la confianza. Tener una energía completamente cogible, completamente sexy, estaba relacionada con la actitud. Cambié poco, pero me agradaba más a mí misma y eso se evidenciaba. REGLA 8 Cuando el dolor llamaba a la puerta, me susurraba en el espejo: “Estás demasiado guapa para sentirte triste”.

Queremos cámara lenta cuando las cosas van bien, un botón de pausa para cuando nos confundimos y un botón de avance rápido cuando son un asco. Sin embargo, un año después, en la víspera de 2019, miré cómo caminaba la araña por la pared, puse la palma de mi mano en el mismo muro y sentí las vibraciones de la celebración que ocurría afuera. No me molestó estar en cama. Estar sola. Estar sin él. La verdad me llegó como un secreto susurrado al oído.

Lo único que quería era finalmente vivir una vida para mí. Una vida que me gustara. Una vida que respetara. Una vida regada como una planta que recibe buenos cuidados. Aunque tuviera que perder el amor para lograrlo. Quería la sensación que empezaba a descubrir de elegirme a mí misma.

Solo que no sabía por dónde diablos comenzar. Primero, supe que perdería el amor. Mi primer amor. Tenía que alejarme de él para encontrarme y no fue fácil darme cuenta de que, a costa de él, yo estaría ahí: lastimada y delicada, pero lista para comenzar.

De pronto tenía veintiún años. De pronto estaba en Michigan. De pronto esperaba que mi vida empezara de nuevo. Sabía que lo deseaba, pero no sabía cómo.

Resulta que solo hacía falta voluntad y apertura, y tenía que ser un poco egoísta, además de un poco valiente. Tenía que salirme de mí misma y dejar que la lluvia me bañara y el viento secara mi ropa. REGLA 9 Tenía que darme cuenta de que si hacía el intento y fallaba, estaría más feliz que si me quedaba quieta. El fracaso siempre sería más atractivo para mí que la autocomplacencia.

Empecé a preguntarme quién quería ser cuando nadie estaba mirando, cuando nadie más escuchaba el sonido de mi voz. Quería ser la palabra *wow*. Quería ser un éxito sensacional. Quería sentir emoción, sentir adoración, la mayor parte de los días o algunos días, o la mayoría de los días, cuando abriera los ojos al escuchar mi alarma o solo para mirar el sol que entraba por las persianas como franjas de pintura sobre un lienzo. Quería decir, y ser, *wow*.

Las preguntas que surgieron entre las cenizas, dentro de la taza de café frío, a las dos de la mañana fueron: *¿cómo vivo una vida de la que me sienta orgullosa? ¿Solo soy otra mujer que quiere entrar en pantalones más pequeños? ¿Me estoy robando el calor de alguien más para mantenerme tibia? ¿Me gusta mi vida? ¿Qué diablos estoy haciendo? ¿Debería comer menos? ¿Debería comer más? ¿Debería pedir ayuda? ¿Debería dejarme crecer el pelo y mudarme? ¿Cómo reconstruyo una relación conmigo misma? ¿Por dónde empiezo? ¿Todo eso valió la pena? Hasta el momento, ¿me siento orgullosa de mí? ¿Está bien no saber si alguna vez quieres casarte? ¿Cómo puedes acelerar hacia la meta y no moverte ni un centímetro? ¿Dónde está la publicación en LinkedIn que diga: "Estoy orgullosa de admitir que no tengo idea de qué diablos estoy haciendo ni quién diablos quiero ser?".*

Durante un tiempo me sentí como una botella de agua aplanada y olvidada dentro de una mochila, pero te esfuerzas en superarlo como lo haces con cualquier cosa. Bajas la cabeza y te juras que este es el inicio, que el colapso va a obligarte a levantar la vista. Que tus dedos siempre temblarán cuando estés nerviosa. Que siempre querrás amar y que siempre imaginarás tu vida de manera desenfrenada y dichosamente romántica, pero lo harás de un modo que aborde de frente todas las heridas. No tendría sentido y, al mismo tiempo, tendría todo el sentido del mundo. Sería un desastre espectacular y no permitirías que ni un segundo pase sin vivirlo o amarlo, pero lo harás en búsqueda de una persona: tú.

Yo.

Wow.

Entonces, qué regalo es tan solo vivir.

La universidad desaparecería, al igual que los veintiún años, y asumiría un nuevo papel. Conseguiría un nuevo llavero, una nueva ruta a un Dunkin' Donuts diferente, un trabajo aquí o allá, alguien entre mis piernas, alguien más al otro lado del teléfono. Cuando empiezas con el trabajo y sigues en ello, las cosas buenas empezarán a caerte en el regazo. Se siente confuso por un tiempo, y no estás segura de si vale la pena sin obtener una estrella dorada que signifique que aprobaste el examen con diez, pero entonces, tienes una epifanía cuando te estás maquillando o cuando estás acostada sola en tu cama o caminando a la tienda. Dices: "Necesito trabajar en mí misma e incluso cuando ya me he esforzado mucho, tengo que seguir adelante". Y yo lo hice. Sigo haciéndolo. Tenemos que admitir en forma despiadada el narcisismo, la felicidad naciente, el temor ocasional. Decir que las cosas mejoran, luego empeoran, y luego mejoran y después empeoran por siempre, es quedarse corto. Pero una cosa permanece: tienes el control. Tú tienes la pluma. Nunca estás incompleta o eres menos que eso.

Recuérdalo.

Para mí, una historia de amor era que *todos* me amaran. Que *todos* me adoraran. Estar rodeada de un exceso de personas y éxitos. No solo Cenicienta y el príncipe, sino Cenicienta, el príncipe, la madrasta y las hermanastras malvadas, y el ratón que manejaba la calabaza.

Pero luego los vientos cambiaron, como suele pasar. Y una historia de amor se convirtió en estar sola y estar encantada con ello. En no preocuparme por si era "demasiado" para un hombre, o si se sentía amenazado por mi naturaleza audaz o mi deseo de tener éxito por derecho propio.

¿Qué tal si una historia de amor se trataba de mí y de mi perro, en un loft, rodeada de pilas de libros, como ese en Greenwich Village donde tomé la clase de redacción que encontré en Facebook?

¿Qué tal si la historia de amor fuera sobre mí y un hijo, en algún lugar con montones de terreno y cielo?

¿Qué tal si la historia de amor fue la carrera que corrí luego de que me dijiste que nuestra relación no iba a funcionar?

¿Qué tal si una historia de amor era sobre Sadie que corre hacia mí en el aeropuerto, con su suéter azul, sollozando en mi pelo, y su risa llena toda la terminal con la alegría de la familiaridad?

¿Qué tal si una historia de amor sería ver cómo el mundo va bien? ¿Que el mundo se sintiera bien?

Una historia de amor no tiene que significar que alguien me ame de manera irrevocable e incuestionable. Puede vivirse en veintiséis años. En veinticinco minutos. En sesenta segundos o en dos meses. Una historia de amor puede ser solo reconocerme por mi propia valía y tomar el control.

Mi historia de amor, la que quiero, es aquella en la que acabo de salir de bañarme. Sin maquillaje y con el pelo húmedo. No escondo mi vibrador. Abro una botella de champaña. Estoy descalza y traigo puesto el suéter viejo de mi papá. Escucho al elenco de *Glee*. No cuento las calorías de mi cena. No me fijo en las cicatrices de mis senos por la cirugía que me hice cuando estaba en la universidad. No me importa quién hizo comentarios en mi Instagram. Estoy tan satisfecha. Ni feliz ni triste, solo satisfecha. Emocionada del mañana y un poco triste por el ayer. Podría seguir así por siempre, e incluso cuando no fuera tan bueno, tendría ese momento al que recurrir cuando fuera necesario para mí. Esa indulgencia. Ese orgullo. Esa sencillez.

REGLA 10 Una vez puse por escrito la versión ideal de mi vida que era realista, pero de todos modos estaba un poco lejana. Decidí que necesitaba cambiar para llegar ahí.

La versión ideal de mi vida es sobre una mujer feliz. Una que no cuenta las calorías de su cena, que hace lo que le viene en gana.

Lo único que necesitaba para llegar ahí era cambiar mi perspectiva de mí misma.

No tengo control sobre si todos, o nadie en absoluto, me amarían o no. O incluso de qué les parecería cualquier cosa relacionada conmigo. Solo tengo control sobre lo que siento acerca de mí misma y ese parece un punto de partida muy bueno.

❤

Cuando empecé a honrar mi vida, a darle prioridad a mi felicidad, a elegirme, también confronté la realidad de madurar, la rareza de que algo volviera a sentirse lento.

También me di cuenta de que mi fascinación con el amor, y mi adicción a él, no tenían que ser malas.

Amar al amor es amar la vida. Solo tenía que encauzar esa energía por los canales adecuados. Buscar el amor en otras partes, además de una pareja amorosa. Si yo era mi propio wow, era solo cuestión de tiempo para que encontrara también a alguien más, e incluso si no lo hacía, no necesitaría ser así.

Amar es un privilegio. Sentir ese intercambio de energía que es tan sencillo como amar a tu colega por cubrirte las espaldas o traerte la comida, o tan hermoso como un vestido blanco y una ceremonia que quieres en el momento, pero de la que lamentas el esquema de colores diez años después: eso es un privilegio. Es un privilegio que todos sentiremos. Una añoranza, un anhelo, un deseo colectivos, todo en diferentes momentos.

Recordé la historia de mi corazón. Pensé en las huellas de aquel hombre en mi brazo. La forma en que me empujó hacia la cama, cómo sus ojos se pusieron rojos de ira, a pesar de que no hice nada malo. Pensé en lastimar a alguien, romperle el corazón, o la manera en que casi me quedé para preservar la paz. Me pregunté durante meses si debería haberme quedado. Pensé en rogarle que regresara, con los dedos en mi garganta, los teléfonos memorizados, decirle "ayúdame" y decirle que me abrazara, las noches en que me quedé despierta rogándole a Dios una respuesta, cuando ni siquiera estaba convencida de su existencia.

Desearía haber sabido que tenía que elegirme a mí, tenía que optar por un camino, tenía que escoger algo, lo que fuera, en lugar de solo esperar que llegara alguien que me eligiera.

Así que a la mierda cualquiera que te haya lastimado. Los olvidarás, porque lo que tienes es el ahora. Las pérdidas serán tu transformación. Con el tiempo, todo eso se desvanece, se convierte en la carretera en el espejo retrovisor a medida que empiezas a manejar hacia un lugar sin tener que pedir indicaciones.

Eso nos llega a todos, como una inundación luego de una tormenta. Como el mañana o una marejada. Es inevitable. Vas a lograrlo. Vas a elegirte a ti.

♥

Confiar en mí misma fue la parte más difícil de reclamar mi vida, de permitirme sentir orgullo, de sentirme emocionada. Me había convencido, había permitido que otros me convencieran, de que no era alguien a quien valiera la pena escuchar, de que no era digna de que creyeran en mí. En algunos momentos, no sabía dónde empezaba mi propio sistema de creencias y terminaba el de los demás. Era difícil escuchar cualquier cosa cuando había un ruido diferente que venía de cada rincón de mi vida. Nunca se vuelve más fácil escuchar entre el clamor, solo se vuelve más fácil cuando tú hablas más fuerte.

Durante mucho tiempo, mi única meta era que todos me amaran, me adoraran. Me estaba predisponiendo al fracaso al intentar conseguir lo imposible. Después de fracasar por veintidós años, por primera vez quería tener éxito.

Al final, mis deseos y objetivos se expandieron más y con mayor intensidad de lo que tenía la capacidad de prever. Ser amada, adorada, ya no tenía un lugar en ese plan, a menos que el deseo fuera adorarme y amarme a mí misma.

En el momento en que dejamos de presionarnos para que nos amen es cuando recibimos amor.

Sin embargo, aunque he llegado lejos, sigue habiendo camino por andar. Aunque sienta que lo tengo todo resuelto, no es así. No lo sé todo. No tengo todo descifrado. Solo trato de sentirme un poco mejor, un poco más ligera, un poco más grácil en cada momento, algo más pesada en otros, a medida que avanzo.

Por supuesto, sigo preguntándome qué sigue. En la actualidad tengo veintitantos años. Al escribir esto, seguía en el punto de partida de mi vida, pero de forma extraña, en el horizonte puedo ver un día en que no lo estaré. Sigo queriendo disfrazarme, jugar a la casita y tener sexo sobre el mostrador de la cocina, emborracharme y pedir bagels cuando tenga resaca y esté acostada en la cama. Quiero dar cenas temáticas y reírme tanto que los recuerdos se conviertan en mi papel tapiz, y mi papel tapiz se convierta en mis recuerdos. Quiero vivir con mis amigos y amarlos. Quiero que siempre estemos juntos. Quiero pelearme por la alfombra de la sala y, cuando al final coincidamos en que la anaranjada es la más bonita, pedir comida tailandesa y sentarnos de frente en el piso porque no tenemos muebles. Quiero ver el mundo por mí misma y quiero observarte cuando tú también lo hagas. Quiero saber cuando tu corazón late muy rápido y cuando va más lento. Las cosas más extrañas que te han sucedido. Las que te dieron más miedo. Las más tranquilas. Quiero que me digas qué te gusta cuando muevo las caderas y quiero vivir de un modo en que me abraces en la madrugada y me hagas saber que siempre seremos los dos. Que quizá no siempre, pero sí esta noche. Quiero bailar en el comedor. Quiero subirme al coche y manejar a gran velocidad. Quiero darle la mano a Sadie y gritar la letra de una canción que nos encantaba en la universidad. Quiero escribir hasta que mis dedos se acalambren. Algún día, quiero tener una hija y un hijo. Quiero que mi hija piense que su mamá es muy cool. Quiero que mi hijo siempre llame a la casa. Quiero que los dos sean felices y que causen problemas. Quiero que defiendan lo que es correcto. Quiero volver a contar todas las cosas que hice cuando llegue el día en que sea vieja y ya no pueda levantar la cabeza. Quiero que el mejor día de mi vida suceda cerca del final. Quiero ver la soledad, el aislamiento, en los mismos términos, si no es que mejor, que estar con alguien. Quiero tomar fotos y dibujar, y volverme tan hermosa y tan brillante que siempre me vea viva en las fotos que alguna vez tomé. Quiero que mi ambición no esté decidida, como dice mi abuela que no lo estuvo la suya. Quiero entenderme, antes de traer a alguien más a mi vida; quiero ser sexy cuando te digo que no estoy segura de lo que quiero, o de adónde voy, o si me gusto todo el tiempo. Es sensual no saber, porque fingir que tienes todo resuelto, fingir que lo sabes todo cuando eso es imposible, es un poco tonto y un poco triste.

Esa es mi lista de pendientes.

♥

Cuando pienso en el punto de mi vida en que me encuentro, en este preciso instante, respirando aquí, recuerdo haber estado frente al piano cuando era niña y querer hacerlo bien. Cómo se sentía estar en un escenario. El chico al que le gustaba Bruce Springsteen y que dejó su cinturón en mi azotea. Estar demasiado borracha con él en el metro, reírnos de los anuncios como si fueran comediantes. Desayunar después de haberme puesto tus zapatos, que son cuatro tallas más grandes, cuando fuimos a una cena en el Upper West Side. Quedarme dormida en la cama de Daphne en Londres, cruzar la línea de meta con Sadie. El día en que superé mi ansiedad por los aviones en el asiento intermedio en un vuelo a Sudáfrica. La vez que mi papá me dijo que estaba orgulloso de mí, lo cual siempre quise que dijera. La vez que mi mamá se dio cuenta de por qué soy testaruda y que se debe a que siempre tuve una idea de cómo deberían ser las cosas. Mis hermanos, sentados frente a mí en la mesa. Toda la gente con la que estoy tan agradecida, que me ha buscado, que me ha amado, que me ha dado una mano. Todos los que me han concedido su bondad; Dios mío, solo espero devolverla siempre.

Pienso en el departamento en que vivía mi maestra de canto. La clase de matemáticas que reprobé en la universidad. Qué sentí al dejar a Sadie en Michigan y cuando Jack se graduó. Cuando Jake tuvo el valor suficiente de sentarse a la mesa de la cocina y decirme quién era. El artículo que escribí sobre perder mi virginidad y que publiqué en el periódico de la escuela. Cuando los vi caminando juntos un jueves a la una de la tarde, pensé en los pantalones dos tallas más grandes y dos tallas más pequeños. Todas las llamadas a casa. Todas las bebidas diluidas. Las historias, las palabras, los dolores de cabeza, las penas del corazón, los viajes en avión y los números bloqueados.

Los veinticinco cumpleaños hasta hoy.

La cantidad de veces que debo haber dicho *wow* desde la primera vez.

❤

En un cuarto de hotel, con la luz de la luna filtrándose por una ventana, pienso en mi flacidez al verme en el espejo y por primera vez la considero hermosa, pero en la mañana vuelvo a empezar de cero. No quiero flotar en una barca, me digo a veces en voz alta, a nadie más que a mí misma, quiero ahogarme en un mar de lo que significa estar viva.

Amar es tomar a una persona como es y decirle que está un poco jodida, que es divertida, triste y hermosa, y que la amo tanto que no podría estar sin ella. Es sentir eso por ti misma. Es escuchar todas esas canciones que te llevaron hasta el punto en el que estás y recordar ese mismo sentimiento que te provocaron entonces.

Recuperar tu control también significa estar de acuerdo cuando las cosas no salgan como quieres. Tener el control de lo que puedes controlar, para que cuando todo lo demás no funcione, sigas teniéndote a ti.

Sigo aprendiendo. Sigo madurando. Siempre habrá crecimiento, siempre habrá más por ahí. Moriré con metas. Tengo que recordármelo. Es posible que también me divierta un poco hasta entones.

Pero respeto lo que eso significa: madurar, cambiar, anhelar en dirección de la grandeza, en dirección al wow, y cuán hermoso puede ser quererte como eres. Aunque no sea perfecta, aunque tenga que lavar la ropa y terminar el trabajo, sigo queriéndome.

Una vez estábamos acostados en la cama y le dije a la persona a junto a mí que todo saldría bien, sin importar lo que sucediera. Estaba preocupado por nuestra relación, por nuestra separación y por cómo sería cuando siguiéramos con nuestras vidas. Sin embargo, supe qué todo estaría bien. Se sintió como si hubiéramos cerrado nuestro ciclo. Sin estar juntos, de todos modos nos tendríamos a nosotros mismos, teníamos suficiente amor como para seguir adelante, aunque no nos tuviéramos el uno al otro. Seguíamos teniendo nuestros recuerdos, nuestras citas para desayunar, cómo se sentía darnos la mano bajo las sábanas. Las fotos que no eliminaríamos, los mensajes que no borraríamos.

"¿Cómo sabes que vamos a estar bien?".

No sabía, pero elegí creer que seguiríamos adelante. Porque hay una cosa sobre mí, y sobre ti, y sobre el corazón que todos tenemos entre las costillas, que late para impulsarnos a la búsqueda del amor, de todo lo bueno y de todo lo que también podría doler tanto. Porque sin importar lo que tenga, me tengo a mí. Tengo mi dedo puesto en el pulso de ese corazón. Tengo mi vocecita y mis dedos temblorosos y mis ojos gigantes como de caricatura, y tengo mi porqué, tengo mi wow. Sé que tú también lo tienes, porque todos lo tenemos. No puedo garantizarte gran cosa, pero eso sí.

—Porque así es la vida —respondí.

Y la vida sería buena en cualquier caso.

Esto es lo que sé: si te sientes bien con ese vestido, te ves bien con él. Si él te pone el cuerno, no la culpes a ella de inmediato, todo tiene matices. Nunca eres tan mayor como para que no te gusten los camiones de helado. Para ser franca, envejecerás, pero en realidad solo aprenderás más y más. Si te da miedo envejecer, desfasarte, recuerda que un día podrás atestiguar el ciclo de vida de alguien a quien amas más que a ti misma. Tener curiosidad es estar enamorada de lo que el mundo puede ofrecerte. Lo mejor puede estar a la vuelta de la esquina, pero también lo peor, así que mantén los ojos abiertos y ten a alguien que te responda el teléfono cuando pase eso último. El OxiClean puede quitar casi cualquier mancha, incluyendo el vino tinto. Los apegos emocionales no pueden indicarte un futuro sano o la longevidad, solo el tiempo puede hacerlo. No idealices a nadie de un modo en que tú no querrías que te idealizaran. Ten confianza cuando expreses tu opinión porque tienes algo importante que decir. Ocupa tanto maldito espacio que la habitación se contraiga.

La expectativa puede, y debe, ser humana. Eso será espectacular en sí mismo.

Elígete a ti misma. Elige el camino difícil. Elige a la persona que quieres. Elige ser. No esperes que alguien te deslice a la derecha para elegir deslizarte a la derecha tú misma. ¿Qué es lo peor que pude pasar cuando te eliges?

Quizá andes a ciegas por un tiempo pero, con suerte, te volverás un éxito sensacional.

AGRADECIMIENTOS

Si les agradeciera a todas las personas a las que deseo mostrarles mi gratitud, nunca dejaría de decir gracias y también se lo diría a mi barista local, al farmacéutico, al doctor de la tiroides y al mensajero de Chipotle. Así que voy a mantener esto tan breve como me lo permita mi inmenso agradecimiento.

Mi hermano Jack es un ancla y un barco pesquero. Es el sustento, la vida, el fundamento. Así que Jack, gracias por las llamadas solo para saber cómo estoy. Por sentarte en la sala de urgencias conmigo cuando me dolía tanto el corazón. Estaba convencida de que me estaba muriendo. Gracias por decirme que todo saldría bien, aunque ninguno de los dos supiera que así sería. Gracias por los secretos compartidos en la ciudad en que crecimos. Gracias por tu sensibilidad. Por el orgullo que sientes por mí; llega en oleadas y nunca se detiene. Gracias, gracias, mi dulce hermano, por darme el privilegio de brillar en la órbita de tu sorprendente gracia.

Mi hermano Jake es un fastidio y me desmoronaría sin él. De modo que, Jake, no tienes la menor idea de lo molesto que eres ni de cuánto te debo por estar donde estoy hoy. Gracias por darme a alguien de quien sentirme orgullosa, hacia quién voltear cuando necesito una bocanada de aire fresco. Gracias por la energía creativa que siempre nos hemos transmitido. Gracias por recordarme que antes de ser una escritora, o cualquier persona o cualquier otra cosa, soy una hermana mayor, soy tu hermana mayor. Ese es el mayor logro en esta vida.

Mi mejor amiga Allie podría no saberlo, pero esto no existiría sin ella. Y yo tampoco existiría sin su presencia. Es la mejor amiga que haya conocido. Gracias Allie por estar ahí. Gracias por decirme que te dolió verme regresar, pero que siempre caminarías a mi lado para que no estuviera sola. Gracias por dejar que aprendiera sola y no regañarme con un "te lo dije". Gracias por la risa que duele detrás de mis costillas. La alegría que era estar solo las dos, los años formativos que no hubieran significado tanto sin tu presencia. Gracias por sentarte en primera fila en cada obra, hubiera tormentas de nieve, el mismo infierno o el norovirus. Eres mi alma gemela.

A mi novio, que es una piedra cuando yo soy un globo, gracias por rellenar mi vaso de agua junto a la cama y por siempre decirme que aguante. Gracias por enseñarme lo que significa elegirnos todos los días. Gracias por estar parado junto a mí, orgulloso de mi gran boca. Gracias por gestionarlo todo con cuidado. Por cruzar nuestros meñiques cuando hacemos promesas, por recordarme de lo que soy capaz, por meter el acelerador cuando sabías que necesitaba un empujón, por ser el mar tranquilo, la balsa salvavidas y la marea que me arrastra. Estás grabado por siempre aquí, todavía como la mejor sorpresa, y soy tuya todos los días. Te mentí cuando te dije que no estaba nerviosa, lo estoy y espero que esté bien.

Veronica es como una hermana. Es alguien a quien le confío todos los detalles vergonzosos. Es el otro extremo de las mejores llamadas y de los momentos que más cambian la vida. A Veronica, que es más lista y sabia que nadie que conozca. A Veronica, por guardar cerca de sí todas mis palabras y por mantener a salvo mis secretos. A Veronica, por ser una mejor amiga en el asiento del pasajero cuando no vamos a ninguna parte. Por estar aquí, sin importar dónde ni cuándo, te amo tanto.

A mi abuela Gale y a mi tía Kate, gracias. Creo que ambas estarían muy orgullosas. Pienso en ustedes con cada palabra. Les firmé dos ejemplares y mamá los tiene en el librero. Viven aquí, aunque ya no vivan aquí. Viven en estas palabras, en estas páginas y en lo profundo del lomo. Gracias por sus amistades femeninas, los momentos que no olvidaré, las alas de ángel. Las amo.

A Mia, mi preciosa cómplice, que cambió mi vida en el lapso de un correo electrónico, que es la extensión de mis pensamientos, que quiere que sea lo mejor que pueda ser. A Mia, por permitirme plantarme aquí, por alentarme a crecer aquí. Por tomar el bate y siempre anotar una carrera. Eres una colaboradora y una amiga muy especial, y soy más que afortunada de tenerte (todo esto y más antes de los veinticuatro).

A Sarah, mi reina peleonera, vivaz y enérgica, por no aceptar nunca un no por respuesta. Por gritarme en una llamada por FaceTime cuando conseguí el contrato. Por celebrar esto e impulsarme a seguir. Creíste en el libro antes de que siquiera tuviera un libro. Le diste título; tu cerebro es eléctrico. Eres el condimento que todos necesitamos y te lo agradezco tanto. Gracias.

A Jacqueline, mi editora, con quien nunca tuve miedo de comunicarme. Gracias por manejar mis historias con cuidado. Por ser amable cuando me sinceré contigo. A Jacqueline, que es el suave susurro detrás de todos mis gritos. Te arriesgaste conmigo y siempre hiciste que se sintiera muy valioso. Tú eres la razón para que esté aquí y estoy más que agradecida contigo por tu sabiduría, correcciones gramaticales y por ser como eres. Y a cada colaborador con quien tuve el privilegio de trabajar en HarperCollins: muchas gracias. Cada lección, junta o día ha sido un sueño.

A Amanda y Brooke, mis agentes, por escucharme. Gracias por su paciencia. Gracias por arreglar las cosas cuando fallé en las fechas de entrega. Por comprender en qué andaba. Gracias por lanzarme vivas, por animarme. Esto no sería lo que es sin ustedes dos. A mi equipo de A3 por decir: "¿Qué tan alto?" cuando yo les pedí que saltaran: gracias. Con demasiada frecuencia he sentido que nadie me toma en serio cuando expongo mis visiones o mis metas, pero ustedes nunca parpadearon siquiera. Estoy agradecida por siempre.

A José Casas, mi profesor de Dramaturgia en la universidad, que me dijo una vez que me quitara los audífonos y escuchara al mundo que me rodeaba. Quien me enseñó cómo escribir un personaje. Me quité los audífonos y al fin escuché. Gracias.

A mis abuelos, por guardar el primer libro que escribí en preescolar, por tomar la decisión de entender mi mente, aunque quizá no haya tenido gran sentido para ustedes. Por sus oraciones y su fortaleza. Por traer al mundo a mi mamá. Por todos y cada uno de los mensajes de aliento. Por sus llamadas, sus correos de voz, por siempre creer que sabía lo que hacía. Los amo más de lo que jamás pude imaginarme. Gracias.

A mis amigos, mis comunidades, las personas en el mundo que me rodea, en el pasillo, al extremo de la cuadra, todas ellas resplandecientes. Son mis musas, mi escape, mi corazón. A Kelly, Rachel, Jess, Sophie, Macy, Julia: ustedes me infundieron ánimos cuando nadie más lo hizo. Yo siempre les daré ánimos todos los días. Las amo hasta el fin del mundo. Esto no estaría aquí sin ustedes.

A Sandi, gracias por siempre pensar que soy tan genial. Por los mensajes de texto con tantos signos de admiración. Gracias, gracias, gracias por darme a las dos niñas que son lo más cercano que he tenido a hermanas. Gracias por dejarme cuidarlas también. Son el mayor regalo. Te amo. Gracias.

Mamá, lamento toda la charla sexual y las groserías. Gracias por dejar que mi mente volara libre. Gracias por llevarme a todos los teatros comunitarios y a las lecciones de canto. Gracias por dejarme desarrollar historias que no entendías. Gracias por permitirme explicártelas. Eres la mujer más comprensiva, más atenta que haya conocido, el epítome de la fortaleza y gentileza, mi propia Lady Di. Soy tan afortunada de ser tuya; aunque no ha sido fácil tenerme como hija, hemos convertido nuestra relación en nuestra versión del paraíso. Gracias por recordarme mi valía todos los días. Por ayudarme a superar las necedades. Gracias por las llamadas y los recordatorios. Eres alguien cuya existencia me permitió lograr esto. Esto es tan tuyo como lo es mío y te amo.

A mi papá, que me dijo: "Hazlo, hija" porque creyó que lo lograría. A mi papá, quien me enseñó a nunca aceptar un no como respuesta. Gracias por las risas. Por sostenerme cuando me caigo. Por las pocas palabras que significan todo para mí, todas las veces. Gracias papá por ser la espina y la rosa. Por recordarme cómo puedo ser mejor, cómo puedo crecer, y decirme que estás orgulloso porque lo estás. Gracias por los consejos sobre el vino, sobre la generosidad, sobre la vida misma. Papá, tú eres la razón por la que hoy todos estamos leyendo esto. Ni en mis sueños más exagerados imaginé jamás que podía hacerlo, pero tú siempre lo creíste. Gracias.

Y a todos ustedes, ¿por dónde empezar? Su confianza, su dedicación. Su amor severo y su amor amable. Su disposición a aceptarme como soy. La forma en que me dieron lo que tengo. Gracias nunca será suficiente. Daré vuelta tras vuelta sobre mi propio eje con tal de devolverles un gramo de lo que me han dado. Lo logramos. Y ha sido, como siempre será, un nosotros. Me enorgullecen todos y cada uno de ustedes como no se imaginan. Si alguna vez dudan de sí mismos y de su valía, recuerden que estoy al otro lado de la página, animándolos para conseguir lo que merecen. Esto es solo el principio.

Esta obra se terminó de imprimir
en el mes de octubre de 2025,
en los talleres de Impresora Tauro, S.A. de C.V.
Ciudad de México.